体 验 经 济 背 景 下
文化创意产品设计的
研究与实践

◆ 张春彬　著

辽宁大学出版社
Liaoning University Press

图书在版编目（CIP）数据

体验经济背景下文化创意产品设计的研究与实践/
张春彬著. 一沈阳：辽宁大学出版社，2019.3
ISBN 978-7-5610-9556-0

Ⅰ.①体… Ⅱ.①张… Ⅲ.①文化产品－产品设计
Ⅳ.①G124

中国版本图书馆 CIP 数据核字（2019）第 014715 号

体验经济背景下文化创意产品设计的研究与实践
TIYAN JINGJI BEIJING XIA WENHUA CHUANGYI CHANPIN SHEJI DE YANJIU YU SHIJIAN

出 版 者：辽宁大学出版社有限责任公司
　　　　　（地址：沈阳市皇姑区崇山中路 66 号　　邮政编码：110036）
印 刷 者：沈阳海世达印务有限公司
发 行 者：辽宁大学出版社有限责任公司
幅面尺寸：170mm×240mm
印　　张：12.25
字　　数：247 千字
出版时间：2019 年 3 月第 1 版
印刷时间：2021 年 10 月第 1 次印刷
责任编辑：范　微
封面设计：韩　实
责任校对：张　茜

书　　号：ISBN 978-7-5610-9556-0
定　　价：46.00 元

联系电话：024-86864613
邮购热线：024-86830665
网　　址：http://press.lnu.edu.cn
电子邮件：lnupress@vip.163.com

前　言

　　随着社会的发展、生活水平的提高，人们在消费过程中需要的不仅是物质上的享受，更多的是精神层面上的满足，于是有了体验经济。体验经济是人类社会发展到一定阶段的产物，是一种开放互动式的经济形式，其主要强调带给消费者独特的心理感受，创造值得回忆的美好体验。随着体验经济时代的到来，经济形态和消费形态都发生了根本性的改变，人们将需要一种全新的设计理念和文化以适应新时代的要求。在体验经济背景下，消费者对于产品的需求已经不再是单纯地追求功能上的满足，而是超越功能带给消费者感官、心理和情感上的愉悦体验。这种消费需求反映在产品设计上就是产品除了要满足一般使用性、功能性需求外，还要满足个性化、情感化、娱乐化以及以消费者为中心的心理层面上的需求。

　　体验经济背景下设计的新理念、新思维与传统设计思维的本质区别就在于新思维强调"体验"的价值性，即消费者看到、使用和拥有产品时的反应以及心理和生理上的感受。那么，何为体验？正如派恩所说："所谓体验就是指人们用一种从本质上说很个人化的方式来度过一段时间，并从中获得过程中呈现出的一系列可记忆事件，事实上是当一个人达到情绪、体力、智力甚至是精神的某一特定水平时，他在意识中产生的美好感觉。"因此，当下设计的使命和意义就在于，设计一种产品让消费者通过体验活动来加强产品和消费者之间的情感联系，通过体验性活动让消费者拥有美好回忆，触动内心情感，使其体验价值长期停留在脑海中，留下无法抹去的印象。

　　文化创意产品以创意与文化为核心，凭借充满创意的设计方式将文化资源加以创造和提升，并将文化与产品巧妙地结合在一起，最终转化成具有商品价值和高文化附加值的产品。体验经济的时代为文化创意产品带来了新的发展空间，将体验要素引入文化创意产品可以提升产品的互动性，突出产品的个性化，增强产品的感受性。"体验"将是体验经济背景下设计新理念、新思维的核心，所以文化创意产业对其产品进行体验设计是以体验为导向，适合体验经济背景下新的具有研究价值的课题。这种设计将是一种以"体验"为导向的设计新理念、新思路，来迎和时代主题。

感谢四川省教育厅人文社会科学重点研究基地工业设计研究中心及西华大学教授孟凯宁所带设计团队对本书撰写给予的大力支持。感谢宁波市工业设计学会及浙江工商职业技术学院在本书撰写过程中给予的大力支持。

作　者

目　录

第一章　体验经济时代背景概述

第一节　体验经济的由来

一、体验概念之辨析

关于体验的解释，不同的学科有不同的视角，当然也就形成了各种各样的解释。最常见的是哲学、美学、心理学、文化学等学科对于体验的阐释。哲学观点认为，体验是人的一种认识方式，是通过体验的方式达到对物质世界的感性及理性认识。例如，人们读一篇美文、领悟一种思想或参加一项活动，从中获得某种知识和感悟，像这样直接体验或是间接体验便是人们认识和了解世界的主要方式和活动。从心理学上来讲，体验主要侧重于人的大脑活动对于外界刺激所做出的一种综合的感官反应，归根到底是人的一种心理活动。但在体验经济的大背景下，反观前面关于体验的解释，似乎不足以完全包含体验所含有的其他内容。

从个体的行为活动上来讲，体验是个体所发出的一种行为活动，是个体与外界环境发生关联之后，经过感官刺激和思维加工之后的一种心理状态和感觉记忆。但是，并不是所有的事物都可以使人达到一种体验状态，对于作为主体的人来说，司空见惯或是早已深入内化为"常识"的事物是很难使人产生体验的。因此，相对于"平常"的感觉而言，体验是深层的、高强度的或难以言说的瞬间性生命直觉，是融汇到过程中并且与外物达到契合的内心世界的直接感受和顿悟。

在体验经济中，体验不仅是消费者和生产者的行为活动和内心世界的感悟，而且还是能够产生经济价值的商品。作为提供商品的生产者，努力营造更加舒适独特的消费环境，不断开创新的消费方式便成为生产"体验"这一特殊消费品的主要途径。而消费者在进行日常消费的同时，自然地附加了体验的要素在其中。于是，在这种情况下，哪怕一次简单的消费行为也是集购物、感知以及意义生成等主观活动于一体的复杂过程。因此，人们可以看到，在体验经济背景下，体验不单是个体的一种心理过程，而且是集主体的行为以及思维活动、个人主观感知和顿悟与商品的提供等于一体的庞大综合体，尤其是以符号消费和精神消费为主要内容的文化产品，更是具有这样的特征。

二、体验经济的含义

要了解体验经济，人们就要先明确一下什么是体验。"体验事实上是一个人达到情绪、体力、智力甚至是精神的某一特定水平时，在意识中所产生的美好感觉。"这是在《体验经济》（修订版）第 17 页中关于体验的定义。体验者内心的收获具有独特性，"商品、服务对于消费者来说是外在的，但是体验是内在的，存在于个人心中，是个人在形体、情绪、知识上共同参与的所得，来自个人的心境与事件的互动"。"体验经济作为经济形态的新阶段，是服务经济的一种延伸，它出现的背景是一个物质极度丰富、科学技术高度发展的时代。"体验的独特性就在于："（体验的）结果是没有哪两个人能够得到完全相同的体验经历，因为任何一种体验其实都是某个人本身心智状态与那些筹划事件之间互动作用的结果。"

那么，什么是体验经济呢？在《体验经济》（修订版）中并没有明确的定义，但根据该书的观点，可以这样归纳：以体验作为经济提供物（或者叫经济产生基础）的经济形态。简单地说，就是生产商生产"体验"，销售给用户的一种经济形态，其特征在于消费是一个过程，消费者是这一过程的"产品"，因为当过程结束的时候，记忆将长久保存对过程的"体验"。消费者愿意为这类体验付费，因为它美好、难得、非我莫属、不可复制、不可转让、转瞬即逝，"体验"的每一个瞬间都是一个"唯一"。从更宏观的角度来看，这也是"商品"的买卖关系，只是"商品"的定义范围被进一步扩大，将"体验"也包含在内。

体验经济时代就是指这种经济形态成为经济的主流时期。体验经济在中国成为主流了吗？坦率地说没有，是因为它目前还没有成为中国经济的主流。

三、体验经济的产生背景

如今的管理学体系有着以下这些视角：一是从生产运作的角度切入到企业整体管理和运行之中。这实质上是一种以生产为主要目标整合企业相关资源进行管理的理念。在这种理念指导下，企业一切管理行为和措施都围绕着如何生产出更好、更多的产品，即提升生产效率来进行安排和制定。而企业营销和广告管理等工作的基本出发点就是企业的产品质量，帮助完成其生产能力所对应的销售目标，有效地沟通企业对市场的产品信息。二是从成本管理和资本运作的视角对企业进行开源节流的管理理念。在这种理念的影响下，产品和服务成本根据具体企业确定的产品和服务的种类进行核算，而成本的其他部分又演绎出关于企业定位以及产品的定位，并最终整合企业营销资源，分配在营销组合（即产品、定价、促销和渠道）的各个方面。三是从企业文化与组织价值观的视角来安排企业管理的各个职能与流程。这个企业为什么而存在？企业的使命是什么？由此使命决定的企业内部和外部行为准则，流程与制度将分别与企业的主流价值观或企业主要管理者的价值观进行匹配，并由此演绎出企业的各项管理措施与管理细节。当然，还有所谓的人力资本视角与市场营销视角。

在这些视角中，管理者总是将自我认识的市场和管理重心进行解读和资源配置，却经常忽略了消费者的意见与参与。正如不少攻击科特勒市场营销体系和观念的学者认为，现今的营销是披着市场需求外衣的生产销售导向的骗局，其实质是一种以某一管理职能为主导的管理思路。因为，在这个体系中并没有任何体现消费者参与和意见的环节，忽略了消费者的个体意愿，孤立了企业各个职能部门，是真正的"营销近视"。也正如早在1986年美国学者克朗普顿和莱姆所质疑的那样，"我们现今的管理未能解决两个重要的问题，即我们（管理者）为什么要做现在所做的一切？我们现在做的和5年前有什么不一样？"

当然，也许有人会质疑现今管理视角究竟有什么不妥，毕竟市场中各个企业仿佛都正在进行着这样的管理途径。然而，事实真的是这样吗？

2012年11月7日，管理学界赫赫有名的竞争力大师迈克尔·波特的著名管理咨询公司摩立特集团宣布破产，公司负债约5亿美元。

1979年，波特在《哈佛商业评论》发表论文指出，产业内的竞争状况由五种外力决定。它们是新进者的威胁、替代性产品的威胁、供货商的议价能力、顾客的议价能力及产业内部的竞争对手。波特由此制定了由上述五种外力的合力来决定企业最终的获利潜力的五力竞争模型。

波特的竞争理论赢得了世界管理学界极大的认可与推崇。波特本人也因此在世界管理思想界被誉为是"活着的传奇"，他是当今全球第一战略权威，也是商业管理界公认的"竞争战略之父"，在2005年世界管理思想家50强排行榜上他位居第一。

1983年，波特创立了摩立特集团，该公司专门为企业主管和各国政府提供管理咨询服务。摩立特集团红极一时，与著名的管理咨询公司贝恩公司及波士顿顾问集团分庭抗礼。

然而，摩立特集团还是在新的经济形势下"水土不服"，逐渐衰落了。这是因为波特的竞争力模型理念的实质是以结构性障碍来保护企业自身免于竞争的冲击。在新的经济形势下，企业之间的竞争已非当年的企业战争，未必要对手失败才能造就自身的成功。双赢、共赢和多赢已经是今天企业之间产业内部的主旋律。此外，根据苹果公司和亚马逊公司等企业的成功经验，今天的企业必须以不断创新为手段为客户提供更多的附加值。因此，以创新的理念找到新方法来讨客户欢心才是竞争中的胜利之道。而波特的公司也好，模型也罢，都未能与时俱进地体现上述变化。

今天迅猛的市场变化已经使昨天的知识和技能不断地过时。相对独立的职能管理模式已经不再适应当今日新月异的变化，并且阻碍了公司中各个部门共同参与到提升顾客满意的工作中去。1994年，一本名为《基业长青》（Build to Last：Successful Habits of Visionary Companies）的管理学著作横空出世。书中跟踪并记录了众多的成功"百年老店"式的企业。在收集整理和提炼这些企业管理的共性之后，作者指出其企业文化是强大的，经营远景是明确的，同时企业管理制度是统一且坚持的，因而具备核心竞争力，企业也由此才能达到所谓的"基业长青"。此书一出便引起管理学界的共鸣，一时间，"核心竞争力"一词成为热词，受到广泛认同并被推崇。《福布斯》杂志评论该书为20世纪20本最佳商业畅销书之一。然而时隔四年，1998年有人对该书所提企业进行了回访，发现这些公司中的80%并不盈利，而且其中40%已经宣布破产或被并购。由此，有人建议另写一部与此书内容相反的书，名为《基业常变》（Build To Change）来反映当今市场变化的激烈形势，因为在当今市场，唯一不变的就是变化。

如何把握现今这些瞬息万变的变化规律，如何提炼其对今天管理者的参考与启示呢？也许人们应该在一些学术研究和具体企业管理的成功案例中去找寻这些答案。

2006年，普渡大学的两位学者（Young & Jang）在针对中国香港中档餐饮行业的调研中发现：从消费者的角度出发，中档餐饮企业的菜品品质主要体现在菜品的呈现方式、菜单的选择性、健康的选择、菜品的味道、原材料的新鲜程度以及菜品的温度等六个方面。也就是说，一个餐馆如需提升其菜品品质，不需要做其他的尝试，只需要在上述六个方面展开工作即可。进一步研究还发现，餐馆的管理者如需提升其顾客满意度，并不用全面开展以上六个方面的工作。他们只需要增加菜单菜品的选择性、提供更多的健康方面的菜品制作选择；以及更强调其菜品原材料的新鲜程度，做好这三件事即可。这也就解释了为什么日本伊藤洋华堂的快食部重视展示菜品的制作过程，提供其原材料的呈现，并告知健康的餐饮知识，其结果是高满意度的顾客消费过程和评价。研究还发现，如果餐馆需要有效提高顾客用餐后的这些行为意向的比例，如更多地告知其他人本餐馆正面的信息、推荐其他人来消费、自己多次重复消费等，管理人员也只需做三件事。这三件事分别是提供更多的菜品选择，更好地展示其原材料的新鲜程度以及提供适当温度的菜品。

让我们再看一个五星级酒店的例子，在一项针对四季酒店、凯悦酒店和万豪酒店的顾客的研究中发现，这些五星级店的顾客更关注以下这些方面：

（1）我们合理的需求能否被尽量满足？

（2）我们旅行的压力是否能得到全面的舒缓？

（3）酒店是否拥有难忘的装修和特色服务？

（4）酒店提供的服务是不是值得信赖？

针对上述这些顾客的关注点，四季酒店开发制作了一系列名为"Not the usual"的平面广告。四季酒店的广告中并没有涉及豪华装修的客房及独特的建筑外观这些大多数酒店广告使用的元素。广告中独具匠心地从一位正在泳池中的顾客的视角去展示并感受其所见：洁净的池水显示出酒店设施设备的完善；笑容可掬的服务人员一手端着饮料，一手拿着浴巾，在顾客没有出水上岸招呼之前就已经站立等候在池边……广告下面还谦虚地写着"not the usual"，而没有用"unusual"一词。的确，四季酒店的这些细节并不是那么不得了，只是"不那么平常"（not the usual）而已。

当然，还有许许多多各行各业的例子，它们的共性在于提醒人们今天的消费特征：人们吃的、玩的、买的、住的以及所有的消费产品和服务，其重心已经不再是产品和服务本身。正如顾客评价餐馆的菜品已经不仅是味道和分量，评价酒店也不再是房间和那些微笑着的服务员。今天的消费过程比最终产品或服务的本身更为重要，消费者往往更加强调通过产品的物质价值、服务的附加价值获得自身的精神价值，一个故事怎么说似乎已经比说什么更能打动人心。

今天消费的过程——体验，已经成了一种产品，其重要程度已经正在超越其所依附的产品或服务本身。

四、体验经济的来临

1970 年，著名未来学家阿尔文·托夫勒在《未来的冲击》一书中提出，继服务业之后，体验业将成为未来经济发展的支柱，但这一说法在当时没有得到足够的认可，并逐渐被经济理论界所淡忘。直到 1998 年，美国经济学家 B. 约瑟夫·派恩与詹姆斯·H. 吉尔摩在《哈佛商业评论》7～8 月期刊上撰文《欢迎进入体验经济》，并随后于 1999 年出版《体验经济》一书，专门对体验经济进行论述，才引起了人们的关注。《体验经济》一书阐述了体验的经济含义和价值、体验经济活动的类型和阶段以及体验经济产品的设计。

派恩和吉尔摩将"体验经济"解释为，"一种企业以服务为舞台，以商品为道具，以消费者为中心，创造能够使消费者参与、值得消费者回忆的活动的经济形态"。他们认为，继农业经济、工业经济、服务经济之后，体验经济已逐渐成为第四个经济发展阶段。派恩和吉尔摩把体验经济同产品经济、商品经济和服务经济做了如下比较（见表 1-1）。

表 1-1　不同经济类型的比较

项目	产品经济	商品经济	服务经济	体验经济
经济提供物	产品	商品	服务	体验
经济	农业	工业	服务	体验
经济功能	采掘提炼	制造	传递	舞台展示
提供物的性质	可替换的	有形的	无形的	难忘的
关键属性	自然的	标准化的	定制的	个性化的
供给方法	大批储存	生产后库存	按需求传递	在一段时期后披露
卖方	贸易商	制造商	提供者	展示者
买方	市场	用户	客户	客人
需求要素	特点	特色	利益	突出感受

在派恩和吉尔摩看来，体验就是以商品和产品为媒介激活消费者的心理空间的积极主动性，引起消费者内心的热烈反响，创造出消费者难以忘怀的活动。于是，体验经济要求经营者的首要任务是把整个企业运作过程当作一个大戏院，设置一个大舞台。这个舞台的表演者说不定就是消费者自己，吸引消费者参与，使消费者感同身受地扮演人生剧作的一个角色，沉醉于整个情感体验过程中，从而得到满足，进而心甘情愿地为如此美妙的心理感受支付一定的费用。因此，无形的体验能够创造出比产品或服务本身更有价值的经济利益。在体验的过程中，消费者珍惜的是因为参与其中而获得的感觉，当产生体验的活动结束后，这些活动所创造的价值会一直留在曾参与其中的个体的记忆里，这也是其经济价值高于产品或服务的缘故。换言之，企业在体验经济中扮演的角色已经从实体产品提供者转变成体验创造的催生者，而这种以体验为主的经济形态称为体验经济。时代发生变化了，人们的经济消费形态也势必产生变化。

体验是当一个人达到情绪、体力、智力甚至是精神的某一特定水平时，其意识中所产生的美好感觉。如果体验经济的实质是产生美好的感觉，那么体验经济的发展以及人们对它的认识，将是人类经济生活在 21 世纪的一场最为深刻的革命。因为人类有史以来的经济活动都是以谋取物质利益为直接目的，而体验经济是以产生美好感觉为直接目的的，突出了表演性，这是一个值得人们思考的变化。

五、顾客体验的构成维度

伯恩德·H.施密特在他写的《体验式营销》一书中，从心理学、社会学、哲学和神经生物学等多学科的理论出发，把顾客体验分成感官体验、情感体验、思考体验、行动体验和关联体验五种类型，并把这些不同类型的体验称为战略体验（见表1-2）。

表1-2　消费体验的构成维度

体验模组		刺激目标与方式
个人体验	感官体验	感官体验是以视觉、听觉、嗅觉、味觉与触觉等感官为媒介产生刺激，并由此激励消费者区分不同的公司与产品，引发购买动机和提升其产品价值
	情感体验	情感体验即刺激顾客内在的情感及情绪。大部分自觉情感是在消费期间发生的。情感营销需要真正去了解什么刺激能触动消费者内在的情感和情绪，并在消费行为中营造出特定情感以提高消费者的自动参与积极性
	思考体验	思考体验刺激的是消费者的思考动机，目标是创造消费者解决问题的体验。通过知觉的注意和兴趣的建立来激励顾客进行集中或分散的思考，积极参与消费过程，更好地使情感转移
共享体验	行动体验	行动体验是影响身体行为的体验，强调互动性。涉及消费者身体的体验，让其参与到消费的过程中并感受其行为带来的刺激
	关联体验	关联体验包括体验的感官、情感、思考与行动等各个方面。关联影响不同个体的交流沟通，并结合个体的各自体验，让个体与理想的自我、其他人或是所在文化产生关联。关联体验之所以能成为有效的体验是由于特定环境中的社会文化对特定的消费者产生相互的作用

施密特提出的策略体验模组量表可评价消费者对各体验形式的体验结果，并可以衡量结果得知特定体验媒介是否能产生特定的体验形式。

除了施密特对体验维度构成进行研究之外，其他一些学者也进行了大量相关的研究，如派恩、吉尔摩根据顾客的参与程度（主动参与、被动参与）和投入方式（吸入方式、沉浸方式）两个变量将体验分成四种类型，即娱乐体验、教育体验、逃避现实体验和审美体验。其中，娱乐体验是顾客被动地通过感觉吸引体验，是一种最古老的体验之一；教育体验包含了顾客更多的积极参与，要开阔一个人的视野，增长其知识，教育体验必须积极使用大脑和身体；逃避现实体验是顾客完全沉溺其中，同时是更加积极的参与者；审美体验是顾客沉浸于某一事物或环境中，而他们自己对事物环境极少产生或根本没有影响，因而环境基本上未被改变。派恩和吉尔摩认为，单一的体验类型很难使顾客体验丰富化，最丰富的顾客体验应该同时包含四种顾客体验的每一种类型，这四种顾客体验类型的结合点就是所谓的"甜蜜的亮点"。

第二节　体验经济的定义及特征

一、体验经济的定义

纵观人类社会的发展史，人类社会已经从产品经济时代发展到服务经济时代，再到如今的体验经济时代。1998 年，约瑟夫·派恩与詹姆斯·吉尔摩在美国《哈佛商业评论》上发表《欢迎进入体验经济》一文中说，如今体验经济时代已经来临，经济形态已经从农业、工业、服务业演变成体验经济。传统的经济形态主要注重产品的功能强大和外形美观，而现在的趋势则是从生活与情境出发，塑造感官体验及思维认同，以此来抓住消费者的注意力，改变消费行为，并为产品找到新的生存价值和空间。体验经济时代，产品的价值不再是体现在产品的功能或服务中，而是体现在"体验"之中。

随着社会的发展和人们生活水平的提高，人们更加关心的是生活的质量。在物质需求得到极大满足的情况下，人们追求更多的是自己在心理上乃至精神上的满足，这便有了体验经济，它是继农业、工业、服务业之后的又一种新的经济形式，其主要强调产品带给消费者独特的审美体验和快乐价值，创造长期留在消费者脑海中的记忆，并使消费者拥有美好的感觉和愉快的回忆体验。

经济形态已经从过去的农业经济、工业经济、服务经济向现阶段的体验经济转变。这种经济形态的转变就像给小孩儿准备生日蛋糕的进化史一样，在农业经济时代，母亲是拿自家生产的面粉、鸡蛋等原材料，亲手做蛋糕，从头忙到尾，成本还不到 1 元；到了工业经济时代，母亲到商店里花上几元钱买混合好的盒装蛋糕回家，自己烘烤；进入服务经济时代，母亲是向蛋糕店订购做好的蛋糕，并花费十几元；进入体验经济时代，母亲不再烤蛋糕，而是花几百元将生日活动外包给专业的公司，请他们为小孩儿办一个难忘的生日晚会，从而带来更多的愉快体验，留下美好的回忆。从纯粹的原材料（产品）、半成品（商品）、做好的蛋糕（服务）和举办生日晚会（体验），都说明人们已经进入了体验经济时代，因为消费者发现这种经济更接近于他们的消费欲望。

约瑟夫·派恩与詹姆斯·吉尔摩对体验经济做出了定义，所谓体验经济就是指企业以服务为重心，以商品为素材，为消费者创造出值得回忆的一种全新经济形态。

传统的经济形态主要是注重产品的功能和外形，而在体验经济背景下，从生活与情境出发，塑造感官体验及思维认同，以此来吸引消费者眼球，改变消费行为。体验经济背景下产品的价值不再体现在产品的功能或服务中，而是更多地体现在消费者身临其境的"体验"中，让其参与其中、乐在其中。

二、体验经济的十大特征

如同服务经济从商品经济中分离出来一样，体验经济是从服务经济中分离出来的。体验本身代表着一种已经存在但先前并没有被清楚表述的经济产出类型，它作为一种独特的经济提供物，将为人们提供开启未来经济增长的钥匙。所谓的体验是使每个人以个性化的方式参与其中的事件，是当一个人的情绪、体力、智力甚至于精神达到某一特定水平时在意识中产生的美好感觉。体验策划者不再是只提供商品或服务，而要提供最终的体验，给顾客留下难忘的愉悦记忆。换句话说，农产品是可加工的，商品是有实体的，服务是无形的，而体验是难忘的。

体验经济是一种全新的经济形态。它的提出展示了经济社会发展的方向，孕育着消费方式及生产方式的重大变革，适应体验经济的快慢将成为企业竞争胜负的关键。体验经济具有以下十大特征。

（一）终端性

现代营销学应注意的一个关键问题是"渠道"，即如何将产品送到消费者手中。一般来说，在生产环节中，制造单元的供求关系形成的是"供应链"，商业买卖关系形成的是"价值链"。其中，"客户"是一个重要的概念。但是，所谓的"客户"既可以是自然人，也可以是法人、单位或机构；既可以是上游单位，也可以是下游单位，还可以是"客户的客户"或泛泛的关系户。那么，这种渠道和链条的方向究竟是什么？体验经济明确指出是最终消费者，是作为自然人的顾客和用户。如果说目前企业与企业之间的竞争已经转换为供应链与供应链之间竞争，那么体验经济强调的是竞争的关键在于争夺消费者。体验经济聚焦于消费者的感受，关注最前沿的竞争。

（二）差异性

工业经济和商品经济追求的是标准化，这不仅要求有形产品的同质性，也要求制造过程的无差异性，在服务经济中已经表现出相反的倾向。这是因为最终消费者的情况千差万别，企业要满足不同顾客的需求，就必须提供差别化的服务。实际上，在产品层次上也要体现出个性化的趋势，如服装、鞋子的电脑测量制作。人们可以买印有普通明星照片的台历，也可以要求制作印有自己家人照片的台历；茶杯刻上主人的名字就能卖个好价钱；自己动手制作、修理家具或进行其他家务劳动（DIY）日益普及；在电话卡、交通卡上印制特定图案当作纪念品送人；写有特定祝福语句的生日蛋糕受到广泛欢迎等。总之，无论是产品还是服务，市场分层的极端是因人而异的个性化，是对标准化的哲学否定。

（三）感官性

最狭义的所谓"体验"，就是用身体的各个器官来感知，这是最原始、最朴素的体验经济的内涵。旅游是一种体验，坐在家里看电视风光片仅使用了眼睛，实际爬山眺望要用上四肢；动感影院不仅要用眼睛更要用整个身体来感受；听音乐会与自己唱卡拉 OK 有所不同；听广播与看电视不同；看电视转播球赛与亲身到现场观看比赛疯狂呐喊也不相同。人们去迪士尼乐园、游乐场、野生动物园；去健身房、骑马、滑雪、攀岩、冲浪、蹦极；玩模拟足球赛游戏机、模拟投资沙盘；到京郊生存岛学习制作蜡染、豆腐等；逛主题公园、工业旅游、农家游、采摘、钓鱼等都是体验。人们在楼顶旋转餐厅可以边吃边看风景；在英国的主题餐厅，人们一边吃着食品，一边观看戏剧演出，甚至随着掀起了"人浪"大赛。这些都调动了人的感官，从而增加了体验的强度。

（四）知识性

消费者不仅要用身体的各个器官感知，更要用心来领会。体验经济重视产品与服务的文化内涵，使消费者能够增加知识、增长才干。现在，很多国家的银行已经将取款、存款、转账等业务交给自动柜员机去处理。在银行窗口，工作人员主要是为客户提供家庭理财咨询。从学习、咨询、顾问的功能上来看，学校与医院是体验经济的重要阵地。

（五）延伸性

现代营销的一个基本理念是"为客户增加价值"，即认为企业所提供的产品与服务只是顾客需要的某种手段，还必须向"手段—目的链条"的纵深扩展。因此，人们的精神体验还来自企业的延伸服务，这些服务包括相关的服务、附加的服务、对用户的服务等。例如，百货公司对大件物品送货上门，对耐用消费品的售后维修服务，旧物的以旧换新和升级换代服务，根据买房客户的不同需求提供装修、看护、增值的服务，买建材家具用品赠保洁服务等。这里的延伸性还包括满足人们的深层次需求。例如，麦当劳在圣诞节让进店的孩子们签名留念，使孩子们得到精神上的满足。

（六）参与性

消费者参与的典型是自助式消费，如自助餐、自助导游、自己制作（DIY）、自己配制饮料、农场果园采摘、点歌互动等。实际上，消费者可以参与到供给的各个环节中。例如，企业进行市场调查，让消费者参与设计；日本政府曾发出通知，要求家电用品的说明书要有家庭主妇参与编写；参加全美 NBA 明星赛的球员由大众投票产生等。

（七）补偿性

企业提供的产品与服务难免有消费者不满意的地方，有的甚至对消费者造成伤害或损失，这时就需要很好的补偿机制。比如，许多企业通过电话回答顾客问题，接受投诉和征求意见；有的商场准备了专项基金用于对消费者损失的快速赔偿；有的商场在各个楼层都设立了退换货室，提出了便利的退换货承诺，让消费者买得放心；国外有的机场准备了专门的投诉室，供不满意的乘客投诉等。

（八）经济性

消费者的经济性表现在搜寻比较费用、最初购买价格、付款条件、使用中的消耗与维修费用等方面。网上查询极大地降低了搜索费用。商家确定价格时可能采取许多方式，如搭售、买一送一、抽奖等。例如，有的商家在卖手机时说买1部手机可以赠送90元购物券，实际上是3张30元的购物券，用该券只能购买规定的几个商品，而且每次购买时只能用1张购物券，这些商品在外边买只要几块钱，商场里却卖到几十元，这样只能给人们带来负面的体验。

（九）记忆性

上述特性都可能会导致一个共同的结果，就是给消费者留下深刻的记忆。留下美好的回忆是体验经济的结果性特征。在这方面完整的例子有很多。例如，一位顾客在超市不慎将存包的铜牌丢失，服务员在核对包内物品后，予以放行并收取了2元钱的押金，商场捡到铜牌后，特意打电话通知那位顾客取回2元押金；有位中国旅客在伦敦乘火车时遇到列车中途停车晚点40分钟，铁路部门决定免费提供饮料，还提供免费电话让乘客使用。

（十）关系性

以上特征主要涉及的是一次性消费的情况。从长期的角度来看，企业还要努力通过多次反复的交易使双方关系得到巩固和发展。如同人与人之间需要友情一样，企业与消费者也需要形成朋友关系，以实现长期的互赢，如航空公司设计了旅客里程奖励制度，消费越多回报越大。更为组织化的形式有会员制商店、产权式公寓、消费合作社等，使消费者不仅是单纯的客户，还增加了产权关系，成为所有者。

上述体验经济的各项特征只是拆借开来的理论分析，事实上，它们并不是完全孤立存在的，而是相互联系、相互结合起作用的。

第三节　体验经济的优势及我国发展现状

一、体验经济的优势

以服务为目的，以产品为道具，环绕着消费者并为消费者创造值得回忆的活动，从而实现利润，这就是体验经济带来的优势。苹果公司为什么能战胜诺基亚，仅在几年的时间里，诺基亚从手机霸主的位置滑落到二流手机公司的行列，失去了往日的风采。难道只是因为苹果手机功能丰富、外表简约等优势，成就了苹果公司超越诺基亚，甚至超越微软，一举成为行业的王者，仔细分析，其中最重要的一点是其采用以往同类行业没有采取的策略，即开设体验店。

自 1999 年 4 月由美国战略地平线 LLP 公司的共同创始人约瑟夫·派恩和詹姆斯·吉尔摩撰写的《体验经济》问世以来，体验经济就成为新经济体系的一个重要的形态。体验经济产生于市场经济的大背景下，以顾客为核心，从顾客的个性需求出发，为其提供定制化服务，体验经济使企业运营得更加开放和健康。

体验通常被人们认为是一种服务形态，将服务融入产品，通过消费者自有的感官体验与思维认同，通过人们对不同事物不同特征产生的反应达到宣传的效果，这样的例子莫过于苹果公司在全球范围内开设体验店了，体验店内的一切都是以消费者为中心设计的，使消费者更加轻松愉快地全面了解、认识产品并激起消费者的购买欲望。首先，在感官上，通过视觉和触觉等途径直接与人们建立感官体验的互动；其次，在情感上，通过触动消费者内心的情感，产生感召力，将消费者的情感自然而然地融入产品中；再次，通过玩游戏等启发智力的方法，增加消费者对解决问题的兴趣；最后，关联式的产生，使苹果用户自觉地形成一个群体。苹果公司的产品不会给人一种奢侈品的感觉，每有新产品的发布，都会吸引更多人的注意力。体验店里不仅有产品的陈列，而且它的装修风格也与企业的产品和文化相匹配，简洁大方。美国曾有一痴迷者将自己的卧室装修得跟苹果店一样。不仅如此，苹果体验店还会配备高素质的服务人员，他们不会刻意销售产品或是冷落只玩不买的顾客，苹果公司还会不断更新产品应用，以带给消费者全新的体验。可见，苹果产品的销售如此火爆，体验店的开设是不容忽视的重要原因之一。

体验经济可以说是一种更加完备的经济形态，它不仅改变了企业的生产方式，也改变了消费者的消费方式，给企业和消费者带来更多的思考。但是，体验经济自身也存在着缺点需要改进，如成本相对较高、容易出现"人气高，业绩低"的现象、消费者对提高产品和服务的要求以及实物与体验型产品存在不一致等问题。

二、体验经济和其他经济形态的区别

（一）体验经济不同于其他经济形态

体验经济时代已经来临，体验经济作为一种全新的经济形态，与传统农业经济、工业经济、服务经济有很大的区别，无论是在经济供给物、提供物的性质，还是提供物属性和需求要素等，都区别于其他经济形态，具体区别见表1-3。

体验经济不同于其他经济形态，它所注重的是通过体验带给消费者内心感受，参与并获得乐在其中的价值，从而留下美好回忆。

表1-3　经济形态区分

项目	产品经济	商品经济	服务经济	体验经济
经济	农业	工业	服务	体验
经济功能	采掘提炼	制造	传递	舞台展示
提供物的性质	可替换的	有形的	无形的	难忘的
关键属性	自然的	标准化的	定制的	个性化的
供给方法	大批储存	生产后库存	按需求传递	在一段时期之后披露
卖方	贸易商	制造商	提供者	展示者
买方	市场	用户	客户	客人
需求要素	特点	特色	利益	突出感受

（二）经济形态下经济供给物的区别

经济形态的发展，从农业经济、工业经济、服务经济再到如今的体验经济，这四种经济形态最本质的区别就在于经济供给物的不同，农业经济的经济供给物是产品，工业经济的经济供给物是商品，服务经济的经济供给物是服务，体验经济的经济供给物是体验（见表1-4）。

表 1-4　经济供给物的区分

经济形态	农业经济	工业经济	服务经济	体验经济
经济供给物	产品	商品	服务	体验

1. 产品

农业经济的经济供给物是产品。真实的产品是从自然界发掘和提炼出来的材料，如动物、矿物、蔬菜等。产品是从自然界开发出来的可以替换的天然性材料，农产品构筑了农业经济发展的基础，农业为家庭乃至村落提供了人们最基本的物质生活保障。

2. 商品

工业经济的经济供给物是商品。把产品当作原材料，企业得以生产并储存大量的商品即有形的产品，而后这些产品又从商店、商场或者以订货的方式被销售到广大的消费者手中，商品成为公司标准化生产销售的有形产品。

3. 服务

服务经济的经济供给物是服务。在服务经济时代，服务是根据已知客户的需求进行定制的无形活动，服务人员以商品为依托，为特定的客户服务，客户们通常会认为这样的服务比商品更有价值。例如，IBM 公司在 20 世纪六七十年代处于全盛时期，这个硬件制造商喊出最多的口号就是"IBM 就意味着服务"，它对那些愿意购买其硬件产品的公司给予了大量的无偿服务，如规划设施、编制程序代码、兼容其他公司的设备并且与之融为一体以及为自己生产的机器提供维修服务等，这些服务是为特定顾客所演示的无形活动。

4. 体验

体验经济的经济供给物是体验。农产品是可加工的，商品是有实体的，服务是无形的，而体验是难忘的。消费者在体验经济背景下重视在一段时间内为其提供的身临其境的感受，消费者不再只是需要提供商品和服务，而是引导消费者以个性化方式参与其中，如大多数父母带着他们的孩子到迪士尼乐园，不是为了这件事的本身，而是为了使家庭成员能够共同分享这一令人难忘的经历，尽管这种经历并不能触摸到，但人们仍然珍视它，因为它的价值就在人们的心里，它与内心情感神经反应产生价值，并且经久不衰。

三、我国体验经济的发展现状

中国和许多国家一样，已经出现体验经济，体验经济的生产强调以体验为基础，开发新产品，提供新服务。电影、旅游、娱乐等某些高端的服务行业都有"体验经济"成分，并在大城市已经形成一定的规模。体验经济已经成为中国经济新的增长点，但这些体验都发生在"国产有形产品"以外的领域中。在有形产品领域，中国的"体验经济"还不多见。在开发产品的知识产权方面，中国与欧美国家相比，数量的确太少。

我国体验经济还处在小规模、低水平阶段，与发达国家的大规模、高水平的体验经济存在着较大的差距。第一，我国第三产业发展水平比较低，我国第三产业占GDP的百分比从世界范围来看也存在着一定的差距，我国的体验经济还处在萌芽时期。第二，我国消费层次总水平还比较低，且消费层次逐步分化，其中主要由收入水平、城乡二元结构、地区差异、消费群体需求偏好等原因造成，总体状况还处于温饱型小康，只有少数人才能够支付得起大规模、高水平的体验经济所产生的费用，普通百姓将金钱更多用于自助旅游和休闲娱乐等低端的体验经济活动中。第三，我国用于支撑体验经济发展的科技水平较为落后，美国迪士尼乐园的四维电影城及时空隧道运用各种高科技手段能够使周围虚拟的景象达到以假乱真的地步，而我国同类行业很难实现如此高科技含量的体验经济。第四，我国体验经济理论的研究滞后于实践，成熟的理论能够指导实践并预知未来，发端于发达国家的体验经济是最近几年才被国内所熟知的，因而对于体验经济的概念，人们理解的并不深刻。第五，我国企业管理总体水平还比较低，提供体验商品的能力有限，国内有些企业单纯地将体验经济看成一种临时促销手段，没有上升到战略领域且学习能力不强，缺乏竞争力。这些都是影响我国体验经济发展的主要原因，如何正确引导我国体验经济的发展，成为我们首要解决的问题之一。2005年4月18日，国美置地以8.05亿人民币取得了位于北京南四环角上的用于投资开发的公建用地所有权，国美置地打算在这块土地上投资三四亿元建立国美商都项目，这个项目包括打造全球最大的国美体验中心，在这里展示电器及最先进的产品，做商业里的体验经济，尽管这个项目最终以失败告终，但却是我国大规模、高水平体验经济的一次尝试。

无论是在产品领域、商品领域还是服务领域，体验经济通过提供体验的方式为企业带来超出产品及服务的利润，是企业未来经营发展的方向。在同质化趋势日益明显且竞争激烈的市场中，企业要实现高品质层次的追求，结合产品的特点及消费者的心理来满足消费者内心的品位需求并引起共鸣。面对体验经济的到来，人们不仅要吸取国内外经典的例子，还要有体验策略上的创新，从企业的实际出发。首先，培养体验经济的文化，塑造体验经济理念，将体验经济的文化和理念扎根在员工的心里，自觉正确地执行才能使体验经济发挥其应有的成效。其次，面对不同的消费群体，开发不同层次的体验，拉近企业与消费者之间的距离，让消费者通过情感及氛围增强对产品的体验，吸引消费。最后，全面创新体验业务，以出售体验为目的，运用各种辅助性的营销工具及手段，创造消费者关注的全新体验。

随着经济的不断发展，当商品的价格已经变得不再那么重要的时候，人们对精神上的满足成为企业相互竞争的核心，体验经济就是通过先满足消费者的精神需求从而打开市场、占领市场的最佳经济形态。企业要想长久发展下去，应紧随体验经济的消费趋势，并因人而异、因地制宜才能成为赢家。针对我国企业存在的品牌实力不足、科技水平不高、体验经济意识薄弱和体验的产品无法满足消费者的需求、国内体验经济的发展缺少可靠的制度保障及国民缺乏深层次的体验经济观念等问题，政府及企业、消费者都应重视起来并积极协作，刺激国民对体验的需求，树立正确的消费价值观，这样才能加快体验经济的发展。

第四节　　体验经济背景下的消费需求和营销策略

一、体验营销与传统营销的区别

体验营销是 20 世纪 90 年代末市场营销学理论发展的新成果，首先被应用于旅游行业和教育行业，并逐渐扩展到其他行业。基于《哈佛商业》对体验营销的概念界定，认为体验营销就是企业展开经营管理活动的出发点和落脚点，以服务为中心，以商品作为服务的外在沟通形式，进而围绕消费者创造的经济价值。因此，体验营销是一种商品交易活动，它的内涵是商品经济和服务经济相结合的产物，以顾客（消费者）价值作为市场导向和商品交易的目标。

体验营销与传统营销相比有以下几点不同：首先，关注焦点不同。传统营销注重商品本身的服务功能，即关注商品的使用价值。体验营销注重消费者的感受，即关注消费者价值。其次，竞争方式不同。传统营销注重产品的性价比，其竞争活动主要围绕同类产品的市场优势。体验营销注重消费者的感受，其竞争活动主要围绕消费者的需求而展开。最后，对消费者的认识不同。传统营销将广大消费者看成购买商品的个体。体验营销在关注消费者需求的同时还关注他们的感性认知。因此，在传统营销中，消费者始终处于被动地位，并没有根据消费者的需求对商品与服务进行调整。在体验营销中，消费者扮演参与者的角色，企业会根据消费者实际需求和市场实际情况生产商品、制订服务战略计划。除此之外，它们的运作方式存在很大差异。传统营销着重突出产品的整体概念，而体验营销则实现了产品整体概念与消费者体验要素的有效结合。在制定价格策略方面，传统营销考虑的因素主要是市场综合竞争力、产品成本、市场需求等，而体验营销在此基础上增加了消费者的期望，从消费者的需求和期望角度制定价格方案。因此，传统营销在制定销售战略目标时，商流和物流是主要的销售手段。体验营销注重现代科学技术的运用，强调信息流的重要性，关注与消费者之间的积极交流与沟通，是一种双向的营销管理理念。

二、体验经济下消费的转变

当经济形态由农业经济、工业经济、服务业经济转变为体验经济的形态时，消费者的需求也会发生相应的转变，这种转变会给文化创意产品带来积极的影响，促使文化创意产品的转变，使之符合现代消费者的需求。

（一）消费需求的转变

美国社会心理学家亚伯拉罕·马斯洛于 1943 年在《人类激励理论》中提出需求层次理论，这一理论将人们的需求分为五种层次，它们由低到高依次排列为生理需求、安全需求、归属和爱的需求、尊重的需求、自我实现的需求。

生理需求在人们的需求层次中属于最基本的层次需求，如空气、水、食物、医疗等。安全需求是建立在生理需求之上的层次需求，相比生理需求较高一级。人们希望拥有生活的安全、劳动的安全，希望避免事故或灾难，希望未来能够有所保障。归属和爱的需求也称为社交需求，它是指人们希望得到亲人、朋友、同事、集体的关爱、理解和支持，这是对亲情、爱情、友情的需要。归属和爱的需求相比生理需求和安全需求层次更高，它与人们的性格、生活经历、生活地域、生活习惯、宗教信仰等都有关系，这种需要是十分微妙的，也无法用数据衡量。尊重的需求是指对自我的尊重、对他人的尊重以及得到他人的尊重。尊重的需求如果得到满足，能够提升人们的自信心，使人们对社会充满热情，同时使人们感觉到自我价值的实现。自我实现的需求是指凭借个人的能力来实现自己的理想，以达到自我实现的精神境界。这样的人可以正确地面对自己，同时能接纳他人，解决问题的能力得到增强、自觉性得到提高，可以独立地处理问题，能够成功地完成与自己能力相对应事情的需要。

当一个低层次的需求被满足后，另一个相对高一级的层次需求便会出现，它开始成为影响和左右人们行为的主要因素。伴随着经济的发展和社会的进步，丰富的物质基础让人们相对低层次的需求得到了满足，在低层次的需求被满足后，人们的需求层次便提升到自我实现的需求层次阶段。如今的消费者在消费时不但关心产品的功能、质量，产品所体现出的附加值，如审美、品位、象征意义等也是消费者所关心的重要因素，有时甚至成为他们购买产品的主要原因，这种情况便是进入自我实现需求层次的现象。体验经济时代消费需求的转变具体有以下特点。

1. 情感需求比重上升

体验经济时代下的体验营销关注消费者需求与期望，以消费者价值为导向设计和创新产品服务方案。因此，服务是体验营销的核心，消费者是企业展开一切体验营销活动的对象。在体验经济中，消费者的情感体验是验证企业商品服务质量的指标。这就需要企业采取有效方式使消费者对商品产生好感，进而提升消费者的感性认识，并从实现感性认识上升到购买行为。因此，站在消费者情感角度，企业需要加强情感体验在体验经济中的体现。站在市场需求角度，需要结合市场和消费者实际需求提升商品的服务质量，并在商品服务中凸显情感需求。

2. 大众化标准产品失势

当今社会是一个知识经济时代，科学和创新是时代发展的主流。在社会经济水平逐渐提升的前提条件下，标准产品已经逐渐失去市场竞争优势。从社会经济角度来看，在以往经济水平普遍偏低的前提条件下，社会的消费能力远不及现在。大多数企业无论是制定营销策略还是管理策略时，都注重产品的功能和经济利益，却忽视了产品的设计与管理的创新，能够创造出物美价廉的商品的企业少之又少，这样就使生产标准化商品成为市场发展的趋势。如今，无论是市场竞争方式还是消费者的消费意识，都在逐渐发生变化，使市场营销方式和消费者的消费观念出现差异化，尤其是在西方文化意识形态的影响下，"80后""90后"两代人的消费观念表现出强烈的个性化特征。比如，苹果手机在刚上市的时候，它是奢侈品的代名词，很多消费者会抢券购买。如今，越来越多的人使用苹果手机，有些消费者会购买其他品牌手机，这样可以不与其他人"撞机"。从这个例子可以看出，消费者的个性需求凸显。标准化的、大众化的产品已经不被消费者宠爱，他们可以根据自己的个性需求和期望选择喜欢的产品。

3. 被动消费逐渐转变为主动消费

传统的市场营销行为由于注重产品功能，消费者的消费往往都是被动的，即需求产生消费。但是，有些需求也不会产生消费，进而增加了商品的销售难度。以往的"销售"工作并不被市场看好，甚至很多销售人员被他人排斥。现阶段，社会经济水平不断提升，消费者的消费观念逐步发生改变，消费行为受消费观念的影响，由被动销售转变成主动销售，即销售人员对外推销逐渐变成消费者主动购买。

（二）消费特征的转变

1. 消费意识的转变

消费者早期关注产品本身，而现在开始关注接受产品过程的感受。如今的消费者不仅考虑购买什么样的产品，而且还关心购买的地点，更关注购买的过程。消费者购买产品的目的是希望得到快乐的体验，满足其个性化的需求，并寻找精神层面的寄托与共鸣。

2.消费习惯的转变

消费者开始从理性消费逐渐转变为感性消费。由于社会经济的发展和物质生活的丰富，消费者的消费模式也由理性消费阶段、感觉消费阶段到感性消费阶段的方向发展。在理性消费阶段，消费者注重的是产品的品质与价格，而当消费者购买产品的需求倾向于能够满足个人的喜好、社会需要层面和具有彰显身份意义的商品时，就进入了感觉消费阶段。在感觉消费阶段，商品的象征价值需求在人们心中已经成为主导的消费观念，同时会受到环境因素和社会需要的影响。在感性消费阶段，人们的消费观念对商品的象征价值需求居主导地位，感性消费体现了在现代社会科学技术和经济发展基础上追求自我的个性化消费倾向。

3.消费方式的转变

如今，消费者已经从被动接受企业推销的产品到提出自己对于产品个性化需要的阶段，消费者希望可以参与到企业设计生产产品的过程中，希望把自己对于产品的个性化需求、新的价值观念和新的思想意识融入产品的设计之中，使产品可以同消费者产生共鸣，产品的市场也得到了拓展。消费者在这一互动的环节中可以把自己的创造力充分地发挥出来，主动地加入企业产品的前期设计、投产制造和市场推广的过程中，经过创造性的消费，人们也进入了自我实现的需求阶段，最终获得自我满足和自我价值实现的情感需求。

4.消费内容的转变

在体验经济的背景下，消费者已经从大众化的消费阶段进入到个性化的消费阶段。消费者在购买产品方面的心态越来越成熟，希望所购买的产品可以符合自己的个性化需求，对于市场上出现的千篇一律的产品越发排斥和反感。消费者期盼购买的产品可以呈现自己的个性特征，以展现自己与众不同的魅力与独特的品位。另外，消费者还希望产品具有一定的互动性与参与性，可以丰富产品使用过程的体验感与娱乐性。

5.消费结构的转变

在体验经济的背景下，消费者情感需求的比例有所增长。消费者在购买产品时不仅会考虑产品质量，还会关注产品是否能够带给人们情感方面的愉悦与满足。消费者会对那些能够满足自己内心情感需求并带来愉悦体验的产品产生好感，这也是消费需求进入自我实现阶段的体现。社会的进步和经济的发展等客观条件促使体验经济逐步形成，消费者对产品的不同需求为这一市场提供了广阔的舞台。

从以上消费的转变中可以看出，消费者的心态日趋成熟。同时，消费者对于生态环境的保护意识进一步提升，人们开始提倡和使用绿色环保的产品。一些企业早期为了生产，不惜以破坏环境为代价，有些产品甚至本身就含有有害物质。如今，环保、绿色、健康的理念已经深入人心，消费者不但挑选绿色环保的优质产品，还关注产品在生产过程中对环境产生的影响，只有在整个设计、生产制造、销售和回收利用等环节都达到绿色环保标准的情况下，消费者才会放心购买。与此同时，购买绿色环保的产品也体现了消费者对于生活品质的追求，显示出自己的价值观念，最终体现了消费者日益成熟的心态。

（三）消费过程的转变

在我国经济改革发展初期，由于商品匮乏，企业生产的商品十分热销，这就导致了"卖方市场"的形成，企业从不担心商品的销售问题，只要生产出来就一定可以卖出去，这使消费者没有选择的余地，只能被动地接受，也不会考虑购买过程中的感受。随着改革开放的深入及经济的快速发展，人们的物质生活得到了极大的丰富，市场竞争的日益激烈也促使昔日的"卖方市场"转变为以消费者为中心的"买方市场"，消费者不再被动地接受产品，而是主动地去选择自己需要和喜欢的产品，同时开始关注接受产品的过程及其感受。

苹果公司开设的体验店就是一个很好的实例，店面门脸采用透明的有机玻璃，配以金属构件进行连接，在门口上方设置有一个巨大的苹果标志，十分醒目，阳光可以直射店内，看上去通透、明亮。走进店内，木制的展示台上放着苹果公司的最新产品，包括 iphone 系列、ipad 系列、mac 系列、ipod 系列等。铝镁合金材质的产品配以木制的展示台更加体现出产品的科技内涵，所有在店内展示的产品都是供给消费者试用的，店员会在一旁为顾客讲解产品的使用方法和相关的产品信息。

苹果公司很早就注意到体验对于消费者的重要性，它将体验的设计应用到自己的产品中。同样，在专卖店的经营中也融入了互动体验的理念。体验店采用开放式的策略目的是希望消费者可以走进店内，亲身体验苹果产品所带给消费者的愉悦与快乐，让消费者了解产品的功能与特性，消费者在这一体验的过程中提升了对品牌以及产品的认知和理解，同时促使人们产生购买该产品的欲望，最终决定购买苹果公司的产品。苹果公司把握住了消费者的需求，看到了消费者接受产品过程的重要性，将体验融入销售的过程，最终取得了成功。

（四）消费行为的转变

企业在推广产品时，一般采用电视、广播、报纸、杂志等传播媒体进行广告宣传和促销，这是较为传统的手段，但通过这些传统媒体的信息传递，消费者只能被动地接受这些信息而无法让产品与消费者产生良好的互动，消费者也无法全面地了解产品的相关信息。当互联网走进人们的生活，一切都改变了。

互联网的崛起改变了整个世界，它成为人们生活中最重要的组成部分，在海量的网络信息面前，消费者可以有更多的选择，它为消费者提供了全新的互动方式，也让产品以一种全新的状态面对消费者。

例如，Nike 网站主页上经典商标和富有运动元素的页面设计给人一种快感和激情。当消费者浏览新款篮球鞋时，篮球鞋可以在画面上进行 360° 的旋转，让消费者可以看清楚产品的每一个侧面和细节。当把鼠标移动到某个部位时，则会弹出对话框，详细介绍该部位的材质及相关技术的信息。消费者还可以根据自己的喜好采用篮球鞋的定制服务，进入相应系统选择自己喜欢的篮球鞋款式和颜色搭配设计，系统会按照操作进行记录，最后按照消费者的要求生产这款专属的定制篮球鞋，这种互动的消费方式使消费者可以购买到满足自己个性需求的产品，同时为购买产品的过程增添了许多乐趣，最终使企业的产品得到了推广，企业的品牌形象也得到了提升。

三、体验经济下的营销策略

（一）建立顾客体验的营销框架

营销的目的不仅是将商品销售出去，更为重要的是要与消费者联系起来，以服务为平台，打造一个立体化的营销框架，实现体验经济的可持续发展。具体来说，营销框架的建立主要是基于五个基本的体验途径，即感觉、感受、行动、思维和关系。感觉就是让消费者通过视觉、触觉等感官对商品实现直接的感知；感受主要是指让消费者在体验商品的过程中内心引发触动，进而对商品产生更加深层次的认识，而不只是局限在性能、价格上；行为则是消费者通过一定的行为活动进一步深化对商品的体验；思维则是对问题的创造性认识或解决；关系则是消费者、商品、企业等多个角色的有机连接。

现阶段，市场营销已不再是销售产品本身，而是消费者的购买体验和对消费者情感的满足。在体验经济的大背景下，企业要以对消费者的个性化服务为核心，将产品的服务和消费者的情感诉求相结合，形成形式多样、多角度的营销模式。为了提高企业的综合竞争力，营销模式应该以实时营销为主要手段。营销模式的建立要从行动、思维、感受等方面着手。首先，利用触觉、视觉等直观感受帮助消费者对产品有一定的认识。其次，让消费者在体验商品的过程中与自身的内心情感进行比较，激发购买的欲望。在体验经济时代，企业应该把购物变成一种充满乐趣的游戏，在购物现场播放优美的音乐，服务人员进行耐心的演示，还有免费的小零食等，让消费者感受到尊重和友好。

（二）丰富营销模式，建立体验营销组合

对于不同的消费者而言，其消费需求是不一样的，所以在营销活动中，不能以一套模式面对所有消费者，这样必定会导致部分消费者对营销活动产生负面认知。因

此，建立组合式的体验营销就显得非常必要。组合式的体验营销强调了消费者体验的完整性和全面性，在设计中需要涉及体验、情境、事件、浸入和印象这五个基本要素。在体验方面，主要是对体验策略的制定。依照上面所阐述的体验等级框架，体验策略的制定也需要从感觉、感受等五个层面入手。在情境方面，要为消费者创造一个体验的环境，需要依照消费者群体的消费特征来确定。在事件方面，要在体验情境中设置一定的事件，强化消费者的体验感受，根据消费者的消费需求，对体验事件的程序做全面规划。在浸入方面，要让消费者切实进入到构建的体验环境中，切身感受商品和其中的内涵。在印象方面，要让消费者在体验过程中深刻印象，并且要使该印象长期保持，如构建消费者联谊会、成员俱乐部等都是不错的方法。

（三）提供个性化的服务

大众化标准的失势，要求企业必须向消费者提供更加个性化的服务，这样才能赢得消费者的青睐和信任。个性化服务的提供，可以从两个方面着手：一是企业需要对消费者需求进行深入调查，调查活动不是依照传统的街头调查或是客户回访的形式展开，而是通过更多先进的手段来分析整个市场消费需求的变化，如大数据统计、数据挖掘技术等；二是依照消费者需求调查结果，结合企业实际，创新出个性化的服务，让消费者能够在第一时间体验到个性化的服务，进而对企业认可，并由此建立起品牌忠诚度，形成固定的消费者群体。

第二章 体验经济下的设计理念

第一节 体验经济背景下的设计新思维

《体验经济》一书使人们意识到继产品经济、商品经济和服务经济之后，一种崭新的经济形态 —— 体验经济正在向人们走来。体验经济出现的历史虽然不长，但已得到了巨大的发展，尤其是在经济发达的地区和国家更是如此。在体验经济时代，生产和消费都以"消费者的体验"为核心，商品成为创造体验的"道具"，而服务则是展示体验的"舞台"。相比于生产商品和提供服务，对企业来说更为重要的是创造美好的消费体验，消费者购买和消费的不再只是具体的商品和服务，而是更为关注其中所承载的无形的体验和情感。作为生产和消费之间联系纽带的设计，在体验经济时代也必将以体验为先导，以创造良好的消费体验为核心，呈现出不同于以往的新的设计思维和方法。

一、存在的本质在于体验

体验对我们来说并不陌生，我们每天都在感受和体验着所生存的这个世界。"人生的旅程不在乎目的地，而在乎沿途的风景"，存在的本质就在于体验。生活一天，我们就体验着这个世界一天。

那么，究竟何为体验呢？简单地说，体验是人们对所经历的事、物及环境在生理、心理上的综合感受和情感升华。体验虽是无形的，但却是真实可感的。丰富而独特的体验不仅可以充实我们的人生经历，改善我们的生活质量，还可以滋润我们的心灵，提升我们对生命的感悟。

体验并不是凭空产生的，外在刺激是体验发生的基础。如果无法对外界刺激产生感知，也就无从去体验什么了。从人的感觉方面来看，体验可分为视觉体验、听觉体验、触觉体验、味觉体验、嗅觉体验等。实际的体验往往是多种感觉的综合体验，如欣赏电影大片时的视听体验，游览主题公园时的视、听、触、运动等的综合体验。这种对外界刺激的直观感知常被人们称为感官体验，是人们对所经历的事物和环境所产生的即时的反应，是一种表层体验。这种表层体验往往不能长久，如果无法上升到心理和精神的层面，进而转化为更深层次的情感体验，感官体验很容易就会被遗忘，而无法给人留下深刻的印象并长久留存于人们的记忆中。

只有那些能够让人全身心投入，触动人的心灵并引发认真思考的体验，才能超越感官层面上升到情感体验的层面，获得人们的心理认同，并深深地存留在人们的记忆中，令人难以忘怀。情感体验是一个非常复杂的过程，是人在与外部事物和环境的互动过程中的心理感悟和情感升华，它不仅与所经历的事物和情境有关，更与人们的心智状态、社会经历和文化背景等密切相关。这是一个带有较大主观性的个性化过程。不同的人由于其心智状态的不同，对相同的经历和情景会产生不同的情感体验，而同一个人在不同的时空情境下，对相同的经历也会有不同的心理和精神反应。

二、经济形态演变与设计发展的辩证关系

设计是既具艺术性又具经济性的一种实用型艺术形态，它与社会经济的发展存在着密不可分的关系。设计不可能脱离经济，经济也不可能离开设计，社会经济的发展造就了设计的繁荣，反过来设计又促进了社会经济的发展进步。设计必须融入社会经济中才能发展自己，也才能更好地为社会经济发展服务。

设计是社会意识的一种表现形式，经济是社会存在的表现形式之一，设计与经济的关系的本质就是物质和意识的辩证关系。人们用马克思主义哲学中物质与意识的辩证关系来阐述经济与设计的关系。众所周知，物质决定意识，意识对物质具有能动作用，正确的意识对事物的发展具有促进作用，反之，错误的意识对事物的发展具有阻碍作用。显而易见，设计与经济是辩证统一地存在着的，经济决定设计，设计对经济具有能动作用，经济与设计的辩证关系如图 2-1 所示。

图 2-1　经济与设计的辩证关系

（一）经济决定设计

社会经济是基础，社会经济状况的好坏可以直接影响设计的发展趋势以及在经济基础下所形成的设计理念的转变等。经济就好比设计的足，没有足的鸟，是可悲的。社会经济的不断发展，使人们对生活质量提出了更高的要求，这就要求设计必须跟上社会经济发展的步伐，紧随时代发展，符合时代主题。社会经济形态处于不断的演变

发展中，设计理念的转变也要随着经济形态的演变而不断发展，以更好地改善人类的生活方式和促进艺术文化的发展。随着体验经济的到来，设计将不止于产品功能上的满足，超越产品功能给消费者带来的感官、情感和体验上的满足将变得越来越重要。

（二）设计反作用于经济

设计的发展对社会经济具有推动作用。邓小平说："科学技术是第一生产力。"设计作为艺术与技术相结合的产物，同样也是一种生产力，同样促进了社会经济的发展。现如今，如果设计空有艺术性和美好的外观，而不能为人类生存和发展服务，不能推动经济和时代的发展，那么设计是没有市场的，也不可能被大众所接受。设计要为经济服务，推动经济，设计的价值必须投放到社会经济活动中才能得以实现。人们对于"逛超市"都有一个共同的经验，本来进超市只准备买几件物品，结果却是推着满满的一车东西走出来，远远超出了购物单上所列出的物品。超市里琳琅满目的商品从包装设计到货柜陈列设计再到营销方式，都是为了扩大消费需求而设计的，进入超市的人们往往有种身不由己的感觉，不断地"发现"自己的需要，不知不觉中消费了预算以外的商品。所以说，设计能够唤醒隐性的消费欲望使之成为显性，推动经济发展。

三、体验需求：体验经济的原动力

需求是经济发展的原动力，也是设计发展和变革的真正源头。体验经济出现和发展的真正动力正是人们的体验需求。人的需求可分为物质需求和精神需求，前者是人的外部需求，后者则是人的内在心理需求。体验需求是一种高层次的精神心理需求，处于马斯洛需求层次模型的上端。随着科技的进步和经济的发展，人们的物质生活需求得到了极大的满足，由于教育水平的提高和休闲时间的增多，人们的价值观和消费观发生了很大的变化，精神情感需求成为人们生活中不可缺少的一部分，也成为经济新的增长点。

人是有情感的，同时也是充满幻想的，人们渴望将梦幻与现实联系起来，渴望享受生活，渴望在生活中彰显自我、进行自我表达和实现自我价值，体验需求正是人们这一内在精神需要的具体体现。例如，吃饭穿衣不仅是为了满足温饱，更多的是为了享受文化和追求时尚，追求一种生活体验和情感满足。这种体验需求是高度感性化和个性化的，人们往往根据自己个人的独特感受和体验来选择和购买他们"喜欢"的商品和服务，带有明显的主观色彩，而不仅是根据产品的功能和价格进行客观和理性的消费，人们更希望在拥有产品和服务的同时，拥有一种独特的生活方式，拥有愉快而令人难忘的生活经历，以满足内心多方面的需求。因此，体验经济时代的到来，意味着社会已经进入了更高层次的文化和精神消费的阶段，人们渴望"诗意地栖居"。

体验经济就是以创造积极、美好的"消费体验"为核心的经济形式，促进人的全面发展并提升生活质量的体验是最具经济价值的消费品，是"一种独特的经济提供物"。在体验经济高度发展的时代，不仅体验本身成了生产和消费的对象，传统的商品和服务也将被体验化，包括生产、销售和消费在内的一切经济行为，都将被体验化，如体验营销在今天已经不是一个新鲜词了。消费者所购买和消费的不再只是有形的商品，而是无形的体验，是在与商品、服务乃至品牌的互动过程中的独特感受，是一种在生理、心理、情感上所产生的美好感觉。

四、设计从满足需求开始

设计的对象是产品，但设计的目的不是产品，而是满足人的需求以及自身的需求。每个人都有自己的需求，既有来自生理方面的需求，如饮食、性、休息等，又有来自心理方面的需求，如对艺术和美的憧憬、对文学的喜爱以及对社会尊重的渴求等。人只要活着就会有需求，需求的本质是生命生存的欲求。对于需求，因解析的角度不同而有不同的认识，心理学家将需求理解为个性的一种状态，它表现出个性对具体生存环境的依赖性，需求是个性能动性的源泉。同时，设计也在不断地完善和发展自身的需求，以便更好地服务于人类和社会。

（一）人的需求性

设计是以人的需求为导向的，它把满足人的基本需求放在首位。实用功能即使用价值，是生产之所以作为有用物而存在的根本属性，没有功效价值的产品就是废品，有用性是第一位的。列宁对此曾有过一段精辟的分析，他说："如果现在我需要把玻璃杯作为饮具来使用，那么，我完全没有必要知道它的形状是否完全是圆筒形，它是不是真正用玻璃制成的，对于我来说，主要是底上不要有洞，在使用这个玻璃杯时，不要伤了嘴唇等。"可见，设计的使用价值就在于作为有用物来满足人的需求。体验经济时代，人们已经走出基本物质需求阶段，走向高层次的自我价值实现阶段，人们所追求的是产品带给自身的心理感受，以唤起美好回忆。

（二）设计的需求性

体验经济时代，设计的发展趋势也在不断地完善，以更好地服务于消费者，设计已经迈入产品带给人们感官、情感、心理的"体验"阶段。这一时期，设计不仅是追求功能，在当今的科技和生产条件下，产品的设计和生产中保障其功能的实现已经没有什么困难，也不仅是传统的审美问题，人的需求已经从最基本的生理需求向上发展到所谓尊重、自我实现等高层次需求，相应地也影响着设计发展。新时代的设计将从人的需求着手，满足人们对于兴奋、刺激的渴望，产品设计既要有趣，又要迷人，让消费者一见到产品或一用到产品就能激发情感，感受快乐，产品所体现出来的体验价值将会长期留在脑海中，带给消费者愉快的回忆。

五、以体验为先导的设计新思维

体验经济时代的设计是以人的体验需求为导向的，设计首先应考虑的是人们的体验需求，以消费者的经历（对产品和服务的选择、购买、拥有和使用的过程）为核心，塑造感官体验及情感认同，为产品和服务开拓新的发展空间。因此，在这种情况下，设计就不仅需要考虑产品的功能和形式，更需要在其中注入体验的成分，以体验为先导，以为消费者创造美好而难忘的生活经历为己任。在此，产品和服务自身并不是设计的终极目的，而是作为产生体验的道具和展示体验的舞台出现的，是否满足创造良好体验的要求是衡量产品和服务优劣的标准。以体验为先导绝不意味着不再关注功能和形式，而是要更为关心它们能为消费者带来怎样的生活体验，在强调满足消费者理性需求的同时，更重视满足他们日益增长的精神和情感需求。

（一）超越功能和形式

在体验经济条件下，无形的体验是比有形的产品更有价值的东西。设计所追求的不只是功能，也不仅是靓丽的外观，而是要为用户带来某种超越功能和形式的积极、美好、和谐的生活感受和体验。在工业经济时代，物质技术条件尚不够发达，满足功能和制造的要求是设计首先要考虑的问题，"形式追随功能，功能决定形式"是现代工业设计响亮的口号，其追求的是工业经济时代产品的大规模、标准化的生产和消费，因而设计出的产品理性、冷漠、缺乏感性的温暖，这是由当时的社会经济技术条件所决定的。当人类社会发展到信息社会时，社会、技术和经济得到了空前的发展，人们的物质需求得到了极大的满足，在此条件下，人们开始追求更高的精神和情感需求。设计也不再只是对功能的开发和实现，或者是仅对产品的外观进行美化和装饰，而是以产品为道具，以服务为舞台，注重人们在购买和使用产品的整个过程中的综合感受和情感体验，借以提升人们的生活质量，丰富人们的生存经验。因此，体验经济条件下的设计已经超越功能和形式，以体验为先导，目的是创造一种能够扩充人的生存经历并引发人们的情感共鸣和深层思考的生活方式。在体验经济条件下，体验成了设计师与用户进行交流的主要方式。

（二）新思维新设计新特点

在体验思维的指导下，更生动有趣的产品，更完善、美好的感受，更高层次的精神享受和情感认同，所有这些将是设计所要追求的核心目标。以体验为先导的设计思维决定了体验经济时代的设计具有如下几个特点。

1．情感性

体验需求的本质是人们精神和情感的需求。为满足消费者的体验需求，必须在功能和形式上满足消费者的感官体验，使设计出的产品和服务让人感到舒适、轻松、有趣，创造积极的感官体验。然而，如果体验仅停留在感官的层面而无法上升到精神和情感层面的话，则无法真正打动消费者，无法使人产生难以忘怀的印象。体验对于消费者不仅意味着一种感官刺激，更意味着一种生活方式、一种人生态度、一种精神信仰……要想获得消费者在心理上的认同，就必须使体验超越感官的层面而上升到情感的层面。为此，设计师必须从消费者的生活情境出发，围绕体验设计的主题去设计"生情点""动情点"，必须使具体的设计超越功能和形式，重视其作为文化、情感符号的象征意义并加以强调，通过使用者的感知、使用和理解，产生深层的情感体验，体现设计对消费者更多的人文关怀。例如，有的设计师巧妙地将服装设计与电影结合起来，利用电影的氛围、演员的独特气质为顾客带来独特的情感体验，这样的服装更多的是作为一种情感符号而存在，代表一种独特的情感或一段难忘的记忆。

2．策略性、主题性

体验本身是不能被设计的，但可以被引导和调节，因而对于体验设计，相对于具体的设计和实施而言，策划在其中起着举足轻重的作用。从这个意义上来说，体验设计带有很强的策略性。对于消费者而言，体验是对所经历的一系列事物及环境的综合感受的结果。从设计角度来看，体验应该是整体性的、过程性的，需要对产生体验的整个过程和情境进行合理的规划和安排，从而引导预期体验的产生并使之长久。"意在笔先"，体验的策划与设计常常是围绕一定的主题来进行的，"那是与一定的生活方式和情感心理需求相联系的主题"，并设计出相应的故事或剧情，使产品（道具）及服务（舞台）融入该主题和剧情，成为它们有机的组成部分，并对这一主题加以强化和传递，从而为消费者带来美好而难忘的体验。

3．开放性、参与性

体验设计的最终目标不是产品，而是用户的体验，体验设计是支持用户参与的设计。要产生最强烈的体验，就必须使消费者沉浸于设计者所创造的情境之中，让他们去感知、去体悟，方能领会。要达到这一目标，体验设计就必须具有开放性，为消费者的参与创造条件，使他们便于参与其中，乐于参与其中，去进行自我表达和自我实现。为了使消费者能参与其中，整个体验设计就必须是一个开放、互动的系统。因此，在进行体验设计策划时，消费者是必须要考虑的一个重要元素，是整个设计的有机组成部分。在体验设计的整个过程中，往往都有消费者的直接参与，以保证最终结果是令他们满意的。可以说，一个完整的设计是由设计师和用户共同完成的。例如，电子游戏创造是一种完全意义上的体验和娱乐享受，它的生产和消费都充分地体现了开放性的特点。在整个游戏的生产过程中，玩家不仅参与游戏的测试，在创意阶段也会广泛地听取他们的意见。更为关键的是，玩家在虚拟的游戏世界里扮演各种角色，纵横驰骋，他们就是游戏世界的主人，没有他们参与的游戏最多是个"半成品"，是用户、玩家使整个游戏具有了完整的生命。

4. 个性化

体验是高度个性化、主观化的，体验经济时代是真正个性化经济的时代。对同样的事物和经历，不同的人会产生不同的体验，这与人们的文化背景、价值观等有着密切的关系。因此，体验设计要满足人们个性化的需求，为他们创造独特的、非我莫属的、不可复制的个性化生活体验。体验是不可以进行大规模标准化的设计和生产的。在设计之初，设计师就要综合考虑到消费者的个体生活方式和社会情感经历以及产品和服务的消费环境，从而为向消费者提供个性化的体验创造条件，并最大限度地满足他们的个性化需求。

体验经济是以用户为中心的用户驱动型经济，相应的，体验经济时代的设计也呈现出以"用户"为中心的人本主义特征。体验经济时代的设计需要满足消费者对更高层次的心理和情感体验的需求。因此，为了超越仅对功能和形式的关注，创建美好的用户体验，就必须改变以往以"物"为中心的设计思路，应以"用户"为中心，研究用户的心理和精神需求，研究他们的生活态度和潜在期望，研究他们的认知心理和情感特征，充分理解和挖掘人们的体验需求，并以设计为媒介，将这些需求和期望变为现实，准确地传递给消费者。以体验为先导的设计思维从一个侧面反映了设计的中心从关注物转移到关注人，关注人的真正需求和期望，关注人的心理和情感，进而在产品、服务和消费者之间建立起情感的纽带。

第二节　以内容开发引导的创新设计思路

内容设计创新是体验型产品增值的关键，设计师经过深思熟虑提取产品内容的元素重新组合和阐释，再创造出新的内容，为产品增加附加值。这个附加值主要是为消费者的体验增加不曾拥有过的体验所带来的价值。内容的设计创新可以从几个方面入手来挖掘产品的创新点。

一、内容设计创新的前提

（一）符合主流价值观

体验型产品的内容首先不可与主流价值观相背离。这是一个新生体验型产品能否顺利出现在市场上的大条件，尤其是具有意识形态属性的文化产品，设计创新时应注重经济价值和社会价值双重效益。

（二）符合消费者的知识结构和认知水平

在消费者的知识结构里，对内容的熟悉程度、在接受方面的程度与对内容理解的速度和深刻程度都正相关。对内容理解快的消费者，他们体验效果是会心一笑，而理解慢的消费者则有可能感到莫名其妙；理解深刻的消费者可能很有共鸣，并在思维中有一个自我体会的过程，体验也随着反复琢磨获得时间上更长的价值体现，而对内容理解肤浅的消费者则有可能对内容没有深刻感触而体会不到其中的快乐。因此，从这个角度来说，曲高和寡的体验内容未必是好的，消费者欣然认可的产品才具有市场价值。消费者的认知水平和知识结构一般与其接受的教育水平和人生经历有关，针对目标群体的前期调查有助于设计者把内容控制在一定水平上，避免过于专业或过于生疏的内容引起消费者的不佳体验。有一部分文化产品作为艺术文化的载体担负着传播文化的功能，高知消费群体对求知型的体验产品有一定的品位要求，他们希望通过体验培养艺术兴趣甚至提升艺术品位，对于这一类的体验型产品，商家要将品位与易于接受的内容相结合，本土化、生动具体的阐述都是达到这一目的的手段。

（三）符合社会文化氛围、道德观念

体验型产品的内容与时代背景是一致的，其与时代主题和社会发展阶段是一致的。在一定的文化氛围中，人们的体验可以作为文化内容来实现其社会价值，体验型产品为人的自我认可和提升、人际交流、文化的传播等方面的实现提供存在的土壤。设计者在对所处的时代和正在发生的一些现象不应简单地跟风，而要从理解其动因的角度去发掘设计创新点，站在历史高度寻找创新源泉。体验型产品的内容要给予人美的感受，体现真善美。反之，利用猎奇心理哗众取宠，把病态的、丑的东西灌输给消费者，这种体验是对消费者精神的污染，对于整体的社会利益是有损害的，并且这种损害是缓慢而至深的。设计者应该抱有尊重自己专业、尊重消费者的态度，以传播者的使命感为设计的前提。

二、内容设计创新的路径

（一）通过借鉴的全新内容

人们共同的审美心理和追求真善美的一致愿望，为体验型产品内容设计创新多元化提供可能的心理基础。不同民族、不同时代、不同的文化元素都可以作为创新素材，那些有异域风情和年代感的元素对消费者产生了巨大的吸引。俗话说，"太阳底下无新鲜事"，但某一地域内司空见惯的事物对另一地域的人来说是好玩的体验对象，故说民族的才是世界的。设计者创新内容时应不拘一格，以兼收并蓄的姿态吸收

适合体验型产品的内容，设计者不局限于自己的眼界和思维，消费者才能从内容设计中看到另一个新鲜的世界。

（二）对旧元素的翻新重构

设计者的创新都是对过去元素的解构和重组，设计者可以通过挖掘旧元素中适应当下消费者要求的新意，把旧元素和旧素材与以往表现侧重点的不同部分演绎为新的内容。旧时的内容因环境变化，人们也会对其内涵产生新意义的解读。例如，泰坦尼克号是 20 世纪初东印度公司打造的一艘游轮，然而这艘豪华游轮初次起航便遭遇了沉没的命运，当时关于泰坦尼克号的沉没原因有许多解释，其中不乏一些看似神秘甚至玄幻色彩的说法。也许是因为太过悲壮震撼，人们一直在感情上对这艘游轮有别样的情愫。以泰坦尼克号为题材的电影有多部，起初作为一部灾难片，电影重点演绎的是这艘号称"永不沉没"的游轮在大西洋撞上冰山后求救未果沉没的灾难过程。卡梅隆导演的《泰坦尼克号》则将一个超越阶级的爱情故事架构在这场人类航海历史上的灾难中，灾难背景的悲壮和凄美的爱情交织在一起感动了全球的观众。该片上映 15 年后，又以 3D 的形式再次上映，让渴望感受荡气回肠爱情的观众以新的方式重新体验了这部电影。又如，过去的民俗文化在旅游体验化的趋势下，以整合重组的形式出现在民俗风情园和地方特色街区中。

（三）时代新需求下的符号创造

"物以类聚，人以群分。"在体验型产品中，消费者体验的是产品内容带来的情感认同。某一类消费者因价值观取向上相近、审美品位上相似，不约而同地结为一个群体。体验型产品的内容则能够把群体对自我价值和身份认知等精神层面以物质的形态表现出来，也就是通过对体验型产品的内容的解读，使消费者和社会其他群体明确得知消费者属于哪个群体，他们是哪个圈子的成员。韦恩·D.霍依所著的《消费者行为学》一书中说，阶层不能解释消费但消费往往可以解释阶层。也就是说，不同价值观的群体可以用代表某种消费的价值符号来表示。不同的标签代表不同的符号，如小资的符号是在咖啡店捧一本村上春树的小说，科技宅的符号是家里有全套的苹果产品，受过良好教育的人的符号是去歌剧院听一场普契尼的《蝴蝶夫人》，文艺青年的符号则是去云南大理体验一次说走就走的旅行。

在社会发展的不同阶段，人们对情感的需求体现出不同特点。在经济发达的时代，绚丽多彩的生活内容被视为主流。然而，市场经济的快速发展却逐渐使人们不适应人与人间关系的变化，物欲泛滥、灯红酒绿带来的眩晕和恐慌，人们对田园牧歌等回归大自然的怀旧情愫成为一种新的心理需求。同样，在时尚方面，上流社会的品位通常是时尚的风向标，人们对上层生活的向往会体现在对他们穿衣打扮的模仿上。因此，商家在设计创新体验型产品时，首先要定位目标群体并研究其阶层成因和口味趋势，找到阶层出现的历史，理解其心理需求的原因，从而顺应这原因，创造出最能够击中这些心理需求并宣扬其群体价值观的新符号，为心理诉求提供情感归属的符号。

三、基于内容开发设计创新的策略

（一）合理分配新旧内容的比例

在内容设计创新时，要平衡内容中消费者熟悉的部分和带有挑战性的新奇部分的比例。人们体验的动机是多样的，自我提升、审美需求、休闲、怀旧、技能获得等都是体验的心理需求，在这些心理需求中，研究者发现人们对新奇事物有着很大的渴望。产品内容里一定的陌生成分可以产生吸引效果，勾起消费者内心探新求异的好奇心。但是，并非越多的新鲜感就越能使消费者获得好的体验。过量的内容容易造成对刺激的麻木和疲惫。当消费者的五官接收信息量太大，心理上无法快速理解时，就会产生无助感，这种无助感让消费者对产品的内容手足无措。消费者在面对新鲜感十足的产品内容时，好比面对一道不曾见过的题目。教育心理学发现，难度适中的题目最能激发学生的挑战欲和学习动力，太简单的不能给予学生成就感，而太难的题目则会打击学生的积极性。中国画中的留白带给人的美感，就是体验内容适量减少而增加欣赏者的主观能动性，发挥其想象力和发散思维。

（二）强化消费者的情绪

在体验型产品中，消费者渴望获得的是积极的情绪和感受，如新奇冒险和轻松快乐，但一些消极的情绪也因消费者在体验之后得到压力的排解和释放而被应用在内容设计中。因此，这里所说的正面情绪是符合产品表现内容的情绪。人的情绪有许多种，如激动、高兴、憧憬、感激、亲切、喜爱、温暖、满意、幸福、惊奇、悲伤、后悔、尴尬、失望、失落、紧张、生气、苦恼、害怕等，设计者要针对其想刺激消费者产生的那种情绪，把设计意图渗透在产品内容的每个细节中。

人们常揶揄电视剧结局总是回归大团圆，却又对大团圆的结局非常执着。这是因为人们心中都对美满有所期盼和向往，编剧和导演是为了照顾观众情绪而让经历百般波折的主人公的结局回归圆满。

（三）突破心理定式

体验型产品的内容不能循规蹈矩，"意外"可以带来出其不意的效果。心理定式是人们根据以往的经验形成的一种心理上的反应趋势，这种趋势会让人们在相似或相同的情境下做出相同的反应和行为。体验型产品的内容如果和以往出现过的产品雷同或相似，会让消费者对同类刺激产生免疫，对重复刺激丧失兴趣。因此，设计者要在设计内容时制造一些意外来吸引消费者的眼球，使人摆脱日常的乏味而产生愉悦体验。意外是在打破体验惯性和常规认知基础上的，打破常规则意味着制造新的冲突。新的冲突主要来自对规律性认知的相反阐述，使人产生与预期相反的感受，或使人产生错觉等。

（四）增加角色代入感

在消费者体验时，人称与体验结果有着直接的关系，第一人称使消费者有更强的直接参与感。体验是在消费者的感情和意向下产生的，直接参与在体验型产品内容的生成中是人们得以体验新鲜经历的途径。人们对自己经历过的事情总是记忆深刻的，直接邀请消费者参与内容是打动他们的一个产品设计策略。体验型产品内容增加消费者的角色代入感，就意味着同一种产品具有符合不同消费个性体验的可能，尤其是当消费者的角色为第一人称时，面前的产品内容具备可选择的特点，消费者在产品消费结束时心理上完成了自我满足。选择角色带入是消费者和内容双向作用的，分为消费者以自己的身份和产品内容赋予消费者的角色两种情况。前者是消费者以现实生活中真实的身份和心理状态去体验内容；后者是产品内容赋予消费者一个虚拟身份，如前文所述，体验经济时代的服务者和商家是演员，在这种情况中消费者本身亦是演员，演出他在现实中难以获得的经历从而得到心理满足。无论哪种带入方式，消费者都会在产品内容中获得自我的感受。例如，网络游戏中的玩家角色设定就是典型的增加代入感的设计，玩家在游戏中可以扮作战斗英雄、飞行员、探险家、刺客、大侠、模特甚至打手和罪犯，游戏将游戏者现实生活中的不可能变成网络世界中的现实。然而，并不一定第一人称就是达到体验的最佳手段。在一些体验型产品中，第二人称或者第三人称更能增加互动性和局外者"清"的良好体验，如实验剧场的创新小剧目中，运用第二人称让演员与观众有近距离的肢体接触，使观众得到不同于传统演出的感受，但无论如何是不可以让观众上台自己表演的。

四、游乐园的"鬼屋"、密室逃脱的背景故事设计

游乐园的"鬼屋"是一个让游客身临其境的体验型产品。在内容设计上，体验型产品与其他精神产品有共同之处。内容就是围绕如何讲好故事，如何构架引人入胜的情节展开的。

"鬼屋"是游乐园中颇受欢迎的一个项目，人们在"鬼屋"中用尖叫来释放压力。如何渲染氛围让游客在进屋子之前就战栗，这就需要游乐园工作人员对"鬼屋"里的情形进行讲解铺垫，用一些恐怖故事给游客做一个心理预设。"鬼屋"里典型的恐怖元素一般来自常见到的一些背景，如哥特吸血鬼故事。以常州恐龙园为例，两个"鬼屋"之一的"红磨坊"的场景设置取材于民国时期。一度繁华的十里洋场如同舞台上一场落幕的大戏，这种疏离感足够引起游客的遐想，这种神秘又恐怖的色彩让人想起张国荣主演的电影《夜半歌声》中的情境。"鬼屋"的乐趣来自人们的猎奇心和对恐

怖文化的好奇，但一味刺激感官的内容苍白匮乏，缺乏持续吸引力。除了游戏形式的改进，还可以进行如路线设置、关卡设置等改变，更重要的是设计者想出来的故事有足够的分量。

密室逃脱则从这点上找到了突破，同样是给人带来紧张感和恐惧感，密室逃脱在一个主题或故事的构架上，更多要求玩家团队合作和智力的应用。玩家在玩的过程中积极地寻找线索，解开一个又一个谜团，玩家从被动的受惊吓转为主动逃生。这个游戏的创新点在于，密室设计师将自己的推理能力运用在了逃脱环节中，用环环相扣的谜面引导玩家逃出密室。背景设定取材于知名电影、网络游戏、经典恐怖故事等，几个玩家一起各自发挥长处，像侦探一样搜集信息进行解码。在游戏里，玩家还可以扮演情节设定的主人公，好像在密室的一个小时是另一种人生。设计者设计密室时，可以加入所有具有探险惊悚元素的题材，如藏宝、解救、凶杀、密闭空间的困境等大主题，《007 系列》和《夺宝奇兵》这样的电影，《秦时明月》等有影响力的网游都可以作为内容开发对象。

第三节　以技术开发引导的创新设计思路

技术是体验型产品设计创新的物质支持。工业市场往往是促进技术发展的动因，人们对不断拓展求新的需求，是不断探索新技术的动力。在信息经济时代下，体验型产品的设计创新呈现出新颖性、多元性和科学性。将技术运用在产品设计中，一方面需要设计者对技术的发展高度有最贴合时代潮流的认识，另一方面是拥有将技术运用于产品的正确思维。设计者在设计体验型产品时，技术是帮助其设计思维实现的工具。基于技术的设计创新需要，设计者清楚技术在体验型产品中的角色，洞悉由技术带来的产品设计使消费者的体验产生哪些变化，在对这两个问题有所认知之后，如何让技术为体验型产品设计创新所用的问题就有了答案。

一、技术作用于体验的机制

设计者在设计体验型产品时，要同时从设计者和使用者两个角色考量。对于设计者来说，技术是工具；对消费者来说，包含技术的产品是消费对象。因此，技术对体验的作用主要从产品形态和消费者体验两个方面来说。

（一）对内容的载体有改进作用

体验型产品的内容需要载体呈现，载体是内容作用于体验的手段，是设计者对内容的表达途径，而手段的运用对消费者的体验可以起到优化作用，甚至革新消费习惯和使用方法。书的载体变迁就可以证明这一点。中国古代的文字记录载体从竹简、锦帛到纸张，以及活字印刷术的发明，无不是技术对内容表达的程度愈加充分，直到今天电子阅读的出现，读书人手捧的载体更加轻便，而承载的信息量却是传统载体无可比拟的。

（二）对消费者的体验方式有改进作用

人体有其天然的局限性，人的身体如同一台精密的仪器，各个器官为适应生存环境而进化出一系列的能力。然而，自古人类就拥有强烈的探索未知领域的好奇心，向往像鸟儿和鱼儿一样在天空和深海里活动。技术使这些梦想成为现实，人的肢体不再被自己的进化结果局限，通过借助技术工具，人类体验了"鹰击长空，鱼翔浅底"的自由。技术也通过认识和利用人的感官功能创造了跨越时空、超越真实性的产品。拓展人体的体验的结果是对人类的活动领域和活动范围的扩张，是设计者对人类最深层消费需求的表达和接受。在对感官有所影响的基础上，技术对人的认知有所影响。新技术可以使内容在新的体验下得到诠释，技术带来新图像、新词语，内容可以被充分表达也可以得到新的重构，在意义发生变化的情况下，消费者对旧有事物会产生新视角的认识，对事物变化的表征从感观层面上升到意识层面，这就形成了新鲜的深刻体验。

在体验型产品中，技术的作用主要体现在对消费者体验的改进上。一方面，技术的运用可以让人的感官突破自身局限，如人的眼睛因为工具（如体验型产品的物质载体）的辅助可以看到裸眼看不到的东西，不论是遥远太空中的行星还是并非真实存在的幻影。皮影戏的起源据说是这样，古代一位帝王太过思念一位已故的妃子而终日郁郁寡欢，大臣看皇帝如此茶饭不思无心治理朝政，于是想出一个方法，把驴皮剪成那位妃子的身体形状，通过光影的作用使皇帝看到投射在白幕布上的影子，以解相思之苦。而这个技术性的难题当代人已经解决了，全息投影技术可以让一个人或者一个场景，以等比高度的立体、彩色的形象出现在人的眼前，而造成这一切体验感受的不过是一个影子罢了。谷歌 3D 眼镜是这种幻影制造技术的一个新产物，消费者带上眼镜在自己的房间内，就如置身于一个结合真实与虚拟的游戏环境中，身边的一切布置都可以作为游戏场景和环境中的组成部分，玩家的眼睛和耳朵以浸入环境的方式，在这种沉浸式游戏中的体验是全身心以第一人称参与的，和以往只需要动鼠标的游戏带来的感受相比，这种参与方式更加真实刺激。另一方面是技术对体验型产品的物质载体的应用，这些物质载体可以是新材料也可以是新的呈现平台，如一些反光新材料在游乐设施和服装化道具方面的运用，还有对投影机器的成像做了调整后能够以水幕为背景营造舞台效果等。

二、技术促使产品发生的变化

体验型产品基于技术的设计创新，是在对技术发展变化的趋势有清楚认识的基础上，对技术在应用层面的开发。创新的策略则是综合分析技术带来的影响进而对技术运用思路的权衡取舍，利用技术设计出紧贴时代潮流和消费者口味的体验型产品。从体验型产品的角度来说，技术对其设计的影响有以下几个方面。

（1）消费者的选择多样化，技术的发展让个性化定制成为现实。大数据的应用让市场趋势和需求直观地呈现在设计者面前，商家提供的商品比过去更契合消费者的个人口味，更讨消费者欢心。

（2）资源共享的门槛越来越低，信息资源可以被全民共享。互联网时代是一个信息爆炸的时代，海量的信息充斥着人们的生活，消费者的注意力有限，与商家之间就形成双向选择和沟通的关系。网络技术的更新、个人终端产品使信息内容的获取很方便，这就为终端的开发提供了内容支持，也促使内容的翻新速度比以往任何时代都快。

（3）内容载体趋向便携、简约，内容的获取渠道越来越广泛。网校公开课更新了人们接受教育的方式，传统课堂的时间和地点都随着消费者的需要变成了灵活可调整的，同时产品的成本也随着技术的发展逐渐降低，如亚马逊开发的电子书阅读Kindle系列产品是以亚马逊巨大的电子书藏量为支撑的，针对消费者消费阅读器时的直接需求，阅读器背后电子书的提供是吸引消费者购买的重要因素，工具和内容一并成为读者的阅读体验的组成部分。

（4）虚拟和真实之间的博弈。体验型产品重在营造体验，体验是消费者最直接的感受。在许多情境下，体验对象能够通过技术的应用达到与还原真实场景的效果。例如，军队飞行员的训练机器就是通过利用人眼的生理特性，由工程师设计出符合训练需求的科目，制造出模拟真实的重力环境，让飞行员产生驾驶真实飞机的感受以达到训练目的。技术让真实和虚拟的关系变得愈加分离，虚拟和真实哪个产生的体验效果更好，设计者针对这个问题，要在不同类型的体验型产品设计中对真实和虚拟做出选择。虚拟有可能在某些方面取代真实，如日本的虚拟流行音乐偶像初音未来的影响力丝毫不亚于一位真实存在的歌手。

（5）人本思想与亲近自然的思想成为主流。在这个主流环境下，体验型产品在能源和动力方面的应用以及体验型产品内容上以人为本的特征将会更明显。人本设计的趋势还体现在产品与人体的关系上。

（6）产品的智能化使产品的实用功能和娱乐功能的界限模糊。例如，医疗应用软件和翻译软件具备实用功能，但界面设计和以娱乐功能为主的软件极为相近。在智能化趋势下，产品的实用功能将更富有情绪体验的色彩，产品愈加好玩，人们在消费实用价值时也会加大对精神价值的消费成分。

三、苹果公司产品设计创新中技术的应用

科技可以解放人的手脚和思想。一位建筑师的能力可以在手机的 APP 上得到施展，通过 APP 可以直接用图像表达心中的想法和构思。每一个应用就好比一个可能，使用者可以玩转手机应用，尽情变成领域的内行或者实现创造的想法。在苹果公司有这样一个团队，成员是来自世界各国不同年龄层的人，其中还有 13 岁的开发者，开发者的数量巨大，这种不局限于文化与创新想法来源的做法，使苹果的产品在开发方面一直领先于同行。

苹果公司的产品 Mac 在行业销售量下降 5 ％的情况下还保持销量上涨 12 ％，它为高级用户提供了很棒的功能，包括 Power tabs、支持多显示器、提升电池续航时间，以及性能先进的技术、新应用以及改良应用。在 Mac 用户中，OS X 系统的安装率达到 50 ％，这说明消费者对这个系统的接受程度很高。OS X 系统不断革新成为用户喜欢的样子，如窗口视觉半透明的设计、桌面半透明化及个人图片风格化。设计团队打造垃圾桶标志就耗费多时，而用心良苦的设计让界面上的字体保持一致，界面样式简洁是为了专业用户不被菜单分心和干扰，甚至还设计有适合开发者使用的深色模式。

（一）技术的开发原则

技术的开发原则和技术要解决的问题的核心都是用户需要。技术的开发方式是选择搭载还是原发，是苹果产品要做出的产品策略。在这一问题上，苹果的设计者认为产品设计的首要原则是便捷，其次是人本。

例如，Mail drop 解决了接收邮件者邮箱存储空间不够的问题，利用其 icloud 云端上传至网络储存，可以使接收方得到原始邮件。利用一个技术搭载另一个技术，需求解决的方法都触手可及，在个人化和智能识别技术的支持下，产品给用户个人想法的发挥空间提供方便，图画的基础美化可以让粗糙的原始想法更加精美。产品间的相互搭载保证用户在不同产品上动作的连贯性，Mac 可以察觉主人在 iPhone 或 ipad 上未完成的动作，然后提醒主人在 Mac 上继续完成动作如编写邮件。同样，Mac 可以不经过任何动作就识别 iPhone 上的 WiFi 热点。

苹果公司不仅改进自己的产品，还改进竞争对手和合作伙伴的产品。苹果产品的历史信息可在不同设备共享，苹果产品在设备间自动关联共享信息甚至是来电，Mac 识别手机后可以用自己的拓展功能为基础成为另一个房间里手机的扬声器。

科技的进步提高了产品给予人安全感的能力。苹果产品利用网络存储进行备份，让用户得到信息的途径和时间方面都很便捷，不仅提高效率而且节约时间。iOS 系统

的便利让第一次购买苹果的人更新了系统，系统的安全措施让使用者对系统和设备充分信赖。iOS 有两个方面的特点，即全新的终端用户功能和很棒的开发者功能。开发者功能可以让用户设计以前无法设计的应用，扩展自己的体验并将其变为产品。在处理事务上，苹果的产品让用户得到充分的方便体验，点击激活键可以当场处理事务，下拉回复的时候不用退出当前应用，解决问题触手可及；用户能通过管家一样的 Safari 标签浏览页面并将标签分类，一个手势即可添加和删除；回复邮件时用户往往会参考以往回复，以往邮件也可以用一个手势从当前邮件界面的侧边拉出。

苹果产品的设计处处体现了以人为本，着眼于用户使用过程中实际的问题处理，在使用细节上考虑周到。再如，搜索 Safari 智能键可以支持分享，Quicktype 信息智能键代替使用者思考，将环节性的工作处理好，把信息整合条理后，给人们能够迅速处理信息、快速做出决策提供条件；用户还可以将产品输入法私人化，依照个人语言习惯与不同联系人之间有不同词条记录，且保护用户隐私，不会发向云端。

（二）技术激发再度创新产品功能

iOS 为开发者带来了什么？通过接受开发者和用户建议，它提供了应用打包下载和应用预览服务，打包以折扣价格让用户下载相关联的应用，而预览功能让开发者自己可以制作一些短片视频展示应用的精彩之处，以吸引需要此种应用的用户，双方可以更直接和准确地确定各自目标。Testflight 服务可以让用户参与开发，开发者可以用这个免费的服务获取他们想要的数据。SDK 软件开发工具包不仅可以实现以前想都不敢想的新功能，还以此为基础让开发得到提升。它最重要的新功能就是它的可扩展性，可以延伸到自身系统以外为其他应用提供服务。对于下载众多应用的 App Store，苹果为之提供安全保障，用沙盒把每个应用独立起来并保护用户个人数据不被随意读取。但是，应用之间可以通过可扩展服务共享用户信息，这样用户可以在通知里就完成一些应用的动作和操作。Homekit 有许多优秀的家装新设备出现在市场上，如灯泡、门锁、摄像头、恒温器、车库门，每一个都有自己相应的程序，它们需要自己的网络协议和安全模式，苹果和家电行业合作开发出的应用可以开门或者锁车库，为了控制家中某个单独的设备，可以使用 Homekit 组成一个设备事件，使用 Siri（语音控制功能）说 "准备睡觉" 的指令，就可以让车库和大门上锁，恒温器温度降低，灯光光亮下降。接下来是 Metal 3D 成像，其精致逼真的程度能够满足和游戏软件开发合作。新的编程语言 Swift 首次推出互动式开发程式，语言更加简化，还可以识别简单的错误，可以兼容 Objective C。工程师、平台、设备、服务，共同为用户提供完美的使用体验，这是只有苹果才能做到的。苹果公司对产品的软件和硬件的设计都非常用心，从他们的设计中，用户能够看出设计者以顾客需求为核心的细致周到的设计思路以及以客户体验为追求的匠心独运。

第四节 以营销环节引导的创新设计思路

一、区分体验营销和体验型产品的营销

（一）体验营销

在营销领域，营销是商家建立起的与消费者长久的双向沟通关系，通过策略的选择和具体行为，商家综合调动各种方式使自己的产品服务传播到消费者的眼睛和耳朵中。体验营销是商家引导消费者做出市场行为的一种手段，让消费者在亲身体验过产品带来的价值后产生满足、信服的感觉，乃至购买。体验营销把消费者的理性决策过程和感性倾向选择融合在一起综合考虑，把每一个目标客户都当作独特的富有情感色彩的个体。体验营销是随消费层次提升应运而生的，是消费精神化趋势下的商家的必然选择。伯德·施密特（Bernd H. Schmit）在他所写的《体验式营销》一书中指出，体验式营销（Experiential Marketing）站在消费者的感官（senee）、情感（feel）、思考（think）、行动（act）、关联（relate）五个方面，重新定义、设计营销的思考方式。

体验充分尊重了个体差异，在消费者直接面对产品和销售人员的这种一对一的体验营销中，消费者对产品的认可是"第一手"的体验，来自其内部认同，而营销人员调动人的作用以感情入手，与消费者交流沟通，满足消费者对产品的期许。

营销对于消费者的影响贯穿于对体验型产品消费前和消费中的活动，纳入产品设计范畴就要解决消费活动进行前产品在设计中融合哪些因素，以便获取消费者注意力以及消费者获得产品核心价值的渠道和方式。营销学之父菲利普·科特勒说："体验营销正是通过让客户体验产品、确认价值、促成信赖后自动贴近该产品，成为忠诚的客户。"体验营销中的主体是消费者，与以往被动接受商家的推销有别，体验营销中营销者不再灌输产品信息，而是以引导者的身份带动消费者主动探索新产品，积极感受价值带来的满足感。工业标准化的整齐划一的产品因为消费者个体需求被挖掘而充满了娱乐色彩，销售者与消费者的关系也变得富有温情。从形式上说，体验营销较以往的营销方式更加直观、生动、轻松愉悦，消费者与产品的关系在消费行为实际发生之前就已经建立起来了，营销过程是消费者尝试的过程，营销者提供的多样化的手段都强调了消费者的参与和互动在体验营销中的意义所在。

（二）体验型产品的营销

体验营销是营销活动中具体的思路和手段，而体验型产品的营销是一个整体性和系统性的行为，是以使体验型产品赢得消费者的青睐，超越竞争对手的同质产品和组

织争取市场份额为目标进行的销售活动，体验型产品是营销活动的客体。体验型产品不属于满足消费者刚性需求的产品，体验型产品的营销是挖掘并帮助消费者对体验型产品模糊的需求有更清晰的认识和欲望，通过提供产品来满足这一欲望，并且有符合体验型产品特性的产品供给方式和收费模式。

二、基于消费者心理机制的营销策略选择

（一）营销作用于消费者体验的机制

体验型产品要在市场中作为商品实现其价值，其内容设计环节的重点是以产品满足消费者在消费时的心理需求和感官心理体验为主的，内容承载的是创意和文化，技术是手段和平台的实现条件，而营销环节就是商家建立产品服务和顾客联系的重要环节。在营销环节中，体验型产品从设计师的工作室走向工厂，再从工厂走向市场走入消费者的视野中。营销环节也应该纳入设计范畴的原因在于，产品最终要在商家做出目标精确的市场行为和经营行为之后，才能被消费者认识、了解、接受和购买。

在设计之初，不能不考虑商家市场营销的体验型产品对顾客的选择和消费体验的影响。消费者对产品的体验从真正面对体验型产品之前就开始了。商家给体验型产品的一个形象、品牌含义和产品包装等同产品提供的核心价值一起，由商家制造成一个整体的体验型产品从商店销售出去，这是一个完整的体验型产品，在这方面环节上与普通的商品并无差别，体验型产品究其本质是在市场中流通的产品。体验型产品的营销与普通产品所不同的地方在于，围绕体验这一价值如何体现和使消费者产生体验的思路与具体做法上的特殊性。以营销为主导的商家应该把消费者从认识到购买这一过程中的体验视为产品设计的方向，解决消费者消费体验的生成这一问题。营销行为是一个双向的沟通过程，商家不只要注重消费者的接受更要关注回馈，直接反馈是获得消费者体验的有效方法，除此之外还有多种获得体验反馈的途径。例如，要分析清楚体验型产品营销的特殊性，要对消费者在营销过程中的体验产生的机制进行分析，进而针对不同的营销目的对机制中的影响因素进行组合，总结出应用于产品设计创新中的策略。

商家建立消费者与产品联系的过程，就是营销阶段消费者对体验型产品的信息接收过程，商家在每一个环节整合运用不同的营销手段以达到其营销的目的，但针对每一环节目的的不同，手段的侧重点也会相应转变。

从消费者开始接收产品信息到购买，消费者的认知会在不同消费活动的环节中发生变化：明确消费意愿（在市场环境被某个体验型产品吸引与否）—— 消费经历（购买的途径和方式，消费过程中的服务体验等组成的购买体验）—— 重复消费的可能（上次消费记忆存留，还有在营销手段下再次被激发消费的意愿）。

（二）营销策略选择

基于消费者以上的心理机制，营销人员要着手从以下几方面针对不同环节中消费者的心理采用不同的营销策略。

（1）进行外部信息输入。外部信息的输入使消费者对产品有印象，并且了解产品的核心价值，强调产品的特性迎合消费者心理上的宣传是这一环节营销的重点。在这一环节，商家需要运用广告等传播手段使产品进入消费者的视野，还要找到准确体现其价值和特色的广告内容及广告平台，运用如以网络为主要阵地的互联网营销，着重新兴客户终端的微信营销以及综合"软广"、"硬广"各种平台的地毯式营销等手段。体验型产品在这一环节与其他产品无异，知识广告宣传与造势的重要性体现在消费者对体验型产品的印象和产品在市场中创造的氛围。在市场大范围内，大家都知道这个氛围会感染目标客户，目标受众没有绝对界限。但是，最终吸引消费者的是体验型产品体现出的价值是否满足消费者的心理需求，体验型产品区别于其他竞争对手的特色在于鲜明的文化内容最能吸引消费者，这个环节中商家应该广而告之产品的价值，凸显特点和营造出情绪上的印象，区别于竞争对手的产品信息并脱颖而出。

（2）引导内部决策。用体验、试用、促销、捆绑销售等一系列具体营销手段作用于消费者，使其感性上接受，理性上有选择倾向。如何给予消费者这一段经历在设计之初就应该考虑到，而消费者取得产品的方式和途径都属于营销范畴的问题。消费者购买某些体验时，无法像购买家用电器一样让服务人员送到自己的家中安装使用，而需要消费者来到产品所设置的环境中进行身心感受，在购买一些对个人思维的经历造成刺激的体验型产品时，就可以借助不同的载体和终端不被限制空间和时间地进行消费。在设计时，体验型产品的消费方式就已成型，设计者要在情境中设身处地地从消费者的消费经历考虑，体验型产品的体验都是在情境中产生的，易于获得和便于消费对消费者的选择和体验都有很大影响。从购买的过程来说，是否易于获得是消费者评价产品是否物有所值的一个因素。价格是另一个影响消费者购买决策和感受的重要因素，体验型产品的特殊性使其价值不能用文字对其实用性进行描述，在科技发达的条件下，体验型产品的载体成本是走低的。如何从一个人的感受来定价，可以用累加的方法，从体验型产品成本和消费效果两个方面来制定价格，包括载体成本、消费时长、消费次数、产品技术含量以及开发周期、内容创意和故事的影响力、产品含义的多少等。在制定体验型产品的价格时，顾客体验需求是价格的主要依据，物质成本是次要的标准，如果顾客体验的感觉没有得到满足，物质成本再高也仍然没有价值，不值得消费者花费金钱和时间去消费。如果说消费体验型产品是消费一段经历，那么从营销角度看，得到体验型产品的过程也是一段消费的经历，方便买到、物有所值是对产品进行综合评价的因素。

（3）正面强化巩固体验，提高忠诚度。消费活动结束不代表营销工作的结束，为使产品有忠诚的顾客，在消费者购买后还应运用手段巩固体验。用发展的眼光来看，这也可以为产品的升级换代搜集"一手"资料。在消费者购买后，营销者还要尽可能地延长消费者对消费体验的记忆，即强化对情境的回忆，用服务和其他非主要产品增强消费者对企业的感情联结。随着体验价值的边际效益递减，营销者需要敏锐地发现市场欢迎的新趋势以及引领流行的营销方式。体验求新求异要求营销者占领市场必须先声夺人，要对竞争者的创新和解决消费者需求的新方法了如指掌。营销手段在区域内获得的成功会迅速风靡于其他同类产品的营销活动中。例如，一些购物商场利用中心空地举办车友会、新车发布会、新书发布会和服装秀，在收取场地费实现经济效益的同时还可以提升商场自身形象。有些肯花费成本的商场将这个空地改造成舞台，定时为消费者上演杂技、舞蹈等节目，消费者在这样的购物环境中又多了一重观众的身份。这种手法的效果能否达到吸引消费者重复来消费与其演出的主题和内容有很大关系，但就零售业、服务行业而言，在利用体验型产品改造消费环境、改善消费者的消费体验方面有不断挖掘新意的营销空间。

（4）增加消费情境的感情色彩。由于体验具有主观性，体验型产品的营销较传统产品的营销更具凸显针对消费者个人感性和理性综合的特点，从感性上注重拉近消费者与产品的关系。实现体验型产品价值是商家和消费者共同完成的。在某些体验型产品实现价值的过程中，消费者的直接参与和商家的生产界限很模糊。与设计者在对体验型产品的内容和载体要投入一种情境的思路不同，在将营销的视角带入设计时，不仅要从客体角度思考消费者使用时的情境，还要从主体角度——营销人员，来设计他们推销时的情境，以便于响应营销的手段。

三、以营销为引导的体验型产品设计

（一）基于产品组合的设计

围绕体验型产品的服务，还有一些衍生产品和周边产品。这部分产品通常是辅助主要体验型产品尽可能地拓宽商家的产品路径获得市场份额而开发的。消费者的体验不是单一孤立出现的，在消费机制中消费者的决策受营销手段影响，而在其形成选择和决策时，会通过广告及口碑体现出体验型产品的核心价值和品牌内涵，寻求与自身身份、生活状态、气质、个性的契合感，这种体验渗透在生活中的方方面面，消费者在回味中得到精神上的愉悦，并将这种自我认识折射在离开消费环境时的日常生活中。因此，体验型产品的组合可以从这个角度出发，为消费者提供渗透在衣食住行上的产品。例如，电影的周边产品就是这类辅助型体验产品。电影《指环王》的周边产品有电影海报同款饰品，还有人物手办、模型等复原电影场景的产品，这些周边产品的用途也许是以实用功能为根基的，但其价值已不能用实用价值来衡量。

（二）基于生命周期的设计

产品的生命周期一般有开发期、导入期、增长期、成熟期、衰退期。体验型产品从设计到进入市场也要经过这5个阶段。体验型产品在设计时应广泛搜集信息，了解消费者的诉求、竞争对手的产品特征以及营销者对市场信息的总结反馈，以准确定位产品的体验价值。从长期来看，产品的树立并巩固品牌是使体验型产品增长期和成熟期两个阶段不断更新成长以延长品牌生命周期的根本策略。

以游乐园为例，游乐园是一个大体验型产品，游乐园中的各个项目是组成大产品的小体验型产品。游乐园作为一个整合体，生命周期相较其中的小产品来说很长。游乐园主题基调是与企业发展相适应的，在较长的发展时间段内是固定的，主打项目和突出特色的部分不轻易变更。而构成子集部分的各个项目都是不断成长的产品，根据时节的变化和流行文化的影响，产品的装饰会随之发生变化，个别项目还会增加或更换。游乐园还会为适应市场口味变化开发生命周期较短的产品，如万圣节临时增加的鬼屋。

消费者的新鲜感、记忆力、流行文化、心理诉求是影响每个体验型产品生命周期的因素，顾客对产品品牌的忠诚度能够让消费者长时间对产品保持一个消费行为上的选择偏向，对不断更迭出现的子产品则体现出喜新厌旧的消费选择。当消费者已经逐渐熟悉一种产品带来的刺激，体验的满足感呈现边际效益递减的规律时，商家要及时推出新产品来填补市场的空档期，并在竞争对手发现口味变化之前占领消费者对产品的注意力。与传统产品巩固质量和创新产品功能带来的使用价值不同，体验型产品要求商家不断创新来保持消费者的新鲜感。因此，体验型产品的商家应该借鉴意大利B&B公司的设计概念：在产品研发和设计上要"生产一代、储备一代、研发一代"，即生产市场上需求正旺盛的产品，储备一部分现有产品出现衰落时能够及时推向市场的新产品，研发并孵育一部分未来5年到10年可能受市场欢迎的产品雏形。

（三）基于品牌构建的设计

品牌是消费者在接触体验型产品前后，对自己消费的理解的一个抽象层面。商家对品牌的构建是对顾客和产品的关系的定位，消费者在做消费决策时会根据自己的熟悉感、归属感、身份满足感和好奇心等决定是否消费，且品牌给消费者的刺激是贯穿在产品识别、产品选择、产品使用的整个过程中的。品牌是超越实用功能的价值的产品描述，同质产品之间的差异在品牌方面体现得很明显，同样使用价值的产品因品牌不同，体现的顾客价值不同，价格不同，实现的经济效益也不同。消费者品牌体验的维度是多层次的。在《品牌体验的维度构建与量表开发研究》中以智能手机的品牌体验为例，把消费者的体验细分为不同维度下的 5 种品牌体验。消费者体验型产品的品牌体验形成体验的机制与其他产品一样，除了和所有产品一样在品牌定位、品牌形象、品牌个性等对品牌结构方面的构建，还针对体验型产品的特殊性，在消费者对体验型产品的品牌感知方面有以下两方面的侧重。

第一，在产品设计细节上，消费者的印象、对体验型产品所代表的情绪的感知应该与产品的核心价值一致。例如，迪士尼的口号是"大人与孩子一起学习知识"，游乐园的基调就是亲子、快乐、成长，游乐园的整体氛围是祥和而温暖的，每一个项目都非常梦幻，并且游乐园所有细节的设计都让人体会到设计者的用心良苦，城堡大门、剧场布置、庄园都用精致的真材实料布置装修，地灯草坪上放置的小动物模型都让消费者在不断发现惊喜的心情中游览。与此不同的欢乐谷的定位是年轻、时尚，其风格上就更加开放刺激，如北京欢乐谷的特色项目是亚洲第二大过山车，倒挂过山车是给追求感官强烈刺激的年轻人准备的。两种不同的定位在它们的设计细节上与消费者对品牌期望的一致，产品的名字、包装、形象、广告引发消费者的联想与核心价值一拍即合。

第二，品牌将消费者带入某种情境中，产品在设计时要考虑体验的期望，如产品将会把消费者带入什么样的情境中。虽说体验型产品类型的不同使产品提供的体验侧重点不同，但每一种体验在设计阶段，设计者要对产品有标签式的描述。追求科技含量的体验型产品的消费者在使用产品时，注重的是体验型产品承载的科技水平带来的拟真突破人体局限以及便捷的体验。以任天堂的 Wii 游戏机的宣传为例，其品牌形象充满娱乐意味，产品标识简洁大方，用色热烈、活泼，能够引发人们对童趣游戏和科技的新潮这一综合印象产生感知。Wii 游戏机的电视广告内容常将使用者设定在某一个情境中，如好友聚会、家庭亲子互动等，看似日常的玩乐片段达到了介绍功能、引起兴趣、演示玩法的三个目的。当消费者在日常生活中置身于类似的情境中，便会联想到广告内容的描述，Wii 游戏机就成为消费者在这个情境下的优选。

（四）基于收费模式的设计

收费模式是消费者体验的不可忽视的重要影响因素。人类支付方式从过去的以物易物发展到货币交易，随着技术支持的不断进步，交易方式更新换代，直到今天的电子支付、手机钱包等搭载高科技的支付方式日趋成为主流，甚至支付方式本身就是商品。以电子商务中的支付为例，商家和消费者的交易通过具有信誉度的第三方平台，不仅解决了交易双方不在同一时间同一地点的问题，还解除了面对面交易的必要性，许多支付优惠也鼓励了消费者在交易中体会便利又实惠的双重满足。在这种支付思维下，体验型产品的收费模式是多样且灵活多变的。在《体验型产品的价值评价体系研究》一文中，对体验型产品顾客价值构成的观点是，顾客消费体验型产品主要获得功用价值（获得知识、服务、技术、经验以及产品优越性）和情感情绪价值（对社会价值的感受、对内心价值认同的追求、对美的感受、情绪的产生等）。在顾客对代表顾客价值的价格进行评价权衡时，服务、技术、品牌、自身与商家的关系以及产品本身都成为价格构成因素，可见特殊性使体验型产品价格不单纯依成本而定，顾客价值反而比成本更为可靠。

由于体验的无形性和主观性，除了情感认知情绪等无形价值因素，体验型产品可以根据以下有形因素制定价格：①消费者的体验时长；②体验的刺激程度；③消费活动的物质产出；④获得体验的先后次序等。

不同类型的体验型产品在产品设计时就已经将收费模式纳入设计因素中，商家根据不同类型的体验型产品选择支付方式和支付时间上的不同设置，是营销的一个创新策略。体验型产品的收费可以在消费活动之前、消费活动之中和消费活动结束三个时间段内发生。

例如，游乐园的收费属于消费活动发生前的收费模式。游乐园一般有现场买票、预先订票、旅行社或网络第三方代购等渠道。收费模式则有三种：第一种是一张进门门票就可以玩遍整个游乐园的通票，在规定的时间内，消费者可以根据自己的兴趣选择体验的项目和体验次数；第二种收费模式是进门免票，但单独收取每一个体验项目的费用；第三种是结合前两种的混合收费模式，门票包括一些项目的费用，另外一些项目则需要消费者根据自己意愿额外消费。从消费者的体验上来说，通票式收费保证了体验的连贯性，而单独收费和混合收费则可以分化消费者对游乐园整体趣味的评价，三种收费模式各有利弊，需要游乐园经营者根据游乐园的整体性特点和经济效益取舍选择。网络游戏设置的收费模式则是消费过程中的收费模式，网络游戏试玩阶段给玩家一个选择消费与否的自主选择，玩家选择成为该款游戏的玩家后为获得胜利会在玩的过程中花钱买装备和其他的身份，这些收费就是在消费过程中抓住了玩家想尽快取胜获得控制权等心理设置的体验过程中的消费，这些对虚拟物品的购买是消费者追求体验顺畅和最大愉悦的目的而进行的。还有一种收费模式是消费活动结束后的收费，如手工体验店，体验向顾客提供自己创造物品的时间、空间和原材料，收取的是消费者获得自主创意并动手的整个经历，可以说是对一个事件的发生进行收费。但是，事件结束后消费活动随之结束，物质产品承载着消费者对这一经历的回忆，因而比工厂大生产的产品更具有个人意义，其价值的主要来源并非物品本身，这类体验型产品价格往往比其本身价值高很多。

第三章　产品体验设计的理论综述

第一节　体验型产品的本质及特性

　　快乐是体验的重要因素。快乐是如何成为商品的？想要理解人们对于体验型产品的消费需求，就要先理解体验经济发生的原因，国内外学者对此的解释已有很成熟的观点，其内在的动力就是市场经济不断前进，其他的原因也以此为基础。市场经济的成熟和繁荣令市场供求的结构更加合理，竞争和资源配置因此自由公平。郭馨梅在《体验经济刍议》中说："买方市场的进一步发展和深化，使卖方之间的竞争日趋激烈。因此，关注人们消费心理和消费行为的变化，把握人们需求层次的发展，充分满足顾客需求，为顾客创造更多的价值，提升顾客的满意度和忠诚度，成为企业的共识。"体验经济成为经济发展的必然阶段。赵凡在《体验经济的本质及其成长性分析》中认为，"不仅实体产品如此，服务行业也面临因'标准化'而带来的类似局面。在产品与服务不断同质化或标准化的情况下，对消费者消费心理需求的把握已成为企业决策的重要因素。通过'体验'或者'感受'的服务方式实现产业的价值增值，已成为现代经济发展新的增长点"。

一、产生原因

　　首先，消费需求层次的提升直接促使体验型产品出现。在社会生产力发达的当代工业社会，物质产品已经不再是消费者渴望得到满足的对象。根据马斯洛的"需求层次理论"，人们会在物质丰富的基础上有更高层次的消费需求，物质消费之后就是精神消费。李向民在《精神经济》中对技术、设计、品牌等商品价值的构成因素作了充分的解释，他指出"物质财富的生产必将呈基本饱和和相对过剩状态，精神产品生产、再生产的规模将不断扩大并吸引更多的资源向其集中，智慧、知识和情感将成为经济发展的主要推动力量，以精神产品生产为龙头的新兴产业正在逐步成为新的经济生长点"。体验的第一感受是主观感受，这是体验经济得以实现的心理基础。刘少杰在《体验经济的感性选择的确证》中说："在体验经济中，处于主导地位的不再是理性选择，支配体验经济行为的是感性选择，理性选择的谋划和目标都只有转化为感性选择或者只有通过感性选择才能发挥作用。"他认为遵循审美原则，解放感性对美的追求是人理性的追求，在工业化社会发展到一定程度时，人们会为挣脱繁复的戒律和压迫寻找自我释放的途径。体验型产品正好为这种需求提供了宣泄真情实感的出口。

其次，人们的支付能力提升，闲暇时间充足。工业机器替代了人力劳动，把人解放出来。20 世纪末至今，人们收入水平不断提高，中国人渐渐有了花钱意识，懂得从休闲中得到放松和愉悦，不断追求多种多样的休闲方式，为消费需求的满足提供了客观基础。

最后，科学技术的快速发展为体验型产品的生产提供了客观条件，为其实现提供了载体和手段。互联网技术、信息技术不仅将多姿多彩的体验终端带到消费者面前，还为企业和商家提供发现分析消费需求的方法，为生产新的体验型产品大行方便。

在服务经济里，体验也被充分利用，服务经济的蓬勃发展在目前经济形态占有主流地位，围绕服务的体验营销也被商家们叫得很响亮。许多行业如零售业个性化定制带来的体验不仅作为营销手段的噱头，而是作为商品的一部分甚至是很重要的部分，在市场上同质产品众多的情况下，产品原本的形式和内容似乎已经不足以形成新的优势，商家在个性化定制上开始下功夫，通过购买的过程可以给顾客留下难忘的体验，购买到的商品也充满了私人定制的特色。

二、构成要素

目前，对体验型产品的构成研究大多是在不同类型的产品个例中进行个性分析，缺乏整体性的总结。由于体验型产品研究是分散在各个产品领域中的（尤其以游乐产品、旅游产品、酒店产品、电子终端产品、互联网产品等领域较为集中），对体验型产品的整体认识就形成了一种块状的分割状态。然而，体验型产品的特殊性要求人们从全面的角度观察体验型产品特征，理解体验型产品本质。这是研发、生产、销售一系列环节的基础。体验型产品形式各异、种类繁多，但万变不离其宗，把握其背后隐藏的规律后，人们要思考的问题就是如何最大限度地增加其市场价值。体验型产品设计管理的问题就是寻找共性以便更清晰深刻地理解体验型产品的结构，然后将这些理解和认识纳入理论以及操作层面，形成具有导向性的设计思路和要求。不论哪个领域的体验型产品，以体验为核心的产品设计开发都有共同的规律可循。通过对体验这一心理过程进行探究，并对体验的结果和影响体验的因素概括总结出体验型产品的共性，而这些共性则是体验型产品的设计依据。

体验型产品每个部分都有内在连贯性，发挥产品功能离不开任何一个要素。通过对各领域的体验型产品进行观察分析，总结出体验型产品有 5 个重要的构成要素。

（一）内容

内容分为对感官造成刺激的内容和对心理造成刺激的内容。前者是调动人的视觉、听觉、嗅觉、味觉、触觉，是形象、颜色、旋律、音响、味道、温度、触感等可被人体感官所接受的内容；后者是给消费者的内心留下影响的内容，包括某种情愫的追求、各色生活状态、异国异族文化、各种情结、高端新潮的知识、前卫先锋思想的符号、体现价值观归属的象征等，这些内容是刺激心灵的，产生无形价值。人的精神活动，如思考和审美，就是由这一部分内容的消费过程带来的。

（二）载体

载体即硬件设备和设施，是体验型产品的物质组成部分，具有一定的实用功能，但其价值在于给体验提供道具。物质载体是体验型产品实现价值的手段，物质形态传递出设计者的所思所想，只是一个好的项目点子不能成为产品，必须具有可呈现在消费者面前的形式才行。道具脱离内容便是毫无意义的东西，如一个平板电脑没有推送音乐、下载图书、游戏和视频等功能，它就只能用来看时间。

（三）创意和设计

创意和设计是设计管理者把符合组织目标的产品要求传达给设计者后，设计者对现有的资料创造开发组合的体现。这一因素是设计创作余地最大的部分。创意和设计承载的是内容，是解决如何达到表现内容最好效果这一问题的。设计管理者需要从两个方面来把握，它既要符合市场需求又不能局限设计者的创造潜能。创意可以让消费者体会与常规生活疏离的体验，让他们投身于另外一番人生经历中，设计师所想的就是用什么方式制作这不同凡响的经历以及如何引人入胜，这些都来自精彩的创意。一般观看电影的消费形式不能算消费体验型产品，而设计一个根据影片内容设置的项目，提供空间让观众参与扮演甚至改变结局过一把戏瘾，这就是体验型产品。

（四）服务

商家营造出令人身心愉悦的消费环境，也可以针对令人享受的氛围收费，这些氛围实现的成本就是商家提供的服务。一杯咖啡在快餐店窗口出售的价格和在星巴克出售的价格是有差别的，因为在星巴克人们获得的是一个优雅有情调的环境和身份的认同感受。在高级大饭店，彬彬有礼的服务生在你未开口的情况下就递上你所需要的物品，这样的服务带来的感受会让消费者感到自身的尊贵，在这种细致服务组成的环境里，消费者受到的礼遇给予他们心情舒畅的愉快经历。

（五）技术

这一部分是为实现前几部分提供支持的。声色光电越来越逼真，体验方式越来越多，技术使成像的空间不限于银幕，令声音的传递不限于真实的声源，这一切都归功于发达的科技。科技还可以引领体验型产品设计管理的思维变革，大数据理论就是在信息技术发达的前提下，为企业生产商提供市场需求导向的一种全新思维，依据此思维和技术的个性化产品定制突破了过去生产成本和规模的限制，这种思维尤其可以为体验型产品这种消费主观性极强的商品提供设计支持。

三、价值构成

（一）核心功能

体验型产品的核心功能即体验型产品给消费者提供了什么样的满足，体验型产品产出了什么，而要解答这一问题就要从体验的本质说起。

《体验经济》一书中将体验定义为"当一个人达到情绪、体力、智力甚至精神的某一特定水平时，他意识中所产生的美好感觉"。可见，"美好"是体验的产出结果，其中包括精神状态的美好，即在体验后得到心情愉快和满足；还包括身体的美好，即身体的舒适放松或在以玩乐为目的的程度内的消耗和挑战；也包括智力美好，即在体验中得到的抽象的感受如身份认同和对陌生事物的认知等。《体验经济》中列出了体验的四个部分，即娱乐体验、逃遁体验、审美体验和教育体验。这四个部分基本反映了用户对体验的诉求，希望在体验中获得新奇的经历和新鲜感。体验给予人不同于日常所见所闻的内容和形式，而且内容是符合用户内心期望的，形式又是令人耳目一新的，这就要求体验项目具有表演性质，用户在消费他的体验时能够感受到自身的价值在提升。我们回想一下童年时代的各种游戏，那些游戏规则简单玩法简单，但是小孩子们乐此不疲一遍一遍重复着那些游戏，如捉迷藏、过家家。在那些简单的儿童游戏里，小孩子扮演着自己喜欢的角色，并在和同伴共同磨合的经历过程中感到自己仿佛真的完成了角色的使命，同时锻炼了合作分工能力，获得同伴和自己的认可。体验型产品则为顾客提供了形式更加复杂、内容更加精彩的游戏机会，并让人们心甘情愿地为所得的快乐买单。"无论什么时候，一旦一个公司有意识地以服务作为舞台，以商品作为道具来使消费者融入其中，这种刚被命名的新产品——'体验'就出现了。"实用功能不是体验型产品提供核心价值，而是体验型产品借由体验这一过程提供的记忆感受情绪，消费者是为高兴、惊奇、刺激、过瘾买单的。

与以往产品提供人与产品的关系不同，体验型产品提供的是人与环境的关系、人与产品的关系、产品之间的关系，还有人与自己心理感受、记忆、认知、识别等内心活动的关系，体验实现的途径新奇多样。由于社会化大生产造成产品间的竞争总会回到初级产品间的价格战，一些原本以实用功能为核心的产品在基础功能上没有竞争优势，对消费者失去了吸引力，娱乐符号等价值逐渐在产品价值中显现了重要地位，如手机、手表、电子书。体验型产品使消费者在有一定认知的基础上参与产品完成的过程，最终达成一段经历记忆和某种情绪的制造，这就是体验型产品的核心功能。

（二）价值与使用价值

1.传统产品的价值与使用价值

对体验型产品与非体验型产品进行区别，首先要从产品的价值和使用价值角度出发来阐释。产品的价值体现在，产品本身通过功能、外形等要素的构成形成一个能够满足人的需求的整合体，这里所说的价值更多体现的是一种效用。哲学范畴中对价值有许多种解释和说法，如从客观物体自身出发的功能和属性，从人的主观角度出发的主观感受得到满足的需求，客体本身就代表价值，人的存在本身就是价值。客体本身固有的属性是无法发挥其作用的，有价值的客体经由人类的劳动从而具备了效用，如果人对某种客体并无认识和需求，那么这种客体对人来说在一个历史阶段之内是没有价值的。可见，价值是客观物体承载的能被人认识利用需要的客体。一件物品具备满足人类某种需求的属性是商品的自然属性，即使用价值。而人类的劳动能使这件物品产生价值，价值就是凝结在商品中无差别的人类劳动，这就是劳动价值理论。物品被人类的劳动改造创新后变成商品能在市场中进行交换，商人出售的是使用价值，消费者通过支付等价的货币让渡自己的货币价值来换取这个使用价值。价格等同的是价值，是价值的表现形式。

2.体验型产品的价值与使用价值

放在具体产品类型中，非体验型产品的使用价值往往是通过商品能够提供的实用功能呈现出来的。例如，一台电冰箱的使用价值就是提供冷冻和冷藏食物。设计生产的阶段，生产者紧紧围绕以满足人们使食物保持新鲜、贮藏时间更久为核心来开发设计，然后工厂工人按照设计方案焊接组装一堆零件，使其成为一件有明确实用功能的商品。在生产设计电冰箱的过程中耗费了原材料，人的智力、劳动力以及运输等物力，这些都被计算在这件商品的价值组成部分中，并且这些计算部分在社会化大生产中能以特别明确的成本和价格体现，易于准确地用社会平均劳动时间来进行计算。

体验型产品的使用价值不同于非体验型产品，因为体验型产品并不以提供物质的实用功能为目的，或者说不以物质本身实用功能为直接目的，而是以物质承载的内容对精神的刺激带来效用为目的。体验型产品的价值超越了客体本身作为物品的实用功能。通过对经济发展阶段的观察和对体验型产品产生原因的剖析，人们已经清楚地知道，体验需求是在商品社会大生产过剩后，人们已经不满足于物质产品实用功能而进一步提出高层次需求的产物，马斯洛的需要层次理论可以解释这一需求的递进关系。对体验创新的需求不是弱化对实用功能的需求，而是提供差别化的需要，通过赋予产品刺激消费者产生不同的个人体验来实现。对于体验型产品来说，边际效应价值更能说明其价值构成。边际效用理论认为，人在使用商品时对效用产生的评价就是其价值，这种价值衡量是基于商品量的多少，具有主观性。根据边际效用递减理论，人们对一种商品带来的效用从渴望到得到再到习以为常的过程中，其价值会随着人得到的满足感呈现先递增达到峰值后递减的规律。体验型产品的效用是其带给人的体验，当人们对体验产生渴望时，体验型产品产生其价值。当人们切身消费了该商品，去体验并得到了该产品提供的畅快淋漓的经历，此时体验型产品的价值达到最大。随着对这一种体验的熟悉，新鲜刺激感降低，这件体验型产品对消费者来说价值大大降低直至为零。倘若刺激过度，体验的次数和程度过大，甚至会产生价值为负的趋势，如某些广告播放的次数过于频繁，广告内容无论多么精彩，观众起初觉得好玩，积累到一定次数后就只会觉得厌烦。因此，体验型产品在设计创新时，需要十分重视消费者对之的印象感受和评价，尤其要对产品给人的节奏感和刺激的适当程度拿捏验证。边际效用递减规律直接要求商家不断地推陈出新，为体验型产品的设计创新环节增加投入。

可见，体验型产品的价值主要在于其提供给体验这个核心价值。这个价值的表现形式即价格，它不同于非体验型产品的价格易于直观衡量。体验型产品的生产具有特殊性，因为生产者要制造的是主观体验以满足人的精神层面的需求。

（三）价值构成

从产品构成部分来说，产品一般由三个部分组成，即核心层、包裹层、附加层。核心层是产品提供的基础功能和效用；包裹层是产品的物质形式、功能载体；附加层是产品延伸的一部分附加利益，通常就是人们所说的售后服务等。体验型产品在组成部分上也有核心层，其核心层如上文所述是体验，体验通过内容情节给消费者制造的经历来体现。而核心层以外的一层笔者称之为包裹层，包裹层是物质和服务组成的产品载体。任何核心层的功能都要通过可被人感官接受的有形的物质载体所承载传达。此外，对于体验型产品来说，在一般产品中处于最外层的服务附加层却是构成体验型产品的重要部分，甚至在一些类型的体验型产品中无形的服务是比物质载体更加重要的制造体验的方式和因素，如某家以提供个人化定制服务为竞争优势的酒店，其价值是靠商家给予符合每一位消费者个人偏好的服务来实现的。商家通过对消费者喜好的考察制造了一个完全按照消费者日常活动的喜好口味搭配出的环境和服务。无形的手段是这种体验型产品的完成方式，没有这样细致入微的、个性的独特服务，此商品的价值对消费者来说与其他普通的酒店就没有差异，反映在酒店的价格上现有价格也就不具有合理性。因此，体验型产品的层次结构从产品核心向外延伸应该是核心层，服务和形式在同一层次内。需要说明的是，核心的功能在不同类型的体验型产品中有所不同，有的体验是围绕原型产品的实用功能进行升级开发的，而有的产品类型中体验是不以实用功能为依托的。体验型产品的最外层，笔者认为应该是由为延长体验印象而开发的产品和服务构成的，如周边产品、纪念品、配套产品、支持搭载的产品等，它们是消费者在消费活动结束后可以留在自己手上作为纪念的商品，延长了消费者对消费过程中产生情绪的回味，是体验型产品本体之外具有象征意义的部分。

四、设计、生产、消费的特殊性

体验型产品的价值构成与传统产品不同，因而其设计、生产以及产品被消费时也具有其独特性，具体体现为以下几点。

第一，重要生产要素的无形性。体验型产品与非体验型产品存在上述差别，如何衡量体验型产品的价值，要从其生产方式和消费过程上讨论。无论何种产品，成本投入离不开资本、物质资料、人力劳动几个方面。但是，投入的比例和设计生产的周期各有侧重。一种产品在市场出现之前要经历设计和生产两个重要的环节。产品的设计阶段可以说是整个产品在生产流通链条中的决定环节，能否为企业赢得利益，能否符合消费者需求，就要看设计阶段设计师以及设计管理者对设计概念提出的准确程度。为了得到产品的定位、草图乃至为验证构想而设计生产出的概念型产品，设计管理者要做如下准备：调查消费者需求、调查市场竞争产品、明确设计目标、衡量技术条件、预估成本、预测市场反应和效益等。在环节上，体验型产品的设计过程也要经过如上准备，但要注意的是其设计生产周期与一般产品有所不同。设计者在设计体验型产品时的成本重点投入在设计者的创意、创造力、技术的运用上，无形的生产要素是成本最核心的部分，也是最耗费时间和精力的环节。效果的预估、氛围的构想、事无巨细的周到考虑等，这些具有无限遐想创造空间的事情是设计阶段要完成的。但是，设计构想来自实际市场中的需求动向和口味趋势，并不是无源之水、无根之木。设计者需要以使用者的客体角度，对自己使用产品过程中的感受做翔实的记录，包括其对情节设置、感官刺激的感受，要以一个初次接触产品的"无知"状态，去验证产品带给消费者的效果是符合其预期目标的，而不能以自己认为合理的想法和标准去自以为是地设计产品。这是体验型产品设计时的难点，因为体验无法像实用产品一样有可量化衡量的标准，如何充分地运用现有的技术条件，如何衡量产品带来的体验效果，如何缩小想象和现实之间的差距，是设计和生产实验阶段都要重视的问题。

第二，顾客参与设计生产程度高。一般产品从设计生产到进入市场有非常分明的三个阶段，即设计、生产、上市。然而，体验型产品的生产却需要消费者参与完成，甚至消费者要参与最初始的设计环节。在个性化得到重视的生产企业，针对个人信息定制的产品受到青睐，为使消费者得到完全符合其个性化需求的产品，传统制造业企业也开发了体验型产品，因为对消费者个人来说，如鞋子的定制、车子的定制、网络游戏的定制和旅游线路的定制，都体现了体验型产品请消费者参与设计生产这一不同于一般产品的特性。

第三，体验具有主观性。精神劳动是体验型产品价值的主要来源，而体验型产品里的精神劳动不仅包括设计者和生产者的精神劳动，在一些类型的产品中还包括消费者在使用时注入的无形要素。基于顾客价值理论，消费者感知到的这个价值并不由生产者决定，而是在使用产品后，根据对质量、服务、形象等综合的印象做出对满意度的抽象评价。体验型产品的消费更为突出地体现了顾客价值理论，体验是一个主观感受的抽象描述，消费者体验的满意度直接与价格相关联。消费者的感受、对体验的评价关系到消费者是否愿意花钱来买这段经历，还有花钱后是否愿意再次购买或者推荐给自己的朋友。在消费体验型产品时，顾客首先会关注他们得到了什么，也许这种产品带来的是顾客对某种身份的渴望和共鸣、对某种经历的渴望、对陌生事物的认知等，这些价值使体验也可以成为消费者的刚性需求。获得该产品的方式、渠道、途径以及消费的整个过程都会纳入评论体系中，因而设计者和生产者不仅要在产品本身的核心价值上迎合顾客的喜好，也要在获取产品的手段上给顾客一个好印象。

第四，体验具有共性。尽管顾客在评价体验型产品时由于自身知识结构、生活经历、心理特征、情绪等因素不同会有所差别，但体验型产品营造出的体验作用于人的心理机制是具有共性的，个人体验的产生是有迹可循的。消费产品的体验结果或许在强度和细微感受之处有所不同，但消费者总体评价情绪往往是一致的。例如，人们在游乐园一天的游玩结束后会给出"今天很开心，票价贵但是物有所值"或者"游乐园里面什么都没有，很没劲，票价太贵"这样的描述。又如，电影营销常用到的口碑营销就是另一个很好例证。无论电影前期噱头有多足，上线前的营销力度多大，上线第一周的口碑会影响该片之后的票房。观看过影片的观众会得出一致的评论，简单地指出好看或者不好看，观影体验得出的看法简单却一致，加之影评人、媒体对这些评价综合渲染，第一周的口碑就深深影响随后进入影院的观众的观影选择。这说明在体验型产品的满意度上，消费者的评价是具有共性的，个人的体验不会脱离人类共有的心理基础。从生产角度来讲，商家就应把握产品刺激消费者由外向内产生体验的作用机制，利用消费者心理上的规律去设计开发符合预期目的的体验型产品。

第二节　产品体验设计的产生背景和发展基础

　　谢佐夫在《体验设计》中将体验设计定义为：它是将消费者的参与融入设计中，是企业把服务作为"舞台"，把产品作为"道具"，把环境作为"布景"，使消费者在商业活动过程中感受到美好的体验过程。例如，"我去过那里，我做过那个"成为时尚的流行语。通过这个概念人们可以了解，体验设计的目的是使顾客感受到美好的体验，为了提供体验，企业需要整合企业的产品、环境以及服务资源。

　　体验能否给顾客带来难以忘却的记忆取决于企业如何设计、提供体验。一般来说，体验的内容越丰富越能创造难以忘怀的体验，体验者投入的越多越可以留下长久的印象。因此，要想使顾客感受到一种难以忘怀的体验，需要一个设计、创造体验的过程。在这个过程中，企业首先需要了解顾客体验的需求，分析企业提供这种体验的可能性，提出相应的解决方案，并在过程之后不断反思，总结经验教训，以便更好地为顾客提供体验。这个过程就是体验设计的过程，即为使人们感受某种体验而进行的设计，是体验从概念到应用，从理论到实践的实现途径。

一、产品体验设计产生的背景

（一）经济背景

　　体验设计是以消费经验为设计核心的，是体验经济理论、商品市场、消费心理学结合的产物。"体验经济"一说最早出现于美国未来学者阿尔文·托夫勒1970年写的《未来的冲击》一书中。他认为，经济发展在经历了农业经济、工业经济、服务经济等浪潮后，体验经济将是最新的发展浪潮。在传统经济中，人们去购物中心就是为了买东西，但现在，这些购物中心都在有目的、有意识地给顾客创造一个让其很难忘掉且非常愉快的经历。

　　托夫勒曾在马来西亚游历，有一次开车经过一栋低矮的房子，在房子外面，排了很长的队伍，多数是年轻人。他问导游："他们为什么排队进去？"导游说："如果你进去以后，可以经历下雪。因为马来西亚地处热带，从来没有下雪，所以他们愿意花钱去体验雪，找雪的感觉。"

　　美国经济学家约瑟夫·派恩和詹姆斯·吉尔摩在1999年出版了《体验经济》一书，认为人们正迈向体验经济时代，体验经济将取代服务经济。同一种商品，在农业经济中只值5元，在工业经济中值10元，在服务经济中值20元，而在体验经济中就可以值30元。这是因为在体验经济中消费者对体验享受的评价最高，也愿意付出更高的价格。

体验经济对产品体验设计的影响，主要有以下表现：

（1）体验经济的出现，是产品体验性设计的催化剂。体验经济为企业提供了一种新的经营管理理念，在这种理念的带动下，促使企业对企业的经营管理进行重新思考，并促使企业进行产品的体验设计。

（2）体验经济的出现，深深影响了企业具体的经营管理活动，促使企业的行为必须以为顾客提供体验为核心。产品的体验设计是一个系统的过程，包括设计决策、设计实施、市场化以及设计的支持系统的构建等环节。在体验经济的背景下，以市场化环节为例，企业需要进行体验营销和体验品牌的构建，远不同于企业以前的经营管理行为。

工业产品设计是工业革命的结果，它是时代政治、经济、文化和科学技术的内在反映。作为经济提供物的基石——产品的属性也随着经济形态的变化而变化，相对于产品经济、商品经济、服务经济和体验经济，它的属性也由自然地向标准化再向定制化以及人性化发展。

（二）科技背景

俗话说："只有想不到的，没有做不到的""思想有多远，我们就能走多远。"这些都充分说明了"创意"的重要性，同时说明了科学技术对创新的重要性。创新固然重要，但是没有科技的创新，只会是一种空想。对企业而言，没有创新就意味着死亡，而创新依靠的是科技。

人类的发展离不开科技的力量，科技的足迹遍布人类社会的每一个角落。科技推动了人类社会的发展，使人们在变化中日新月异。人类不断地发生变化，人们在得到满足的同时不断地提出新的需求，人类就是在这种"满足——需求"的矛盾运动中不断前进的。新的需求促进了人们对新产品的探索，这种探索总是被约束着，即被现有的条件的限制——物质、心理、文化、科技等。其中，科技起着主导作用，科技在各个方面推动着产品的发展。

现代社会，科技高速的发展为人类拥有更舒适、幸福的生活提供了各种各样的可能。而且，人们生活水平的提高，也要求有更好的物质来服务他们的生活。

正如我国古代哲学家墨子所说："衣必常暖，而后求丽，居必常安，而后求乐。"人在满足了较低层次的需要之后，便会寻求更高层次需要的满足。美国人本主义心理学家马斯洛1943年提出的人类需要层次理论能够很好地解释这一点。马斯洛认为，人的需要是一个多层次的组织系统，是由低级向高级逐级形成和实现的。他把人的需要分为7种，这7种需要从低级向高级依次为：生理需要、安全需要、社交需要、自尊需要、审美需要、认知需要、自我实现需要。自我实现需要是人们最高层次的需求，在经济发达的时代，人们更加渴望且有条件满足这一需要。

人们需求变化的新趋势是体验经济理论的出发点。体验经济的目的就是满足人们的情感需要和自我实现需要。当人们的休闲时间（睡眠时间除外）超过他的工作时间时，物质上面的需要就不再是主导需要，取而代之的是精神（情感）需要。这个时候，如果人们逛街，将会更喜欢逛街的过程，而不会在乎是否能够买到满意的商品。人们的需求也就达到了马斯洛需求层次理论中提出的需求最高层次——自我尊重、自我实现阶段。

科技使各种创意成为可能，人类的需求也促进了体验设计的发展。

（三）文化背景

经济基础决定文化的形式和内容，而文化是经济基础的反映，对经济基础起着促进或阻碍的作用，它们是辩证的关系。体验经济时代的文化也必然会对经济基础的基石——产品产生影响，因而在体验经济时代，企业必须以服务为"舞台"，以产品为"道具"，以环境为"布景"，创造一种具有强烈吸引力的、令人深思的独特体验价值，它必然导致设计潮流的变革，引起产品设计在形态和风格上的变化。

在人类发展的历史长河中，从人类文化史上的造型造物过程来看，文化是和一定的科学发展水平密不可分的，就某种形式而论，它总是以特定时期的媒介存在为基础，人的本能意识和物体存在会自然地呈现一种文化现象。在各个不同的历史时期，文化呈现出不同的时代特征，作为一种文化指导下的工业产品形式，也就有着各自不同的表现形态。

例如，现在的快感文化，是工业化社会和现代都市生活进程中的伴生物，是消费欲望滋长和商品市场化的客观结果。人是一种充满幻想的动物，总是善于将梦幻与现实联系起来，并不断地探索新的观念和新的情感表达方式，使人的自然生命质量获得自我提升。快感文化其实就是人的欲望本能的表达，而工业设计正是这种快感文化的一种表现形式，产品则成了现代人体验物质生活的一种快感文化的载体。

现代产品设计传递着两种信息，一种是理性的（即产品的功能、材料、工艺等），一种是感性的（如产品的造型、色彩、使用方式）。前者是产品的存在基础，后者则更多地与产品形态生成相关。产品造型除了表达其目的性以外，还会透过一些符号来传达产品的文化内涵，因为在多数情况下，人们不是纯粹以购买具体的商品为目的，而是在寻求与内心欲望相吻合的东西。

任何一个居家空间里，家具是必不可少的填充物，年老的人喜欢幽雅、素净、较传统的家具，如布艺沙发、藤制家具等，他们喜欢深陷在里面，寻找一种安全感和依靠感。年轻人喜欢造型简洁、颜色鲜明的家具，柔软地靠在或斜躺在沙发内，给他们带来母亲般的安全感和温暖感。

总之，体验经济和体验设计目前在世界上处于发展阶段，时代需要且召唤着体验经济和体验设计的发展。

二、产品体验设计形成和发展的基础

体验经济条件下的生产与消费方式和相应的经济管理模式的变化，是产品体验设计形成和发展的基础。

对于传统的产品设计，其发展的原动力是批量化生产。从 19 世纪末期直到现在，批量生产的管理模式几乎为所有工业制造企业沿用。工业设计师致力于产品的结构、造型、色彩、材质、包装等要素，从而使产品易于生产且便于使用。这便构成了传统意义上的工业设计。从 20 世纪 70 年代起，随着信息技术在各个领域的广泛应用和知识经济的逐步形成，工业设计所依赖的原有的生产与消费模式和相应的经济与管理模式已经发生了几个主要变化，这些变化成为体验经济和产品体验设计形成、发展的基础。

（1）信息技术使原来需要许多物质材料实现的产品和服务消费，转变到由计算机与网络系统组成的非物质的、虚拟的经验世界。人们所熟悉的电子邮件、电子商务以及运用个人数据交换技术和网络技术开发的产品，为设计师提供了不同于以往的新的视野与领域。从设计战略的角度，产品的生产和销售过程也更强调信息和知识的传递。总之，在商品市场化的过程中，消费者的感知和体验被提到了一个前所未有的高度，得到了格外的关注。

（2）随着知识经济的发展，产品的概念有了更广泛的意义，使之扩大到包括所有可以市场化的产品、服务、活动、信息、知识、资产等。体验经济围绕消费体验的设计和实践成为知识经济的重要分支。产品概念的扩展使产品设计针对的对象由原来的具象化转化为抽象化、系统化。

（3）批量化生产与消费个体差异性之间的矛盾是传统产品设计面临的主要问题。在体验经济条件下，产品体验设计要求设计从开始阶段就将个体消费的需求与消费经验融入产品的生命周期里，解决了产品的个性化、多元化，从而出现批量化定制的生产与管理概念。

三、产品体验设计的目的

产品体验设计的目的是唤起产品使用者的美好回忆与生活体验，产品自身是作为"道具"出现的，根据一个时间、一个地点和所构思的一种思想观念状态，重复出现该题目或在该题目上构建各种变化，使之成为一种独特的风格。

能否让使用者在使用产品的活动过程中拥有美好的回忆、产生值得回味的体验，成为衡量产品设计优劣的标准。产品体验设计必须服务于产生体验的整个"剧情"的需要，让使用者产生美好的回忆与体验是其最终的目标。

体验是不确定的，主体并不是凭空产生的某种体验，而是需要在外界环境的刺激下才有所体现。就这个意义上来说，产品是让使用者在产生体验的过程中更具主动性，产品是施动者，人则是受动者。由此可见，产品体验设计的作用就是如何贴切、恰当地构架其产品与人之间的这种"刺激"与"体验"的互动关系，产生设计预期的某种体验，这也是产品体验设计的方向所在。

设计者应充分认识到产品体验设计是一场"体验的设计"，个体的体验是最重要的，而体验的价值将远远大于产品本身。产品的形式是整体的、全方位的，包括视觉、听觉、嗅觉、触觉等。例如，自从大头贴快速照相机问世以来，犹如一场猛烈的龙卷风席卷了整个市场，走到哪里风光到哪里，为商家创造了巨大的财富。是什么原因让它获得如此的成功呢？原因就在于，它能快速地记下人们生活中的美好片刻，通过把自己的照片贴到自己喜欢的东西上，让人们得到了犹如明星般的体验，因为得到人们尤其是年轻人的青睐。

四、体验设计的原则

体验与商品和服务一样，需要经过一段设计过程，需要经过发掘、设计、编导才能呈现出来，《体验经济》给出了一般企业进行体验设计时所遵循的原则，对于产品设计来讲同样具有借鉴意义。

（一）体验主题化

一些小店的名字，如"硬岩石餐厅""蓝调坊""跳水""中世纪时代"，顾名思义，进入这些场合你就会知道这些名字意味着什么。店主设计了精练的主题，从而迈出通往体验之路的第一步，而且也是关键的一步。主题是体验的灵魂。明确了主题，就能给用户以感觉，使他们留下长久的记忆。所有的设计与活动都应该围绕主题展开，朝向一致的故事情节，吸引消费者。

（二）以正面线索塑造印象

主题是体验的基础，而体验必须通过深刻印象来实现。所谓印象就是体验的结果，一系列印象组合起来影响个人的行为并实现主题。顾客评价体验时，通常这样开头："让我觉得……"或"它像……"，从而让人知道他们的印象。施密特和西蒙森教授再次提出了印象的6个方面。

（1）时间：关于主题的、传统的、当代的、未来的体现。

（2）空间：城市/乡村、东/西、家庭/企业、户内/户外的体现。

（3）技术：手工制作/人工制作、天然/人造的体现。

（4）真实性：原始/模仿的体现。

（5）质地：精致/粗制、奢侈/便宜的体现。

（6）规格：大／小主题的体现。

要达到体验的目的，空间、物体、时间三者间保持联系是显而易见的。在顾客的心目中，每个细节都潜移默化地影响到主题。

（三）减除负面线索

塑造整体印象，仅展示正面是不够的，体验提供者还要删除任何削弱、抵触、分散主题中心的环节。看起来极小的要素也能损害体验，如在大部分饭店，店主轻声对排队等待进餐的客人说："您的桌子已经准备好"，暗示客人将会得到正常服务，这很平常的话并不能让人产生印象。然而，热带雨林咖啡厅的主人搭建了一个台子，他站在上面大声地说："史密斯那伙儿的，你们的历险马上开始啦！"这样的话能充分调动人们的情绪。这些都说明，体验的表演者们必须消除分散主题的任何东西，以保证体验的顺利完成。

（四）充分利用纪念品

人们经常购买一些纪念品。游客购买明信片纪念游玩过的景点；为了庆祝特殊的日子，爱人可能会为对方挑选一张精美的问候卡；年轻人为摇滚音乐会而收集 T 恤衫等。他们买这些工艺品，作为对难以忘怀之体验的留念。这些纪念品是他们宝贵的个人财富的一部分，那些经历往往比工艺品本身更有价值。当然，这不是人们买纪念品的唯一目的，很多人都喜欢向别人展示自己的体验，讲述自己的体验，就像布诺努·吉乌沙尼——瑞士达沃斯世界经济论坛在线策略主席说的："纪念品是一种体验社会化的方法，人们通过它把体验的一部分与他人分享。"

（五）整合多种感官刺激

一种服务项目的感官刺激应该支持和加强服务的主题，该项活动越能有效地刺激感官，就越不容易让人忘记。明智的擦鞋者用加入香料的鞋油和脆的碎布擦皮鞋，其实香味与声响并不能使皮鞋更光亮，只是这种香味和声音刺激了人的视觉和嗅觉。同样，聪明的面包师把烤面包的香味排放在人行通道里面，因为有效的感官刺激能使人们对体验更加难以忘怀。

第三节　产品体验设计的构成及特征

随着时代的发展，经济形态和人们的消费需求都发生了改变，设计该如何做出应答，走一条什么样的道路，是时代赋予设计新的使命。在新的时代背景下，设计以人为本，全心全意为人民服务，如何适度地传达人与物之间的关系并满足消费者的需求，这些都是新设计理念所要面对的问题，设计与时俱进，而"体验设计"的研究正是针对这些问题提出的，它是在体验经济背景下对设计的一个全新阐述。

一、体验设计的构成语言

在 E 时代背景下，语言作为交流的一种载体，它传达着一定的信息，娱乐（entertainment）、体验（experience）和情感（emotion）是基于 E 时代背景下得出的三个关键词，从而构成体验设计的语言。例如，微软的 Windows XP，其中 XP 代表的就是"experience"，即体验的意思。Windows XP 蕴含了丰富的体验，也就是说，Windows XP 使人们切身体验到用户的数字化生活。

对于设计而言，绿色设计（green design）是 20 世纪 80 年代末出现的一股国际设计潮流，它的基本设计核心是"3R"理论，即减少污染（reduce）、可循环（recycle）、再利用（reuse），不仅要减少物质和能源的消耗、减少有害物质的排放，而且要使产品以及零部件能够方便地分类回收并再生循环或重新利用。体验设计作为人类对于 21 世纪设计的思考，是在一种新的经济形态背景下萌生出来的一种新的设计理念，它更加注重人的参与性、互动性、体验性，通过体验带给人们更多的是精神和情感的享受，提供快乐。基于绿色设计的"3R"理论提出了体验设计的"3E"理论，即娱乐（entertainment）、体验（experience）、情感（emotion），见表 3-1。

表 3-1　"3R"理论与"3E"理论

绿色设计	"3R"理论	reduce，recycle，reuse
体验设计	"3E"理论	entertainment，experience，emotion

首先，设计应该是娱乐的、欢愉的，给人的生活增加乐趣，带来快乐，成为生活中的一部分。其次，设计应该注重使用者体验的互动性、参与性，让使用者在体验过程中参与其中并与之产生互动。最后，设计应该通过与人的交互作用带给用户种种情感体验，使产品感知化，值得回忆。

（一）娱乐

随着社会的发展，人们的生活节奏变得越来越快，压力变得也越来越大，人们长时间处于紧张繁忙的工作状态中，每天都要面对单调乏味、毫无乐趣可言的产品。科技的进步使人们的生活不再单调乏味，生活变得更加轻松、娱乐。因此，娱乐成为体验设计的构成要素，一些以娱乐为目的的产品越来越受欢迎，设计产生快乐，在与产品对话交流体验的过程中人们可以获得快乐。

娱乐是人类的一种极古老的体验，在当今是一种更高级的、最普遍的体验。娱乐是为了满足人们日益追求的一种休闲的、愉悦的现代生活方式，远离了生活的单调枯燥，同时是在人性上的一种回归。于光远认为："玩是人生的根本需求之一，玩是人的一种本能，它是人处于放松和自由的一种状态。"随着社会、经济的快速发展，设计的风格和观念也在随之发生着变化，一种娱乐性的、游戏性的设计理念正在影响着产品。

声音是一个表达信息的有效载体，它提供了快乐。声音可以是幽默的、富有信息的、有趣的，声音在情感上是振奋人心的，它可以使人高兴。但是，在现代社会中，太多的电器发出无思想的难听的声音，这些噪音一起产生了令人讨厌、使人不安的感觉。然而，电器产生悦耳的声音，而不是产生令人不愉快的噪声是可能的。例如，Richard Sapper 烧水壶在水烧开时，会产生一种非常优美的和弦，设计者花了相当大的努力使汽笛喷管产生和弦的"e"和"b"，像阿尔贝托·阿莱西描写的那样，鸣哨声是"从来往于莱茵河的轮船和游艇的声音得到的灵感"，让优美的声音替代了刺耳的声音，给人以情感上愉快、欢乐的感受。

娱乐成为体验设计的核心内容，体现出现代人对于轻松娱乐生活方式的追求与向往，也让设计师把更多的注意力放在了消费者的心理需求上，所以设计应该以给人快乐为原则，带来使用上的愉快体验。

（二）体验（参与、互动）

体验经济是一种开放性、互动性、参与性的经济形式，同时为体验设计提供了依据。体验设计的最终目标不是产品本身的功能、形态给用户带来的感受，而是让用户通过参与体验，沉浸于设计者所创造的情境之中去感知、去体悟，方能领会。

体验经济时代，消费者注重的是使用产品时所带来的感受，并能参与其中，更好地进行自我实现和自我表达。在 20 世纪 50 年代早期，贝蒂妙厨公司引进了一种蛋糕混合物，人们可以在家里很容易地制作出美味可口的蛋糕，不忙不乱，只需要加入水和混合物并开始烘烤，可是产品失败了，尽管味道测试证实人们喜欢蛋糕的味道。这是为什么？人们在事后开始尽力寻找失败的原因，正如他们的市场调查员表述的那样："蛋糕混合物有点太简单了，消费者未能参与体验到产品中去，未能感觉到自我实现的成就感，这使她们感觉到自己很没用。"是的，做这种蛋糕太简单了，贝蒂妙厨公司解决了这一问题，他们要求制作者向混合物里加入一个鸡蛋。很明显，加入鸡蛋使人们在烘焙活动中有了成就感，使用户参与到活动中来并乐于参与其中，使用户的身心体智与烘烤活动产生了互动，给用户带来了快乐。

电子游戏创造的是一种完全意义上的参与性体验和娱乐性享受。在整个游戏过程中，玩家不仅参与到游戏中，更为重要的是，玩家在虚拟的游戏世界里扮演着各种各样的角色，体验着游戏世界里的人物，玩家就是游戏世界的主人，没有他们的参与、体验，游戏只是一个"半成品"的概念，是玩家使整个游戏具有了完整的生命意义。在虚拟的游戏世界里，故事的发展依赖于玩家的活动，玩家是一个积极的参与体验者，是故事中的一部分，故事直接发生在玩家的身上，正如韦儿兰·克林肯柏格所说："计算机游戏的主要心理基础，就是玩游戏时产生的穿过一个门进入另一个世界的本能感觉。"游戏通过美轮美奂的图像、虚拟的故事情节和人物角色使用户参与，充分调动玩家的心理情感，达到一种虚拟的情境。

（三）情感

在物质极大丰富的体验经济时代，人们对情感体验的追求成为可能，情感因素在设计中占据了重要部分，使产品从过去的让人适应向主动来适应人而转变，设计从单纯地满足用户的功能性需求上升到精神和情感层面，能够真正地打动消费者内心，获得消费者心理上的认同。

产品不仅凭借存在的形式，还应在与人们的交互过程中带给用户情感体验，以激发人们的愉悦感。设计之物作为日常生活的必需之物，在使用、持有过程中还应该能激发用户的各种情感体验，这一部分内容开始受到众多学者的关注。

一个好的设计产品必须具有生命力，具有能与用户进行对话交流的语言，怎么才能使之具有生命力呢？最重要的一点就在于情感因素的介入，从情感角度出发，使之富有生命力，才能真正打动消费者。人们渴望情感回归，追求精神愉悦，广告就抓住了消费者的情感需求，把其功利目的不露痕迹地融于消费者情感需求之中。堪称国内情感广告典范的"雕牌"洗衣粉广告，就采用情感路线来触动消费者内心。广告设计策略：年轻的妈妈下岗了，为了找寻工作四处奔波，懂事的小女儿心疼妈妈，帮妈妈洗衣服，天真可爱的童音说出："'雕牌'洗衣粉，只要一点点就能洗好多的衣服，可省钱了！"门帘转动，妈妈无果而归，正想亲吻熟睡中的女儿，看到女儿的留言："妈妈，我能帮你干活了！"年轻妈妈的眼泪不禁随之滚落……这份母女相依为命的亲情，由此产生感人至深的产品故事，没有一句产品介绍，使"雕牌"形象深入人心。这样的语言，这样的画面，融进了人间真挚的情感，在品牌和用户之间形成一个强有力的纽带，正所谓"感人心者，莫乎于情。"

体验设计以人为本，人性化的需求和程度越来越高，人是情感的动物，将情感赋予设计之中，让设计本身有了生机和希望。进入体验经济时代，设计也必然朝情感化设计发展，在用户使用体验过程中获得情感上的高峰体验，追求单纯的快乐感觉。

二、体验设计的种类

在《体验经济》一书中，按照消费者参与的程度以及消费者与事件的互动关系，将体验划分为四种基本类型，即娱乐（entertainment）、教育（education）、遁世

（escape）和审美（estheticism）。同时，四种体验亦可互相兼容，从而形成一种综合性的体验。

（一）娱乐体验

按照牛津词典上的解释，娱乐是"使人愉快并吸引人的注意力的行为、消遣"。娱乐不仅是一种最古老的体验之一，在当今更是一种更高级的、最普通、最亲切的体验。当体验经济加速的时候，人们将会看到与以往相比更新、更多的体验。同时，几乎没有哪种体验会排斥那些促使人们开心大笑的娱乐瞬间。人们在娱乐的体验中，大多被动地通过感觉吸收体验，如观看演出、听音乐和阅读娱乐性文章等。看电视或是参加音乐会等属于娱乐体验，消费者较被动，只是吸收信息而没有融入。

娱乐是人的天性。这种天性会受到文化背景、教育背景和知识结构的影响，呈现出差异性。但是，全球一体化的今天，不同民族和国家的政治、经济、文化等出现了融合的趋势，消费群体的休闲消费特征也出现了一些共性：紧张的工作压力、激烈的社会竞争、人们渴望回归人类的天性（娱乐）。人们希望通过娱乐，找回自我，找到自己的人生目标和价值。

例如，迪士尼乐园不仅是孩子们的天堂，也是成年人重温童真的乐园，从风靡全球的米老鼠、唐老鸭到美国卡通明星的流行风暴。又如，日本的蜡笔小新、灌篮高手樱木花道、樱桃小丸子、英国的哈里·波特等，这一个个虚拟的传奇人物带来了商业的巨大成功。这是因为他们给消费者带来娱乐和享受，缓解了人们生活中的紧张和压力，同时又不会产生人类之间的竞争，也不会给人类带来压力，大家就轻轻松松地接受了。因此，对于设计来讲，应该在顾客消费过程中设计能够使人轻松、能够给客人带来欢笑的活动。

（二）教育体验

和娱乐体验一样，在教育的体验中，客体吸收了对他来说并不是很清楚的事件，但和娱乐体验不一样的是，教育体验包含了客体更多的积极参与，因为要扩展一个人的视野、增加他的知识，体验者必须积极使用大脑（智育）和身体（体育）。通过教育体验，客体在积极参与的同时吸收知识。尽管教育是一件严肃的事情，但并不意味着教育的体验不能成为一件快乐的事情。"愉悦教育"这个词语就是一种横跨教育和娱乐两个方面的体验。

上课属于教育体验，消费者参与较主动，但本身处于活动之外，没有融入其中。

教育已经成为一种新出现的商业领导模式，其设计是通过"教育"消费者，传递新产品、新消费理念、新生活方式。例如，"舒肤佳"通过对消费者的教育 —— 把香皂由单一的清洁去污发展到抗菌保健增进健康，为香皂这种产品添加了除菌功能，成功地引领了全新的护肤消费理念。又如，在美国加利福尼亚圣何塞，有个叫作"邦布拉儿童乐园"的地方，专门为 10 岁及以下的孩子提供教育体验。花 8.95 美元的门票，孩子们在丛林花园和沙地里挖掘，以寻找化石、人类遗迹，甚至包括整副的恐龙骨骼。他们穿老式的衣服，自己在交互式的厨房里准备食物。他们还能爬岩石和楼梯，玩各种各样的需要技巧的游戏。

（三）遁世体验

遁世的体验就是逃离现实的体验，它们要比娱乐和教育的体验更加令人沉迷，体验者完全沉溺在与事件的互动里面，也是更加积极的参与者。遁世的体验主要来自对一些科幻式、冒险式情景的模拟。典型的遁世体验所要求的环境包括主题公园、酒吧、俱乐部、咖啡馆、赌场、虚拟现实的耳机、网络聊天室等。

参加戏剧演出、乐团演奏，或是进入大峡谷都属于遁世体验。遁世体验一样可以发挥教育或是娱乐的效果，但消费者更主动地参与，更融入体验。

事实上，他们与纯娱乐体验完全相反，逃避者完全沉浸在里面，逃避者扮演的是演员的角色，同娱乐体验者的消极角色不同，是更加积极的参与者，且能够影响到现实的行为，所以企业应该努力提高顾客的参与程度。典型的逃避体验需要一个典型的环境，这个环境应该是远离家庭和工作的第三个地方，是一个人们能与自己身份相同的社会团体的人进行交流的地方。

例如，对许多人来说，网络空间是一个世外桃源，它为人们提供了一个逃避单调、忙碌生活的场所。还有人去星巴克或其他的咖啡屋、水吧、雪茄吧，甚至有人迷恋巴诺书店（Barnes&Noble），那种一边读书一边啜饮咖啡的轻松惬意的氛围，吸引了不少逃避者，他们在此逗留、浏览书籍、品饮咖啡并低声交谈。

（四）审美体验

体验在人的生命中是时时刻刻都存在着的，在人的生存和生命活动中也就必然有审美体验，体验也就和美、审美相联系。

在审美的体验中，人们欣赏某一事物或沉浸于环境中，而他自己对事物或环境极少产生影响或根本没有影响，因而环境基本上未被改变。审美的体验包括站在海边的极目远眺、参观艺术画廊或博物馆、漫步在古香古色的小城中、坐在充满昔日氛围的咖啡馆中品茗等。人们坐在赛马场的大看台上也有同样的效果。

伽达默尔在对体验概念进行分析后说，体验结构和审美特性的存在方式之间存在着一种"亲合势"，在伽达默尔看来，审美体验"楷模性"地表现了体验概念的内涵。体验和审美之间的"亲合"关系为人们从体验的角度来研究美提供可能。从当前美学研究情况看，中国的实践美学强调实践在美中的作用，从美和实践的关系角度来研究美；后实践美学突出美学中的生命意识，从自由、超越的角度来研究美学。人们认为，与从实践的角度、生命的角度来研究美相比，从体验的角度来研究美有着更大的优势。

体验的审美愉悦可以完全是自然的，就像在国家公园里散步；也可以主要靠人工营造，就像在热带雨林咖啡厅享受晚餐；或者介于两者之间，就像在卡巴拉购物。从来不存在人造体验。无论这种刺激是自然的还是模仿的，每种体验都是真实的。著名建筑家麦克尔·比内迪科特延伸了这一观点，认为建筑师应起到把人们和他们的真实环境联系在一起的作用：这样独特的瞬间，这样的体验是非常令人感动的。笔者认为，正是通过这样的瞬间，人们构造独立而有意义的最好的现实感觉，应将其称为直接而真实的审美体验。因此，在当前媒体广泛存在的时代，建筑学关注的中心应是对现实的审美体验。

（五）综合体验

人们参与有教育意义的体验是想学习，参与逃避体验是想去做，参与娱乐体验是想感觉，而参与审美体验的人就是想到达现场。

一般而言，让人感受最丰富的体验同时涵盖四个维度，即处于四个维度交会的"甜蜜地带"（sweet spot）的体验。也就是说，"最佳组合"是这四个基本类型的有机组合，是一种综合性体验。例如，到迪士尼乐园或拉斯维加斯赌城，都属于最丰富的体验。又如，美国在线的成功也是源于各种体验的组合。

三、体验设计的原理特性

体验是个体对刺激所做出的反应，体验附属于某些事件或某些事物，而诱发个体情感化学元素反应，与其情感神经相匹配，引发美好诗意感受。随着人们对产品的需求越来越高，人们从物理感知需求上升到化学情感需求层次上，增加设计附加值，使产品更具情趣化。

（一）物理感知原理

如今，产品设计追求通过物理感知方面来激发愉悦人的精神，体验设计的关键因素就是增加产品的物理感知体验。人们的视网膜、耳朵和神经细胞每天都在接收着数以万计的产品信息，哪些产品信息能使人们把它保存在记忆里并成为人们的永久体验？研究发现，决定是否注意并储存感官信息的是大脑中心的海马区，海马区喜欢鲜明跳跃的信息、响亮的声音、绚丽的色彩以及粗糙的表面，这些要比柔软的声音、素淡的颜色和光滑的表面更加吸引人的注意。因此，有效地增加物理感知能使人们体验更加鲜明，产品容易被感知，从而促进产品与人之间的沟通与交流。

体验设计从注重物理感知特性出发，通过利用视觉、触觉、听觉、嗅觉和味觉五种感觉刺激产生美好感受，充分调动激发人的感觉反应要素，突出产品的感官特征，使产品更容易被感知，从而把人们带到一个充满丰富感性的世界中。缤纷的色彩、优美的声音、独特的外形……抓住产品最容易被感知的部分，充分利用物理感知特性来设计产品，使其富有吸引力。

（二）化学情感原理

体验经济背景下的设计，归根结底还是最大限度地以"人"为根本出发点的设计，更多地考虑设计中的人文关怀和消费者的情感要素，从物理感知层面上升到化学情感层面。物质生活的极大发展，人们的需求开始向精神层面追求，人们更多关注的是在使用产品过程中带来的心理感受。

化学分析表明，人的情感和一种叫作多巴胺的化学物质有关，多巴胺是人类情感的核心。多巴胺（dopamine）是一种脑内分泌的化学物质，简称"DA"，它是一种神经传送素，主要负责大脑的情感，将愉快、兴奋和开心的信息传递。多巴胺能传递快乐，能影响每一个人对事物的欢愉感受。所有的情感行为都可以从化学角度去解释分析，情感就是大脑中的化学物质——多巴胺等，用来刺激某一特定区域所产生的特定反应。多巴胺给人带来愉悦，获得心理上的幸福感。一个好的设计，通过最初感知的物理特性，进而上升到情感神经，刺激大脑中化学物质的释放，给使用者带来体验过程的愉悦感。现代科学已经证实了购物能够使人的心情愉悦，购物的许多乐趣都同人脑中的化学物质——多巴胺有关，激发情感化学反应，让人们愉快、高兴。

消费者在与产品发生联系时，获得丰富的情感化学反应，在感知产品的基础上对产品形成了热爱、喜欢的情感心理状态，为消费者留下了深刻记忆和美好感受。体验设计是指人的心灵感受，满足人心理情感需求的创造性活动。体验的主体是人，通过人的参与体验而进行的心理活动，带给人们快乐。

四、体验设计的基本特征

在体验经济背景下，人们的设计该如何发展？工业时代以物为主体单纯地诉求产品的功能性已远远不是这个时代所赋予设计的使命，时代的发展趋势告诉人们，设计应该更多关注的是人，突出人的主体性，通过人的参与体验，使其乐于其中，激发情感心理反应，在传统的单感官单向度传播基础上，向混合感官和全息感官的双向度发展，为人们提供更多值得回忆的情境。

（一）人性化、主体性（物—人）

体验设计从人的角度出发，满足人的心理需求。体验设计的前提是作为体验主体消费者的参与、体验。从根本意义上来说，体验是人的体验，没有人的参与，体验设计便失去了其真正的意义所在。实际上，正是人的强烈的参与欲望的需求，使设计者不断对产品内涵进行新的诠释，从而不断产生新的设计理念，以满足消费者的心理需求。

体验设计以人为本，全心全意为人服务，能否满足人的需求是体验设计的关键。体验作为主体对客体刺激所产生的内在反应，是当一个人达到情绪、体力、智力甚至是精神的某一特定水平时，意识中产生的美好感觉。从市场营销学的角度来说，只有使消费者产生"美好感觉"的设计才是有魅力的设计，才是真正有价值的设计。

体验设计突出主体的特征，更多体现的是对人性的关怀。由机器——物的时代转向生命——人的时代，使设计满足人的心理需求，一个由低级到高级、由物质到精神不断发展的过程，找到了消费者心理与产品功能的契合点，在消费者体验产品过程中产生美好感觉。

（二）参与性、交互性（参与其中——乐在其中）

体验设计还应该具有参与性、交互性的特征。体验经济本身也是一种开放式、参与式、交互式的经济形式，体验经济所具有的参与性、交互性也为体验设计提供了依据，因为任何一种体验都是某个人的身心体智与事件之间交互反应的结果，且使体验的主体参与其中并乐在其中。

体验设计的最终目标不是产品，而是用户的体验。体验设计是支持用户参与，并与客体发生情感交互的设计。体验设计为消费者创造体验、参与、交互的条件，使他们便于参与其中、乐在其中，从而进行高峰体验的自我实现。旅游学者邹统钎在旅游景区开发方面也提出了"参与性、交互性"这一概念，他说："如果没有参与，难以形成真正的交互体验，游客不仅是体验的主体，也是体验的重要成分。"商品是有形的，而通过用户参与使用产品过程中所创造出来的那种"情感交互"的体验是令人难忘的。

（三）双向度互动传播

什么是传播？传播就是人类借助符号交流信息的活动，是人与动物的区别。我们生活在一个传播的世界里，不管是自觉还是不自觉的，我们每天都在传播，一方面以不同的方式传播各种各样的信息，同时又在接收不同渠道的各种各样的信息。设计是各种复杂信息的载体，是主体和客体传播的媒介，体验设计的参与性、互动性，将设计的传统传播模式"单向度"转化为人与产品之间相互作用、相互影响的"双向度"互动传播，设计的传播模式如图 3-1 所示。

图 3-1　设计传播模式

体验设计使设计的传播模式走向"双向度"互动传播，让人与产品之间发生联系。在传统单向度传播模式中，受众只能在接触设计产品时接收信息，只是单纯地接受产品本身，而不能直接对产品产生情感上的反应，在这一传播过程中，受众是被动的，传播与受众心理脱节，无法完成受众对产品的满意度。在体验经济时代，体验设计更关注人文关怀，这是一个永恒不变的硬道理。从受众因素来考虑设计，所提供的是受众与产品的"双向度"互动，不仅可以让受众对产品产生反应，大大增加了受众对产品的满意度，而且增加了设计作为传播信息的有效性，达到设计的预期目的。

设计以传播为导向，有效地传递信息给受众，更好地与受众进行交流。在信息化日益明显的今天，设计不只是传达，而应该是更加有效地传播信息内容。体验设计作为时代的新宠，以一种"双向度"互动的传播方式传递给受众，让受众产生情感反应，获得精神满足。

（四）游戏性、娱乐性、趣味性

体验设计的游戏性、娱乐性、趣味性的特征，是为了满足当代人精神层面的需求，满足人们日益追求的一种休闲的、愉悦的、轻松的现代生活方式，同时体现了人类对于本性的回归。体验设计充分满足人们心理，给人们以娱乐消遣，设计才会有观众，才会有市场。

体验是"以自身为目的"的活动，就是为了活动而活动。也就是说，体验不以活动为手段，而是以活动本身为目的。例如，我们都喜欢冒险活动，如爬上一座高峰、跳一次蹦极、飞跃一次大峡谷，对于大多数游客来说，他们体验到了活动带来的娱乐，征服了某种艰难险阻，成功完成了别人无法完成或自己以前无法完成的事件，使他们在跨越心理承受极限时获得极大的愉悦感、成就感和自豪感。

体验设计的游戏性、娱乐性、趣味性可以从以下几个方面来加以考虑。

1.有趣的

游戏性、娱乐性、趣味性体验，顾名思义都是来源于娱乐化。人们喜欢娱乐，喜欢有趣味的东西，这些都是无可争议的事实。当人们的需求层次已经从最基本的物质层面上升到精神层面，人们对于娱乐的体验要求更为迫切。体验设计通过娱乐、幽默以及戏剧化的方式创造出生动、有趣的体验来，为人们营造出一种兴奋的或者引人入胜的境界。

2.有吸引力的

娱乐化的体验是非常吸引人们眼球的。人们正在试图与产品建立一种新的关系，他们渴望一种能够吸引他们的，满足其情感需求的体验，为人们提供一种面对面、互动的体验，它常常以娱乐化的方式吸引人们的关注。

要想赢得人们对产品的关注，就必须为他们提供一种全新方式的体验。体验设计以其游戏性、娱乐性、趣味性的特征来吸引人们的眼球，创造出超乎想象的体验，让人们有一种耳目一新的感受，在产品与情感之间建立起一种忠诚关系。

3.创造价值的

现如今，体验和娱乐越来越受到人们的重视，消费者不再满足于只是在电影院里找到身临其境的感觉，当他们在听晚间新闻时，或坐在教室里，或在购买消费品时，或在饭店进餐的时候，他们都在期待着体验感觉为其创造愉悦价值。

体验设计通过其游戏性、娱乐性、趣味性的特征，在消费者与产品之间相互影响、相互促进，将消费者与产品联系起来，通过娱乐刺激或者生活方式的改变为消费者创造快乐价值。现在提起迪士尼，人们自然而然就会想起聪慧敏捷的米老鼠、喋喋不休的唐老鸭、厚道笨拙的布鲁托狗、大智若愚的三只小猪等，许许多多的亲切的迪士尼卡通明星，不仅为其带来了经济利益，也给人们带来了欢乐，许许多多的孩子和他们的父母光顾迪士尼乐园，共同嬉戏，获得心理上的愉快消遣。正如他们所说的那样，迪士尼是给人们提供快乐和知识的地方。

（五）感官化（单感官体验 —— 混合感官、全息感官综合体验）

我们每天都在接收数以万计的信息，哪些信息能成为我们永久的记忆？一种体验如果能与消费者产生积极的互动，那将会引起记忆和回忆。为了使产品更具体验价值，有效地增加感官刺激能使消费者的体验更加鲜明，产品更容易被感知。因此，有效地利用视觉、触觉、听觉、嗅觉和味觉刺激能够产生美好的享受、兴奋和满足，使产品更具吸引力，给人们带来更多的使用乐趣。

1.视觉

视觉捕捉产品的颜色、形状、大小等客观情况，产生包括体积、重量和构成等有关物理特征的印象，所以人们对物体产生的主观印象都源于视觉，并形成体验的一部分。

当代美国视觉艺术心理学家布鲁墨说："色彩唤起各种情绪，表达情感，甚至影响我们正常的生理感受。"在设计中，对于色彩的运用已经成为设计师重要的语言形式，呈现鲜艳、清新的色彩，刺激人们的视觉感受，充分体验视觉大餐带给人们的美好享受。

2.触觉

触觉同视觉一样有助于人们形成印象和主观感受，设计中触觉语言的使用也可以带来体验的价值。触觉较视觉更加真实和细腻，被感知的信息相对于其他感觉器官更加丰富和具体，它通过接触感觉目标，获得真实的触感。

在产品设计上，设计师越来越注重触觉设计，以人的触觉特性出发进行设计，是为适应和服务于人的触觉感官，使人在体验过程中产生良好的触觉体验，从而满足人们的情感需求。触觉是人最重要的感觉之一，即便是盲人，虽然看不见这个世界，但他们却可以依靠触觉来感知世界，所以人们需要良好触觉感受的产品。

3. 听觉

听觉在设计中也扮演着十分重要的角色，产品通过听觉与受众沟通交流，这是一种其他感觉所不能替代的方式。声音作为一种媒介，传递着各种各样的信息。正常的声音能传递一种舒服感、安全感，如冰箱的"嗡嗡"声、打印机的"沙沙"声等。产品的声音同时传达了一种提示性的功能感。例如，开水壶发出的"哗哗"声，咖啡机发出的"汩汩"声就是提示水烧开了，咖啡煮好了，对于声音的研究在设计中也是一个很重要的课题。

相对于视觉和触觉来说，听觉在受众与产品之间也起着纽带的作用。对于视觉障碍者来说，有效的听觉设计能够帮助其感知外界信息。

4. 嗅觉、味觉

嗅觉给人带来的感觉是独特的。科学研究表明，嗅觉给人带来的印象在记忆中保存的时间是最久的。一种气味能够唤起人们心底最久远的情感，那些深藏在记忆深处中的情感——被唤醒，或勾起对苦涩的童年、慈爱的祖母的回忆，或是对曾经的一段温馨甜蜜爱情的回味。当然，不是所有的产品都会散发香味，但是如果能把香味融入设计中，那么它一定会为产品增添不少的乐趣。

味觉是难以融入设计的一种感官语言，但是设计需要创新，如果把味觉语言加入设计中，一定会给观众带来体验感。例如，当人们用餐后，用上一根苹果味或橙子味的牙签，吃饭的整个过程都会变得愉快，还有柠檬味的水杯、蜂蜜味的吸管、烤肉味的叉子等，把人们带到了一个充满感性的世界。

体验设计时代的到来，人们不再满足于视觉、触觉、听觉、味觉和嗅觉单感官的刺激，而是追求混合感官、全息感官所带来的综合体验，整合多种感官刺激，从而产生美的享受，增加产品与使用者的交流。

随着科技的进步和生活水平的提高，人们对文化娱乐的要求也在不断地改变，运用全息感官综合体验的4D电影应运而生。4D电影也叫四维电影，即三维立体电影和周围环境模拟组成的四维空间。观众在观看立体电影时，顺着影视内容的发展变化，可实时感受到风暴、雷电、下雨、撞击、喷洒水雾、拍腿等身边所发生的与立体影像相对应的事件，营造一种身临其境、惊险刺激的环境，配合4D光、声、电、像、运动等组成的综合性环境，以超现实的视觉感受，配以刺激性的真实效果，让观众与事件连接起来，全方位综合性调动体验者的各种感官活动。

体验设计充分利用视觉、触觉、听觉、味觉和嗅觉的感官特征来设计产品，带给使用者全方位的综合体验，使受众不仅能够感受到刺激，更能够感受到快乐，从而获得心理上的愉悦。

（六）唤醒性（生理唤醒——情感唤醒——认知唤醒）

体验设计将传统设计对人的生理和安全等低层次的需求关注，扩大到消费者的自尊以及自我价值实现等高层次的需求。体验设计通过视觉、触觉、听觉、嗅觉和味觉的综合全息感官体验刺激、唤醒使用者情感神经，使产品更具吸引力，实现其自我价值的高峰体验。对体验设计的唤醒性特征可以从以下三个方面来加以考虑，包括生理唤醒、情感唤醒、认知唤醒，如图 3-2 所示。

图 3-2　唤醒反应模式

1. 生理唤醒

体验设计通过外部环境的图像、色彩、场景、气味、音响来刺激人的感官，唤醒人的生理需求。例如，外部温度下降会使人感到寒冷，唤醒他们寻找温暖的需求；蛋糕店里食品的香味能够刺激消费者的嗅觉和味觉，引起他们的食欲；电视上他人吃食品时津津有味的表情、声音同样也能诱发人们的食欲。在体验设计中，应当首先满足其低层次的生理唤醒再进一步上升到情感唤醒。

2. 情感唤醒

当生理唤醒时，人们对体验的产品伴随着一定的情绪和情感需求。从这个意义上来说，生理唤醒就是情感唤醒的一种途径，通过对消费者的感官刺激，唤起情感心理的化学反应，引发人们内心情感需求，如对美的需求、对自我价值高峰体验的需求、引起他人尊敬的需求等，这些需求反映为较高级的情感体验。体验设计通过情感唤醒达成使用者与产品之间的沟通和交流，带给人们心理上的满意感。

3. 认知唤醒

体验设计通过感官刺激体验，提供给使用者准确、有效的产品信息，进而产生心理上一系列连锁反应，引导消费者进行理性认知思考，做出正面的积极反应。例如，宝洁公司的汰渍洗衣粉广告，整个广告制作类似"新闻访谈"，通过若干普通家庭主妇使用体验汰渍洗衣粉后的评价提供给消费者可靠的信息，唤醒其生理需求、情感反应，引导她们做出正面判断，让消费者在认知层面上对产品做出理性认识。

（七）传染性

设计是社会生活的产物，往往不自觉地影响和支配着群体。体验设计通过消费者的参与、体验，带来心理的愉悦感，势必会影响其他消费者的参与，影响其心理上的趋同性。例如，坐过山车的惊险、刺激带给体验者自我实现的精神满足，那种超越自我的自豪感必将影响其他人潜在的心理需求，唤醒并与之参与。因此，体验设计具有一定的传染性特征。

一个人体验，另一个人也体验；一个人哭，另一个人也哭；一个人笑，另一个人也笑；当一个人仰着头双眼盯着天空，另一个人也会随着他盯着天空，接下来会是什么样？第三个、第四个、第五个……于是一大群人都盯着天空，至于为什么盯着，谁也无法做出回答，只是在莫名其妙地加以附和。我们在剧场中都曾经有过这样的经历，当突然响起了掌声和笑声，于是你也会随之跟着鼓掌和大笑，有的时候并不知道这是怎么一回事情，只是在随着其他人附和着。这种传染性实际是人的一种"从众心理"，是指人受到外界人群行为的影响，而在自己的知觉、判断、认识上反映出和公众或多数人一样的行为方式。

当消费者体验产品时，产品带来的快乐，使其更具感染力，吸引更多的用户参与到体验中来，达到用户与产品之间的情感交流。

（八）医疗性（辅助心理治疗）

体验设计通过受众参与、体验，在产品与用户之间建立起一种沟通关系，满足受众心理层面的需求。体验设计还具有医疗功效，用来辅助心理治疗，让受众在参与体验过程中能够接收一些信息，得到一定的训练和心理治疗。

研究表明，美国每 10 个人中就有一人患有某种形式的恐惧症，这些恐惧症包括恐飞、恐高、恐车、恐考试、恐演讲、恐雷电、恐旷症、广场恐惧症、聚会恐惧症、社交恐惧症等。有些恐惧症是源于人的本能，而有些可能是由于生活里的某些特殊经历造成的，如出过车祸后引起的恐车症，这些都给人们的生活、学习和工作带来了诸多的不便，还会导致事业失败等。

美国南加州圣地亚哥市科技园的"虚拟现实医学中心"（VRMC），采用 3D 计算机虚拟现实技术结合生理监控与反馈来治疗恐慌疾病。在治疗时，患者戴着带有显示器的头盔，通过计算机动态模拟继发各种病症的现实世界和事件，在专家指导下训练克服恐慌反应的技巧，通过训练，病人逐步提高对恐慌现象的适应能力，用虚拟体验现实世界，最终达到消除恐惧的目的。

体验设计在人与产品交流过程中不仅满足其情感需求，而且对特定人群心理起到了一定的辅助治疗作用，通过参与体验，改变人们的行为方式，使之更为舒适、便利。

（九）激活性、移情性

体验设计是通过带给受众全方位综合的感官刺激，使他们的行为和态度做出反应，并产生愉悦、兴奋情感的一种传播模式。如图 3-3 所示，体验设计刺激有机体产生反应，这是行为主义心理学"S-R"理论的一种表现。"S-R"理论即"刺激（Stimulate）—— 反映（Response）"理论，是研究人的行为传播规律的一种理论，刺激有机体，进而产生心理反应，引发感性消费。

刺激 $\longrightarrow$ 有机体 $\longrightarrow$ 反应
Stimulate　　Organism　　Response

图 3-3　SOR 行为模式

设计利用全息、感官体验刺激有机生命体，使产品更具吸引力，激活人们心理上的愉悦。设计以人为本，根据人的心理特征建立起人与物的关系。设计从人的心理和社会特性出发，按照人的行动特征，建立科学的、系统的设计观，并通过刺激受众，带来情感上的一系列反应，激活人和产品之间的情感联系，使之便于交流。

情感是人对事物的态度。情感也可以说是事物的核心，没有情感，就没有对事物的向心力，构成不了生命有机体。人们与物品的情感联系是一种交互的移情，由它们引发美好的回忆，特别的引起感情共鸣的事物都能够唤起往事。米哈里·赛克斯哈里和尤金·罗奇伯格－霍尔顿在《物品的意义》（*The Meaning of Things*）一书中研究了什么使物品特别，一位妇女在接受他们的采访时，指着她客厅里的椅子说："它们是我和丈夫最初买的两把椅子，我们坐在上面，我就会由它们联想到我的家庭、孩子，与孩子们坐在椅子上的情境。"这种引发情感的事物，与事件关联，引起移情。

移情性也是体验设计的重要特征之一。美国心理学家马丁·霍夫曼认为，移情是"被共鸣地引起的感情反应"。通过人对产品的体验，进而对产品发生情感联系，实现马斯洛所称"高峰体验"的自我实现。"移情"是 19 世纪末至 20 世纪初在西方占有重要地位的美学理论。"移情论"的心理学基础，以立普斯为代表人物的移情论者认为："移情作用是外射作用的一种，外射作用就是把在自我的知觉或情感外射到物的身上去，使它们变为在物的。"例如，孩子将自身的情感作用于玩具上，会感觉到玩具也有和他自己同样的情感，物我同一，并从中体会到愉悦。

设计通过外界刺激有机体感官，诱发心理层面反应，激活情感神经，在人与产品交流过程中，产生移情体验，引发美好诗意的内心感受。

第四节　产品体验设计的意义与表现

体验经济时代，意味着消费形态发生了根本性改变，随之也会对设计理念和文化提出新的要求。体验设计从人的角度出发，将不单满足功能上的需求，而是超越功能带给人们情感的愉悦，通过消费者的参与、体验，激活全方位快乐价值，使人们获得自由，享受娱乐。体验设计是一种全新的设计理念，已经在当今体验经济背景下扮演着重要角色，具有重要的时代意义。

一、体验设计在体验经济下的意义

体验经济背景下，人们的生活意识逐渐从物质层面上升到精神层面，人们开始对自身本性不断审视和完善，以满足消费者的心理需求，这将是体验经济背景下设计发展的必然趋势。下面将从激活全方位总和的快乐价值、高级形式的人文关怀和构建全方位和谐设计三个方面，来阐述体验设计在体验经济背景下的意义。

（一）激活全方位总和的快乐价值

什么是快乐？从某种角度来讲，快乐就是人们所说的"体验"的一部分，快乐是人的需求得到满足后，生理上、心理上表现出来的一种反应。快乐可以说是无处不在的，绝大部分的快乐都是通过物的世界来相互传递情感的。

设计使生活变得丰富多彩，不仅提高了人们的生活质量，而且使人们的生活变得快乐，带给人们生活的乐趣，激活全方位总和的快乐价值。设计的作用在于交流，而不是独白，让受众与设计交互，提供其快乐源泉。快乐的作用会使人们产生内心愉快的感觉，愉快是一种积极的情感状态。体验设计通过用户的参与、体验，在产品与消费者情感之间建立起一种纽带关系，带给消费者生理和心理上的快乐。这种全方位总和的快乐包括四个方面，即生理的快乐、社会的快乐、精神的快乐和思想的快乐。

（1）生理的快乐。生理的快乐是指消费者在体验产品后带来的身体上的愉悦感受，包括视觉、声音、气味、味道和触觉方面的感受。

（2）社会的快乐。社会的快乐是指产品的参与、与之互动使消费者感觉到自己从属于某个社会组织并和他人产生交互，完成自我价值的高峰体验，体现消费者个人在社会中所处的位置。

（3）精神的快乐。精神的快乐是指消费者在使用体验产品时所带来的心理状态，也可以叫作心理的快乐。

（4）思想的快乐。思想的快乐是指消费者在体验参与产品后对于体验的思索，经过消费者思维活动产生的快乐价值，唤醒与产品有关的积极情感。

（二）高级形式的人文关怀

体验经济时代，以消费者为导向的设计理念逐渐受到重视，设计更加关注消费者主体的心理感受，注重消费者的体验，从人的角度出发，提升人的美好生活，这才是体验经济时代基于人的体验对设计提出的要求，是设计人性化的发展趋势。

人文关怀就是以人为中心，关注人的生存和发展，着眼于人的心灵、精神和情感，注重人的存在、人的价值，关心人、爱护人、尊重人，这才是社会文明进步的标志。从设计的角度来看，设计更加关注人的精神感受，从人性化出发，设计出更加符合人性的产品，满足消费者情感心理需求，提供精神愉悦感，这些都是现代社会设计进步的重要目标，具有划时代意义。

当社会经济水平达到一定程度时，消费者就会对物产生更高的要求，除了实用功能以外，更多的是追求心理的及精神文化、人文方面的功能诉求。体验经济就是在这一基础上提出的，它更注重人们精神层面的关怀，引导体验设计追求更加高级形式的人文关怀，是物和消费者主体的和谐统一，在设计中体现以人为本的真正科学意义。坚持全心全意为人服务是设计的根本宗旨体现，是设计发展观的核心。

设计物具有人情味，充满了高级形式的人文关怀。在这样的环境里，人们日常生活中所使用的物品更具亲和力，让人们感受到生活的舒适、安逸，满足现代人追求轻松、愉悦的心理需求。

（三）构建全方位和谐设计

在科学日新月异的今天，人们所提出的设计要以科学发展观为指导，促进人与设计的全方位和谐发展。设计不仅是为人类的物质生活而设计，也要为人与产品和谐的生活方式而设计，全面考虑人的生理和心理需求，体现人应有的、基本的生态伦理和人文关怀，这才是设计的根本"道"理。

"和谐"一词作为一个重要的哲学范畴，反映的是事物在其发展过程中所反映出来的协调、完整以及合乎规律的存在状态，和谐的状态是当今时代进步和社会发展的重要标志。"和谐"已经成为我们这个时代的主旋律，体现在人类社会的各个方面，也体现在设计中，其主要表现在设计产品与人之间的和谐、设计产品自身的和谐、设计产品与环境之间的和谐。

设计更多的是强调对人性的关注，使设计物更具人情味，满足人们自身的生理和心理需求，使设计全方位、和谐发展，使整个设计系统有序发展，促进人类文明的发展。

二、体验设计在体验经济背景下的表现

体验设计是社会经济发展对生产和服务的必然要求，是消费反作用于生产的重要体现，是现代设计发展坚持以人为本的逻辑必然。体验设计承担着时代的历史使命，深入研究消费者的心理需求，通过消费者的参与、体验，引发消费者情感的"美好感觉"和"诗意反应"。一系列 DIY 体验、网上购物、主题体验餐厅等新名词也随着体验经济的到来应运而生。

（一）DIY 体验设计

在体验经济时代，人们的消费需求已经由低层次的物质需求转向高层次的精神需求，从而使设计更多考虑人的情感心理。DIY 体验设计通过消费者主体的参与，与产品发生互动，进而影响人的心理，自己去做，享受亲自动手体验的快乐，让人们的生活在体验中创造出更多的乐趣，保证人们的生活质量，营造出一种生活氛围。

1. DIY 概念的介入

什么是 DIY？DIY 就是英文"Do It Yourself"的缩写，可以译为自己动手做，这不是一句简单的英文，它代表着一种精神。什么精神？自己去做，自己体验，自己参与，享受体验过程中带来的快乐，这才是 DIY 的真正意义。

设计通过人的亲自参与、体验来满足心理需求，带给他们超越物质本体带来情感上的愉悦感、自豪感。用户亲自 DIY 产品，享受这一过程带来的快乐，便于用户和产品之间沟通交流。如果一个产品无法很好地与用户进行交流，那么它将是失败的，交流是我们这个时代的印记和品质保证。设计通过用户亲自参与、体验，释放压抑，提供给用户快乐价值，这才是交流的基础，让用户在 DIY 产品时产生对生活的意义，对美好未来的积极体验。在这一体验过程中，体验带给用户无限的乐趣，满足感、自豪感油然而生。

2. 宜家 DIY 体验

宜家是创立于 1943 年的一家瑞典家居用品企业，以其产品简约、自然、清新、设计精良的独特风格，成为全球最大的家居用品零售商。在宜家，消费不叫消费，叫作体验。宜家产品以"简约而快乐体验"著称于世，它发明了"模块"式组合的设计方法，宜家的家具都是拆分的组装货，产品分成不同的模块，通过用户的 DIY 参与体验来完成产品生命体。DIY 可谓是宜家最为人津津乐道的特点之一。宜家的所有家具都需要用户的亲自动手自行组装，从一个相架到一盏台灯到一把椅子再到一张床，都需要用户参与，用户只需要按照 DIY 安装的操作流程图，按图纸标准的安装步骤就可以了，十分方便、轻松，增加了用户动手的乐趣，给人一种愉快、舒适的体验感觉，用"春风化雨"的方式俘获了每位体验者的心。

DIY 体验设计让人们的生活在 DIY 中创造出无穷的乐趣，使人们津津乐道，全身心地投入 DIY 体验带给人们生活的快乐与丰富多彩，创造一种全新的生活方式。

（二）网上购物体验设计

随着经济的快速发展，人类社会步入了信息化时代。互联网已经成为整个社会发展的主流，人们对互联网的依赖越来越强烈，工作、学习、社会活动和衣、食、住、行离开了互联网已经变得寸步难行。互联网缩小了人们之间的距离，让人们感受到了互联网信息化社会带来的便捷、乐趣、个性化，它在不知不觉中改变着人们的观念和生活方式。网上购物的崛起完全改变了人们传统的生活方式，由传统的商店购物模式向网上购物模式转移，作为一种全新的体验消费模式，网上购物越来越多地受到人们的关注和青睐，如今成为他们生活的一部分。

1. 网上购物 E 时尚

随着网上购物迅速的发展，消费者开始由传统的商店购物向网上购物转移，人们通过网络购买到自己喜欢的商品，无须与商家见面，体验着网上购物带来的轻松、自由，这是传统商店购物模式所没有的。消费者在网上浏览、选择、购买等一系列过程的体验，满足了消费者精神层面上的需求。

所谓网上购物，就是指消费者通过计算机和网络进行的消费活动过程，即消费者通过互联网检索商品信息，通过电子订单发出购物请求，然后进行网上支付或是邮局汇款，厂商通过邮寄或者快递公司送货上门的全过程。消费者在网上虚拟的购物环境中浏览搜索商品信息，从而实践决策和购买过程，其新颖、便捷的购物方式带给消费者更多的体验，在一定程度上弥补了传统购物的不足之处，获得消费者的情感认同。目前，京东、淘宝网、当当网都是国内比较不错的购物网站，其网站商品种类齐全，几乎能满足消费者的各种购物需求，从而开启网上购物体验之旅。

网上购物以其时尚潮流成为现代年轻人关注的焦点，以其潜移默化的方式影响着人们的生活，将人们带入数字化生存的新天地。网上购物已经成为 21 世纪人们从事商业活动的重要手段，不出家门，不必穿梭于大小商场，只要手指轻轻一点，就能够立即挑选出最新、最好、最满意、最便宜的商品，其时尚便捷的网上购物体验，成为人们生活的必然。

2. 消费者网上购物的心理特征

网上购物体验开辟了一个崭新的市场空间，全球以网络为纽带连接成一个统一的大"市场"。网上购物已经是时代发展的趋势，在这种网上购物的消费模式中，消费者的消费心理和消费行为表现得更加微妙和复杂，网上购物体验带给消费者更多的情感认同。

消费者网上购物的心理特征主要表现为以下几个方面。

（1）表现自我，追求个性化体验

网上购物的目标消费群多以年轻用户为主，他们喜欢更多地表现自我，追求与众不同、个性化，不同于其他人的思想和喜好，有着自己独立的见解和想法，所以他们的具体要求越来越独特，而且个性化优势越来越明显，他们所选择的商品可能已经不再是商品的实用价值，更多需要体现他们个性的自身价值。

网上丰富的商品信息资源，为网上消费者的个性化选择提供了物质基础，满足其丰富的物质需求。网站为目标消费群提供了丰富的商品，从手机、电脑、相机到手表、服装、化妆品、食品再到家具、家电、图书、宠物等，琳琅满目的商品极大地刺激了人们的购买欲望，使消费者能够根据自己的喜好选择商品，在消费中充分表现自我，通过浏览虚拟商店来选择、购买，在商品实用价值基础上，更注重其个性创新和与众不同。

（2）追求方便、快捷的网上虚拟购物体验

在传统的购物模式中，消费者在商品买卖过程中要等上短则几分钟长则数小时，这对生活节奏加快的消费者来说耗费了购物的时间和精力，给人们增加了沉重的负担。

网上购物简化了消费者的购物环节，大大缩短了商品的买卖过程，满足了消费者对购物方便、快捷的心理需求。消费者只要坐在家中就可以逛网上商店，浏览琳琅满目的商品信息，通过网络虚拟在线交流购物，利用网上银行进行结算。网上购物的方便、快捷让人们不禁产生了时空消失的感觉，人们不是生活在"现实"中，而是生活在"超现实"之中。

与传统模式的购物不同，消费者更多体验到的是网上购物带来的轻松、自由、便捷，使消费者在平和的心态下完成购物，使人们的生活方式变得随心所欲。

（3）追求内心情感的购物心理体验

如今，在消费者购物过程中，消费者看重心情愉悦感、归属感的满足等自我实现的高层次需求，人们希望在购物中获得轻松、自由的心态，体验购物带来的乐趣。

网上购物体验不仅满足了消费者表现自我、追求个性的心理需求，而且以其便捷的购物方式带给消费者情感认同。网上购物成为人们生活的主流和必然，人们通过网络浏览就可以得到大量商品信息，并在网上购物中得到传统商店购物所没有的乐趣，轻松感、娱乐感油然而生。正如沙利文在其《零售营销精要》一书中所言："有些顾客在购买时并不太看重产品的实用性，而看重购买商品时所带来的一种快乐，也就是只在乎过程而不是结果。"

网上购物体验为消费者提供了更加丰富多彩的生活选择，网上购物必将成为 21 世纪人们生活的必然。

（三）主题餐厅体验设计

主题餐厅概念是在 20 世纪 90 年代后期在我国出现的，它给餐饮市场注入了新的活力，它将主题作为餐厅经营的一种载体，仅用主题来吸引众多顾客的注意力，强调围绕主题进行的餐饮服务带给顾客的体验，从而使顾客满意，直接影响顾客的忠诚度。主题餐厅的兴起，作为一种全新的体验形式，越来越受到顾客的喜爱，人们注重体验带给他们的美好感受。

1. 基于体验消费的主题餐厅设计

体验经济是经营者利用消费大众对于渴求亲身体验的心理需求，将原本不需要消费者亲力亲为的生产和服务过程以一定价格卖给消费者的经济活动，它追求的是消费和生产的个性化。体验经济创导一种独特的体验消费，提供给消费者一种身在其中并且难以忘怀的体验，它凝聚了体验价值，带给消费者无法抹去的印象。餐饮消费本身就是一种与消费者互动的体验消费，人们吃什么、怎么吃、吃的目的、吃的效果、吃的观念、吃的情趣、吃的礼仪、吃的环境、吃的文化等，都具有体验消费的属性。

体验消费集中体现在主题餐厅上。主题餐厅利用餐饮产品和服务提供体验，体验已成为主题餐厅提供给消费者的提供物，带给消费者一种特定的体验，满足其情感需求，让消费者在体验中寻找快乐源泉。汤米 D.A 和莉娜 M. 认为餐厅是顾客体验兴奋、快乐和自我意识的地方。主题餐厅通过体验消费让消费者产生满意度、忠诚度，消费者满意度、忠诚度的建立是其通过自身体验满足后的一种情感反应，是消费者对产品和服务的特征或产品和服务本身满足自己需求程度的一种判断。通过体验主题餐厅，顾客得到不断满足和愉悦后，同主题餐厅的关系会变得更加紧密，感知、体验、提升顾客对主题餐厅的忠诚度，为其留下体验的记忆点，唤醒美好回忆。

2. "厕所"主题餐厅体验

主题餐厅用主题来吸引大众消费者的眼球，注重消费者的体验，引发情感共鸣，引导顾客产生对产品的满意度、忠诚度，与产品建立一种友好的、良性的伙伴关系。

如今，主题餐厅越来越受到人们的重视，通过光顾主题餐厅带给人们更多的情感体验。例如，在热带雨林的原始丛林里用餐，周围是青葱茂密的森林，宏伟壮观的岩石，栩栩如生的野生动物，惊心动魄的火山、瀑布等；还有在海底用餐，用着水母形的餐椅、海星形的顶灯、珊瑚灯饰以及各种海草形状铁花围栅，隔着 10.16 厘米厚的玻璃看着鱼儿们游来游去，吃着海鲜，喝着红酒，享受着深海大餐。主题餐厅能让人们享受这种美妙而难忘的用餐经历，实在是一件很美妙的事情。

台北一家名为"厕所"的主题餐厅以马桶式的幽默吸引了大量年轻人的目光，受到不少年轻人的青睐。通过体验，餐厅带给消费者更多的是兴奋、刺激。走进餐厅，人们感觉就像是走进了厕所一样，餐厅里的一切都和卫浴有关，座位全部是由马桶组成，而桌子则是加了玻璃盖的浴缸，顾客从塑料制成的迷你马桶形的容器中进食，用挂在桌子上方的卷筒纸擦手、擦嘴，让顾客完全体验在厕所的环境里进餐。厕所主题餐厅吸引了众多目标消费群体的体验，并留下了深刻的印象。

深圳也开设了同样以"厕所"为主题的餐厅，吸引了不少年轻人的光顾，人们坐在马桶上品尝着用马桶形容器盛着的食物，餐厅里最有特色的食品叫"马桶冰一号"。是用一个浴缸一样的容器，里面放着一些汤丸、刨冰，外面还铺上一些椰果等，看起来颇有点像"排泄物"。餐厅的生意很红火，每天都会有很多年轻人以好奇的心态来体验，寻求刺激。

主题餐厅体验设计将主题体验和餐厅捆绑到一起，是一种复合式的捆绑经营模式，使消费者身临其境，带给消费者难忘的美好感受，将有效的信息传递给消费者，吸引他们注意，产生好感，唤醒消费者情感神经，诱发情感体验。

第五节　产品体验设计的方法与途径

一、基于消费者参与的互动设计

随着技术的提高，功能性问题不断被解决，产品更趋于个性化，把大批量的产品推销给用户将越发困难，取而代之的将是成品的概念随之消失，每个用户得到的是作为一个"元素"的产品，每个用户可以按自己的意愿去任意组合，得到最具个性化的产品。它们之间依靠一种标准相互联系，而又不影响各自的使用，它们可以相互组合，即使它们是不相干的产品。

在体验经济时代，产品互动参与设计表现在：一是在使用过程中的 DIY。消费者根据自己的个性购买模块化的产品部件，按自己的需要组合。二是在设计、生产过程中的大规模定制。人们的消费需求已由低层次的物理功能需求转向高层次的精神功能需求，产品的差异性、人性化成为人们选购产品的价值取向。大规模定制有效地满足了顾客的特殊需求，提供了质优价廉、充满人性的产品。

（一）产品 DIY 设计

针对产品设计领域，DIY 指当代主义设计中自己组合设计的概念。

产品的 DIY 设计可以由以下思路展开：由厂家提供组件以及连接部件，用户则根据自己的想法对产品的形态、结构进行重新设计、装配、组合。简而言之，就是厂家提供的只是半成品，是不同的部件，并且不同的部件有多种组合的可能性，最终产品的完成是在用户手中。

大家可能对一个DIY的实例都有亲身体会，那就是购置台式电脑。它可称得上是DIY设计的典型了。消费者可以根据自己具体的情况，如经济情况、电脑色彩、品牌爱好等购买自己所需的电脑配件，然后再组装起来成为一个成品。电脑坏了，只要购买所需配件即可，还可实现电脑的升级。那可是根据自己的喜好搭配出的独一无二的个性电脑，这样才会更好地体现我们的生活品质，让我们的生活在变换中创造出乐趣。

可能人们讨论最多的还是家具DIY，如报废的椅子重新组合，涂上新鲜的颜色，竟成为独具魅力的雕塑品；几个瓦缸加上盖子，摆在客厅中间就成了凳子，配上青砖地板，田园农村气息油然而生；工地上找来的一些红砖，配上一块实木板做的台面，竟成了独一无二的写字台，人们在"自己的家自己装"的诱惑下，独具匠心，用自己的个性引领着现代人的家居生活理念。

DIY思想在设计领域中的突出贡献和意义有以下几个方面。

1. DIY将刷新未来的生产模式

在产品设计方面，需要DIY介入的地方很多，因为生活空间总是需要用"我的得意作品"去填充。许多商家瞄准这一商机，纷纷开始设计、生产灵活多变的、消费者可以自由组合的产品，来满足消费者DIY需求的创造性心理。国内也有生产制造型企业开始DIY产品的生产、制造。

2. DIY将刷新未来的消费模式

把企业作为一种文化、一种新型消费与生产关系来经营，创造一种自助文化，在市场中体现的是企业的文化价值和具有文化附加值的商业价值。自助商业社会是社会的物质生产和生活水平发展到一定的阶段后的商业社会的应用模式，自助是高级物质形式与个性精神的结合，顾客的聪明才智和设计潜质，可以构成企业产品的消费出口。对于消费者来讲，通过自助家具实现自主生活。"自助——自主"这种可以延伸的意义，是DIY产品自助企业给顾客提供的价值链。通过对消费者的引导，企业和消费者的社会价值都会得到极大的提升。在商业社会中，作为一个单独的顾客在购买产品过程中的自助化，产品可以是一对一的，消费者可以在产品上打上自己的烙印，形成唯一知识产权的产品形式。通过这种方式，将个人才智与家居生活融为一体，消费者可以亲手创造自主生活，通过发挥自己的创造性来获得个性化的产品。这是DIY设计的核心理念。在这种理念下，一场新的消费革命即将到来。

3. DIY可化解标准化生产与个性化消费的矛盾

在21世纪"新经济"时代的背景下，标准化生产已经显示出它的局限性。各种各样的新的消费需求要求设计、生产、加工、销售等环节向多元化、个性化及人性化方向发展。DIY 设计理念的提出，是标准化生产方式与个性化消费方式矛盾解决的一个契机。它既可以延续标准化生产方式，又在这种生产方式上加入了消费者可以自由设计、组合、搭配以满足个性化消费需求的新的灵活多变的方式和方法。在标准化生产方式这棵老树上又"嫁接"上了个性化组合的新枝，使它得以保持旺盛的生命力。通过这种"嫁接"，标准化生产厂家和个性化消费群体的需求都得到了满足，最终可以使产品的有用性得到最大程度的发挥，同时为产品提供了充足的自由度，为消费者提供了前所未有的自由度。

这种设计方法的优势主要表现在：将消费者的意图有机地加入设计中，部分地实现了设计中与消费者的互动，同时又未抛弃大规模生产的低成本、生产周期短的优点。在满足消费者个性设计的同时，相对于大规模定制设计，它并没有加大设计师的工作负担。在产品最终废弃回收的时候，由于不同部件可以简单地分开，为回收带来了便利，可以相应减少一部分回收成本。

当然，这种设计方法也有其不足之处，主要表现在两个方面：第一，由于产品最终完成是采用拼接的方式，并且是在消费者手中完成的，导致最终产品的质量没有一定的保障，可能会产生结构比较松散的问题，同时为产品的售后服务带来不便。第二，这种设计方法针对的产品有一定的局限性，如与人体作密切接触的产品就不便使用这种设计方法，因为产品质量不确定，可能对人体产生一定的伤害。虽然有利有弊，但总体衡量，这种设计思路是具有一定的现实意义的。

设计不仅是设计师和生产厂家的工作，而且应该是由设计师、生产厂家、消费者共同完成的作品。通过消费者参与设计，一方面可以使消费者的创造性得到进一步发挥，另一方面使设计师、生产商和消费者形成一种和谐互动的生产方式，信息反馈灵敏度提高，从而达到进一步推动设计发展的目的。通过消费者参与设计，可以创造出一种全新的生活方式，营造出一种创造性的和谐氛围，使设计向和谐、互动、共生的方向发展。

（二）大规模定制设计

大规模定制是一种崭新的生产模式，它结合了大规模生产和定制生产两种模式的优势。在不牺牲企业经济效益的前提下，以大规模生产的低成本和短交货期提供定制化的产品，满足客户个性化需求。

然而，上面提及的 DIY 设计并不等于量身定制。DIY 产品的组合配置是指先生产出多种类的产品组合配件，多渠道地推向顾客，以期顾客来挑选他们，顾客可以根据自己的个性化需求，拼合组装成自己所需要的具有一定功能的产品。这可以看作大规模生产对日益细化的购买需求的适应。而量身定制是指根据顾客的特殊个性化需求生产一种产品卖给消费者，消费者不需要自己动手组装成成品。

对于大规模定制设计，公司必须将顾客的需求信息及时反映到生产中去，以实现有效率的适应需求而进行的生产，将传统的供应链转变为需求链。切记，定制意味着为每一个顾客在其需要的时刻提供需要的商品和服务。尽管大规模定制化服务需要较大投资，如工艺、培训、购买技术等，但其最终成本却与大规模生产相当，甚至更低。

如今，体验经济时代对大规模定制设计在企业中的实施赋予了充分条件。

1.市场条件

在21世纪"体验经济"时代的背景下，标准化生产已经显示出它的局限性。人们发现现在的竞争形势已与过去的大规模生产时代完全不同。

那时的产品是标准化的，市场是统一的，产品生命周期和开发周期也比较长，一切都是有规律的。如今，多样化的市场从统一市场中迅速成长，多样化和定制化的产品代替了标准化产品，产品的生命周期和开发周期日益缩短，客户（无论是消费者还是企业）的要求也越来越苛刻，他们希望获得真正是他们所需要的产品或服务。同时，随着工业的进一步全球化和集中化，竞争日益激烈，要求成本也越来越低。过去，企业通常采取的策略不是追求低成本，就是追求高度的产品多样化，围绕着错误的二分法建立大多数模型。今天，企业越来越发现，他们必须采用既能提高效率又能实现定制化的策略。以往企业不是大规模生产标准化的产品（或针对该产品的服务），就是以高成本生产多样化的产品，而现在他们发现实际上可以采用最佳结合这两种优点的新策略，即大规模定制产品和服务。

因此，市场竞争会推动企业寻求差异化战略，获取新的竞争优势。同时，市场中的个性化需求又起到拉动企业实施大规模定制模式的作用，这种推拉的合力是企业转变生产模式的外部市场条件。

2.技术条件

大规模定制设计所要解决的关键技术问题，就是大规模定制设计中的信息处理和产品模块化问题。

大规模定制生产模式的实施需要依赖以互联网为代表的现代信息技术，也只有当互联网等信息技术充分发展、电子商务得到普及时，大规模定制生产模式才会充分发挥其优势。

大规模定制与电子商务有着紧密的关系，电子商务为客户提出定制要求提供了方便、快速的途径，是定制企业与客户进行"一对一"对话的有效手段。面向大规模定制的供应链是基于互联网的供应链，供应链中各节点（包括各层次的供应商、制造商、第三方物流、销售商等）通过互联网技术相互连接，加速信息在各节点之间的相互传递和共享，使从客户订单的获取到定制生产的分配能够在瞬间完成，从而提高供应链的敏捷性。互联网技术的发展给汽车制造业实施大规模定制生产的战略，在激烈的市场竞争中求得生存和发展带来了前所未有的机遇。互联网技术可以使分散化的、小规模的汽车企业有机地集成起来，一方面，使各企业具有较大的自主权，有利于发挥他们的积极性和创造性；另一方面，使各企业的知识、信息和制造资源得到充分的共享，降低产品的开发成本。大规模定制设计的核心思想就是模块化设计。模块化设计是工业设计精神的体现，是工业设计精神的具体化，是系统地看待设计的产物。它在强调产品功能的同时，扩充了产品的外延。模块化设计注重每个用户的选择，不把任何不切实际的东西强加给用户，同时在精神上让使用者感到设计对自己的保护。

产品模块化设计涉及两个基本过程，即模块创建和模块配置过程。模块创建是依据某种标准把产品创建成以模块为基本构成单元的过程，是模块化设计的前提和基础；而模块配置是在综合分析客户需求的基础上，在产品设计约束的调控下，通过对不同功能、性能的模块组合的可能性及合理性进行评价，进而配置出满足客户个性化需求产品的过程。

在产品设计中融入模块化设计思想，采用标准化的模块、零部件，减少定制模块和定制零部件的数量。同时，在制造过程中充分挖掘产品的共性成分，尽量采用标准的生产环节，减少定制环节。模块化设计是指把产品的结构设计成许多功能相互独立的模块，各模块可以容易地装配成不同形式的产品。因此，模块化设计把产品的多变性与零部件的标准化有效地结合起来，充分利用了规模经济和范围经济的效应，在产品设计中，模块化水平越高，定制产品中模块和零部件的标准化程度也越高。

3. 管理条件

实施大规模定制要求企业彻底改变传统的管理思想，对企业业务流程进行重组与优化，实行供应链管理。在大规模定制中，为了快速、集约地向客户提供定制化的产品，企业各部门（设计、采购、制造、装配和销售等）都应该打破本位主义的观念，以保护企业整体利益。此外，在大规模定制中，单个企业的能力是有限的，大规模定制企业必须与其供应商建立起战略合作伙伴的关系，共同来满足客户的需求。现代供应链管理应以满足最终用户为目标，集成供应链各环节，保证物流、信息流、资金流的畅通，实现整个供应链的优化。因此，许多企业巨额投资于大规模定制，却以失败告终，其主要原因在于供应链各环节没有协调一致，导致成本的大幅度上升和效率的大幅度下降。

4. 人员条件

高素质的员工是企业实施大规模定制的动力源泉，也因此对员工提出了新的要求。

在大规模定制中，随着信息化技术和先进制造技术的引入，员工的工作性质逐渐由传统劳动密集型向知识技术密集性转变。在大规模定制企业中，各生产阶段的集成，使传统意义上严格的分工界限逐渐模糊，部门的融合使员工的工作范围和内容扩大了，需要员工了解其他岗位或部门的工作内容和技能，成为多方面能手。此外，随着产品种类、产品技术和制造技术的加速发展，员工的技能寿命周期越来越短。因此，在大规模定制企业中，员工需要掌握不断发展的新技术、新知识，不断提高员工工作的能力和沟通技巧，善于与他人合作，不断创新。大规模定制组织是一种"学习型组织"，其竞争优势在于根据不断变化的环境和条件进行学习和创新，拥有比竞争对手更快的学习和创新能力，而这一切只有靠高素质的员工和工作团队才能得以实现。

大规模定制要求对大规模生产的一体化设计进行变革和重组，以便企业能够快速响应客户需求，缩短产品生命周期。大规模的定制设计分为两个部分和环节，即产品模型的建立和快速的产品设计。

产品模型的建立是针对产品族进行的建模过程。产品规划通过对市场及客户需求的调查与分析，确定客户群及共性需求；产品族建模在产品规划基础上对产品族功能原理方案进行设计，最终形成可变型的产品模型，建立完善的变形机制。产品的快速设计结合客户的定制需求，在可变型产品模型基础上，通过产品的选型和或配置设计或变形设计，最终提供满足客户要求的产品实例。

大规模定制设计是制造业发展的必然趋势，是未来生产的主要模式，它是大规模生产和定制生产相结合的产物，它提供了消费者个性化需求的产品和服务，提高了生产效率，融会于订购、开发、设计、制造、销售和交付使用的整个过程。

体验经济时代，消费者在通过企业 DIY 设计和大规模定制设计模式下接受体验产品提供的个性化服务的同时，也在根据自己的生活需要和审美需求，不断调整产品的组织结构和机械性能，在一定程度上参与产品的使用方式及功能设计，满足自我的审美体验。

二、强化设计的主题思想

产品的造型是社会文化、经济、技术发展的索引，任何一个时期的产品形式都体现着那个时期的人们对情感的释放与需求。确立文化性主题的造型方法就是为避免产品造型盲从技术等因素的制约，避免产品造型设计的同质化，追求设计思路的主动性，以突出产品品牌的鲜明特色。

（一）形象主题与造型

形象主题是指人们直接选择物的自然属性或直接形象的意义作为造型的文化性主题，并由此确立物的固有形态或姿态作为产品造型的依据。

工业设计是含有形象思维的活动，设计的过程就是将设计概念、文化物化的过程。确立设计概念的过程，实际上就是将想象阶段的大量的形象提炼概括的过程，在这个过程中，最重要的是要将设计概念与艺术形象结合起来，本着"典型"与"形象"的原则，提炼设计概念。"典型"是指对象本质的体现，具有代表性；"形象"是指形象地反映事物本质特征，艺术感强，这两点是工业设计的根本。

菲利普·斯塔克这个设计界的奇才便是将这种命名方式用在产品上的杰出人物。他的每件产品都被赋予了名字，像"Blis 先生""Boom Rang""茜茜女士"等。如果给产品起个名字，就像给孩子起个名字，隐藏在产品背后的故事、希望、梦幻便呈现在使用者面前。通过名字，使用者与设计者之间就建立了牢靠的统合感，产生一种不寻常的亲昵关系。用更诗意的文字创造设计出迎合人们浪漫心态的更讨人喜爱或者是能引起人们强烈感受、引起美好回忆的产品意象，这可说是市场营销的一种策略，在为产品加上名字后能引起人的注意。

可见，确定形象主题的方法是造型设计的捷径，只要明确主题的文化性语义，根据主题提供的形式内容，就能找到最适合的形象作为产品的原创造型依据，从而使产品形式具有一定的鲜明性与逻辑性。

（二）意象主题与造型

意象主题即意境主题，是指通过对物属性的外延描述产生的主观意识联想，不具备直观的形象依据。人们对意象的联想是受到物呈现出的具体形状、姿态、结构、材料、色彩的影响而产生的，所以意象主题的造型依据最终还要回到物固有属性的描述上。它往往要考虑技术、经济、社会、人等多方面因素，模拟外部因素可能发生的多种交叉情景以分析和预测各种可能前景，然后用类似于写剧本的手法，对系统发展趋势做出自始至终的情景和画面描述。可见，意象主题更侧重于"意境""氛围""联想"的创造。

星巴克咖啡，其名字"星巴克"源自小说《白鲸记》，小说本身讲的就是一个探险的故事，这样它与星巴克探险家主题故事不谋而合——探险征途上随时会遇到风险，随时会风云突变。星巴克定位于独立于家庭、工作室之外的"第三空间"，将一种"体验式消费"上升到文化的高度，成为一种"主题""文化"的载体。它暗示人们可以暂时脱离单调、烦闷的工作，到星巴克去体验新的惊奇与兴奋。星巴克不仅是咖啡，还能够带给人们一种附加的心理信息，有种原型的力量吸引人们回到故事的情景中去。因此，星巴克的各个细节设计包括"道具"产品的设计和室内设计等都极力突出设计的文化主题和意境。

又如，人们对苦、辣、酸、甜的味觉不能进行直观的形象描述，但由于这些味觉是通过人接触具体食物产生刺激得到的经验，因而当描述这些味觉时就会回到对具体食物的描述上，通常用红辣椒的红色表现辣的概念，用柠檬的黄色表现酸的概念等。

总之，主题与造型是相互依赖、相互解释的关系。有了文化性主题意义的支持，找到适合的形作为原创造型的依据，再结合使用行为、生产可行性条件的限制做进一步调整，对于体现产品造型的细节处理也就非常明确了。

三、整合多种感官刺激

一种体验越是充满感觉就越是引起记忆和回忆。为使产品更具有体验价值，最直接的办法就是增加某些感官要素，增强使用者与产品相互交流的感觉。体验设计的关键因素就是增加产品的感官体验。人们的视网膜、耳朵和神经细胞每天接收到无数的产品信息，因而有效地增加感官刺激能使人们体验更加鲜明，产品更容易被感知，从而促进产品与人之间的互动与交流。利用视觉、触觉、听觉、嗅觉、味觉五种刺激能够产生美的享受、兴奋和满足，激发顾客的购买欲，增加产品价值并有效区分产品。

因此，把握体验的关键在于强化人的知觉能力。对于产品而言，能够加强人的感知能力的是有吸引力的产品，有吸引力的产品就像在召集某个人，引诱着某个人，它不仅是通过展示和服务来表现其魅力，更重要的是通过自身的形、色、质来表达。

（一）体验设计中的视觉传达

视觉捕捉产品的颜色、外形、大小等客观情况，产生包括体积、重量和构成等有关物理特征的印象。视觉所见使人们对物品产生一定的主观印象，如黄金贵重的外表、钢铁结实的功效、铬钢精密的形象等，所有这些理解都源于视觉，并形成体验的一部分。

德国心理学家、艺术理论家鲁道夫·阿恩海姆认为，"色彩能够表现感情，这是一个无可辩驳的事实"。因此，"色彩是一般审美中最普遍的形式"，色彩成为设计人性化表达的重要因素。在设计中，对于色彩的运用已经成为设计师的重要语言形式。色彩与形态恰到好处的配合，能够给视觉感官带来独特的享受及心理上的全新体验。

随着产品的消费群体和阶层的扩大，数亿中国消费者地位不同、身份不同、性别不同、年龄不同、民族不同、地域不同，必然对工业产品外观色彩表现出不同的喜好。年岁大一些的人比较喜欢产品色彩高雅、庄重、大气；上班族比较喜欢明快、清新、大方、典雅的色彩；年轻女性比较喜欢纤丽、生动、活泼、富有装饰美和曲线美的色彩；儿童比较喜欢对比强烈、近乎随意涂鸦的色彩，他们不讲用色的规律、技法，那种中规中矩的色彩设计显然无法赢得儿童的青睐。探讨研究不同产品消费者的心理特点、审美情趣，把握他们对色彩感知的规律、特点以及消费取向，对消费群体进行细化，特别是对文化和情感因素不同的群体进行细化，进行针对性的色彩设计，把他们最喜欢的色彩适时地呈现在他们面前，有了细致入微的针对性，产品就拥有了市场。

（二）体验设计中的触觉传达

触觉在希腊语中的意思是"抓或摸"，皮肤是人体最大的感觉系统，其重要技能就是感受刺激、传递信息并及时报警。因此，作为产品的使用者，通过触觉感知的产品信息相对于其他感官更加丰富和具体，对于产品质地和功能的理解也更加深刻。

触觉同视觉一样有助于人们形成印象和主观感受，产品设计中触觉语言的使用也可带来体验的价值。触觉较视觉更加真实而细腻，它通过接触感觉目标，获得真切的触感。通过触觉，我们可以传递关于产品价值的细微信息：或凹凸不平的沧桑，或坚硬冰凉的冷峻，或丝滑柔顺的高雅。我们可以发现，人们在服装设计上逐渐偏好天然纤维的面料，或是崇尚以身体感觉为中心的自然设计风格。这正是为满足人们渴求与自然相融合的心理而产生的体验设计的一种表现。

对触觉影响最大的莫过于材料。材料的变迁代表着时代的更替，同时引领着设计潮流。从风靡一时的镀铬铜材料到亚光铝合金材料，再到色彩丰富又有良好视觉效果和触感的塑胶材料，高雅的质感替代了冷峻的外表，以靓丽视感与柔和触感为特征的材质动摇了硬质材料主宰天下的局面。

受虚拟技术的影响，感官领域的研究越来越深入。例如，在视觉传达的过程中融进了触觉感受，即"视触觉"，这一独特的感官领域正备受重视。在产品设计中，产品的形态引起的不仅是视觉效果，还可以是通过形态传递某种触感。

（三）体验设计中的听觉传达

作为产品价值的另一"代言人"，声音也扮演着很重要的角色。产品通过听觉与顾客沟通，这是一种其他感觉所不能替代的方式。美国《华尔街日报》曾经刊登过一篇名为《声学是豪华轿车的前沿》的文章，里面讲述了豪华汽车行业为了追求卓越而对声学工程的开发利用。像宝马、奔驰、林肯这些公司都力图给顾客一种更好的体验和满足，这些公司希望在外观、性能、感觉上几乎一致的豪华汽车中，自己的产品能有所不同。声学工程师倾听着高速运转的发动机和摆动的挡风玻璃雨刷发出的声音，以确定与其品牌相匹配的声音。例如，宝马发动机发出赛车式的咆哮声，似乎成为一种品牌的声音，同时宝马也将消除杂音作为品牌的体现，工程师经过几个月的测试，消除了摆动的挡风玻璃雨刷发出的声音，体现了宝马公司对完美的孜孜以求。他们还在研究可以发声的方向灯，宝马公司的一位声学工程师承认，可能没有人会因为方向信号的声音而买一辆车，"但是，这是我们要创造的感觉中不可或缺的一部分"。他说："起决定作用的就在于这些细微之处。"这些或许就是宝马汽车能给人带来无与伦比的驾驶体验的原因所在。

（四）体验设计中的嗅觉和味觉传达

嗅觉给人带来的感觉是独特的。据研究，嗅觉给人带来的印象在记忆中保存的时间是最久的。一种气味能唤起人们深藏记忆深处的情感，或勾起对苦涩的童年、慈爱的祖母的回忆，或是对曾经的一段温馨甜蜜爱情的回味。然而，不是所有的产品都会散发出香味，如果能将香味融入体验设计中，那么它一定会为产品增添不少的乐趣。味觉是最难以融入体验设计的一种感官语言。一旦产品是不能入口品尝的，那么味觉也就很难融入体验中去。事实上，设计就需要创新。为了发掘更多的体验，设计师在设计中也应试着找出办法把味觉带入人们的体验之旅。缤纷的色彩、优美的声音、诱人的芬芳分分钟抓住产品最容易被感知的部分，充分利用感官特性来设计产品，将会使产品更富有吸引力。体验本身就是最真实的，融入体验的产品带来的不仅是功能上的满足，更多的是心理上的愉悦。

四、抓住使用者的认知心理体验

体验式设计可以说就是创造难忘的回忆，产品设计必须站在使用者的体验角度来构思，设计师不能像过去一样仅满足于自己怎样把它做好，而是要考虑使用者看到它、使用它时，会产生什么样的感受。为此，设计师应更加注重对使用者心理需求的研究和分析，以达到主体（人）对客体（物）的准确体验。

（一）概念模型

人的大脑是一个绝妙的理解器官。人们总是在试图理解周围的一切。最令人沮丧的情况是，在一些变化无常、毫无规律的物品面前，人们费力地找寻其使用方法。更糟糕的是，人们一旦不明白，就容易出错。

要想明白某些物品的使用方法，我们就必须知道该类物品工作原理的概念模型。优秀的设计依靠设计人员和用户之间的交流，只是这种交流要靠产品来体现。产品本身必须能够说明问题，即使在控制器的位置和操作方法之间也需要一个概念模型。位置和操作方法之间应当存在自然、显而易见的关系，使用户一看就明白每一个控制器的功能。如果设计者没有提供这种概念模型，用户只得自己创造，结果便容易出错。概念模型是优秀设计中的一个关键环节。

（二）信息反馈

显示操作的结果也是设计中的一个重要方面。如果没有反馈，用户便总会琢磨自己的操作是否产生了预期效果：或许按键时用的力不够；或许机器已经停止运转；或许出现了操作错误。因为没有反馈，用户会在不合适的时间关闭或是重新启动机器，从而丢失刚刚完成的工作；或是重复指令，使机器操作两次，造成不利后果。因此，信息的反馈在设计中至关重要。

（三）限制因素

要想使物品用起来非常方便，几乎不出错，最牢靠的方法是让该物品不具备其他功能，从而限制用户的选择范围。例如，为防止用户在使用照相机时，把电池或记忆卡插错位置，导致机器受损，就应在设计时使这些部件只能有一种插入方式，或是设计出不论怎样插都能正常工作的相机。

（四）匹配原则

"匹配"这一专业术语是指两种事物之间的关系，在此特指控制器、控制器操作及其产生的结果之间的关系。自然匹配是利用物理环境类比和文化标准理念设计出让用户一看就明白如何使用的产品。以汽车为例，要想把车往右转，你就需顺时针转动方向盘（将方向盘的上方转到右侧）。用户此时必须辩明两种匹配关系：在众多控制器中只有一个负责汽车方向；方向盘不是往左转就是往右转。这两种匹配关系都有些随意性，但用户会很自然地选择方向盘和顺时针方向，因为他们和所需操作结果之间存在紧密可见的匹配关系，信息反馈也很迅速，用户很容易记住，且永远不会忘记这种匹配关系。

室内电器的布局设计也是一样，如电风扇、灯具等的安装布局设计也必须遵循一个匹配的原则来进行，哪一个开关控制哪一个风扇，都必须有明确的匹配关系存在。例如，开关在墙面上的布局应与风扇在天花板上的布局在平面图形内是一致的对应关系，若风扇的平面布局是水平布置，那开关的布局也就应该符合这种布局原理，这样才会符合用户的认知心理，匹配关系就出来了。

设计要抓住消费者的认知心理可以通过以下方法和途径。

（1）观察法。观察法是心理学的基本方法之一，是指在自然条件下，有目的、有计划地直接观察研究对象的言行表现，从而分析其心理活动和行为规律的方法。观察法的核心是按观察的目的确定观察的对象、方式和时机，观察记录的内容应该包括观察的目的、对象、时间、被观察对象言行、表情和动作等。另外，还有观察者对观察结果的综合评价。观察法的优点是自然、真实、可靠、简便易行和花费低廉；缺点是被动地等待，并且事件发生时只能观察到怎样从事活动并不能得到为什么会从事这样的活动。

（2）访谈法。访谈法是通过访谈者与受访者之间的交谈，了解受访者的动机、态度、个性和价值观的一种方法。访谈法分为结构式访谈和无结构式访谈。

（3）问卷法。问卷法就是事先拟订出所要了解的问题，列出问卷，交于消费者回答，通过对答案的分析和统计研究得出相应结论的方法。问卷包括开放式问卷、封闭式问卷、混合式问卷。问卷法的优点是短时间内能收集大量资料，缺点是受文化水平和认真程度的限制。

（4）实验法。实验法是有目的地在严格控制的环境中或创设一定的条件的环境中诱发被试产生的某种心理现象，从而进行研究的方法。

（5）案例研究法。案例研究法通常以某个行为的抽样为基础，分析研究一个人或一个群体在一定时间内的许多特点。

（6）抽样调查法。抽样调查法揭示消费者内在心理活动与行为规律的研究技术。

从消费者的感觉、知觉角度而建立的设计思想主要是为了弥补"以机器为本"设计思想的缺陷。传统的设计注重功能与结构设计，忽略了人与物的关系或人与机器的关系，忽略了操作员（用户）的心理过程，迫使用户花费过多时间和精力学习操作，造成精神过分紧张和操作事故，这样消费者在使用过程中非但没有获得愉快的体验过程，而且这样的设计还会给消费者带来苦恼和麻烦，面对一堆各式各样的产品而无所适从。可见，在产品整体概念中所包含的心理因素越来越重要，这种心理因素将越来越多地成为产品设计成败的关键性因素。

第六节　体验型产品的设计流程和消费心理机制

一、设计流程

产品设计并不是单独的设计师完成的设计活动，而是一个系列活动组成的环节，有设计构思、市场调查、设计实施等步骤。一般产品在设计阶段需要设计开发者对产品的功能和大致模样有所定位和规划，结合需求进行构思，然后在定位清晰的基础上对产品细节部分做更加详细的制定。这一阶段设计的工作从流程上着重于产品的三个环节的工作。

第一个环节是对产品设计进行定位，解决产品核心功能的问题。参与者有企业的决策者以及其他运营部门如制作部门、营销部门，当然还有重要的设计者，设计者要发挥自己的知识和专业技能，在企业发展战略的视野下，融合多部门要求和消费者口味，对产品的功能进行概念层面的设计。此环节花费的成本主要是在设计工作的前期投入和设计构思上。管理者不仅要组织管理一个设计团队，而且要让设计师能够在管理者提出设计要求之前，对企业愿景目标有清楚认识，所以需要通过问卷调查、观察等手段对消费者的需求有所把握，形成具有市场趋势预测性质的观点。同时，对政策、技术这些外部条件要有所分析，它们是产品设计重要的制约因素，还要对产品在市场中同类相似产品的状况做一个全面的了解，所谓"知彼知己，百战不殆"，并由以上分析结论得出产品将来在市场中的可行性，继而要对将要生产怎样的产品有文字呈现，回答产品提供怎样的功能。

第二个环节是对产品具体形态的设计，包括外观、色彩、造型、结构、材料等方面的设计。这部分的工作重点和成本耗费在于设计师对以上设计因素的规划、产品绘制。此环节虽然企业各部门有参与，如提供意见和提出产品要求的一定范围内的改动，但主要是设计师完成该环节的重要工作。

第三个环节就是设计成形和评估。具体设计完成后，已经能够见到产品模型，通过对模型的使用反馈提出修改建议，直至在产品试验后才可以敲定设计方案，为投入大规模生产做准备。

体验型产品的设计中，第一个环节的产品功能和设计构思重点，除环境分析等一系列对市场有深入了解的必要环节之外，提供体验内容的构思会是此环节工作的重要部分。体验的无形性使体验型产品的功能需要耗费更多的成本在设计者对消费者体验感受的认知和分析上。设计者和企业各部门在自身文化科技知识的积累基础上有个阶段，这个阶段产出的是一个某种符号的概念描述。该产品的内容将要提供一种可供消费者接受甚至交换的信息，让精神价值渗透在信息里。设计师在此阶段不断问自己一个问题，就是某样体验型产品被消费的过程中，消费者会感到什么信息，得到了精神上的哪种满足。根据马斯洛需要层次论，体验型产品可以为消费者提供的社交需求、尊重需求和自我实现的需求，在消费时消费者想要获得如某种身份的自我认可，某种新奇的经历，某方面的认知等精神上的收获；或者根据不同体验类型，产品满足消费者求知、游乐、遁世的体验。设计者在掌握这些信息、知识、文化背景之后发现某种体验需求，从这种需求角度出发构思一个创意内容，这个创意可以是一个故事或一个营造气氛的想法。体验的设计构思是一个以人的情感和需求为重点，以消费者感官、心理的体验结果为核心的设计环节，这就是体验型产品在设计构思方面与一般产品最大的不同。

体验型产品设计的第二个阶段仍然要把这种构思具体化，找到用什么样的技术手段和形态方式来体现，哪些形式哪种途径最有利于消费者达到最好的体验结果。

第三个阶段是体验型产品设计评估阶段。体验的主观性使产品的设计在评估和反馈之中。设计者可以验证产品是否符合消费者的意愿，设计的初衷与效果之间的差距。因此，体验效果的验证和反馈因此十分重要。一些体验型产品的价值创造是由消费者参与进来的，由于这个产品产生特殊性，设计者在设计之初就要考虑消费者参与进来的活动展开，提供什么制约条件可以使体验的最佳效果达成。整个设计过程中，管理者的作用就体现在综合企业战略发展的目标、市场销售意见和开发者创意创想，搜集市场数据，对设计的记录以及调整，协调设计者艺术追求和市场需求的关系，做设计活动和管理的统一工作等方面。

二、体验型产品消费心理机制

在心理学中，心理机制是将描述对象变更为人的某种心理现象，是对心理现象的发生原因、过程和结果的阐释，是对心理运行的方式的解释。心理机制是心理反应，因而分析心理机制要在一定的环境背景和客观条件下进行，还要对其中的影响要素有全面的把握，找到每一个能够影响人心理活动变化的要素以及要素之间的连接关系。不同机制的结果都可以从这些因素和因素连接方式中找到存在的合理性，也就是说，固化了的因素相互之间的关系就是这类心理机制的模式。

体验型产品的消费心理机制就是说明消费者在消费体验型产品时受到哪些因素影响，还有这些影响消费者体验的因素之间的关系是怎样的。对消费者消费体验型产品时的心理机制进行剖析是对体验型产品设计创新的基础。体验型产品是作为商品在市场中流通产生价值的，如上文所说，产品本身和产品消费过程都会对消费者的体验产生直接的影响。因此，消费体验型产品的心理机制应该包括两个内容：一是分析消费者在消费活动环节中的心理机制；二是分析消费者进行产品消费时产生体验的心理机制。二者不是绝对割裂的两个心理机制，前者是后者的条件，会影响消费者对产品的购买欲和服务体验评价，而后者的机制中，体验作为消费结果会直接作用于再次消费和推荐他人等行为消费后的行为活动，是直接导致消费者对该体验型产品是否保持高忠诚度的重要原因。分析体验型产品的消费心理机制是产品设计创新的入手点，从心理机制中可以发现哪些因素会对消费者消费体验型产品的兴趣和过程有影响。

（一）消费心理机制

笔者在对消费现象和体验型产品消费者的文献进行提炼的基础上，通过观察法对各种消费者行为和现象中的心理机制作一个精炼的过程总结。

首先是体验消费动机的产生。消费者具有某种诉求，出于某种目的或受到某种刺激对一个体验型产品产生了渴望，想去实现消费行为就是消费的动机。消费动机的产生离不开商家的激发手段，是外部条件刺激带来的外部动机，起到消费者对体验型产品需求的助推作用。营销学中有一个观点，消费者实际上并不知道他到底想要什么，在消费者消费行为发生之前，他们对自己的需求认知是模糊而笼统的，商家则负责搭脉，透过这种不清晰的、含糊的需求，为他们量身定做能够吸引市场注意力、击中消费者内心需求的产品。消费者内在的需求会为其提供根本性的消费动机，对体验的需求和渴望是体验型产品消费得以实现的根基，并且这一内在动机还影响着体验效果。人类对未知的事物有着天生的好奇心，人类发展的历史上总是有第一个吃螃蟹的人为后来的人开辟道路。人有拓展自身能力和改造大自然的动力，这种动力把人类的活动领域从地球发展到外太空。而这种孜孜不倦的求知欲放在个体身上就表现为根据自身不同的兴趣产生的好奇心和探索行动，以及对掌握新信息和新技能产生的动机。结合自我决定理论和马斯洛需求层次理论，人在自己已经能够充分胜任及掌控的基础上，对更加新奇的事物，对更能体现个人特征的事物会产生浓厚兴趣，这就产生了体验这一内在需求。在动机环节，引起消费者注意力的一系列手段是影响这一环节的关键因素，引人入胜的营销对勾起消费者内心对该产品一探究竟、亲眼看见起着至关重要的作用。

其次是特定消费环境中体验的生成。消费行为发生时的环境对消费者心理的影响重大，应该注重营造围绕产品的服务留给消费者的印象方面，如消费者要参与互动的产品，互动过程的顺利与否，产品能否合适地引导消费者探索新鲜的体验项目和产品，又不因面对的是陌生的事物而产生不悦的陌生感。消费者在消费过程中接触到的每一个细节都给他们留下愉悦的记忆。根据已有的实证研究，在体验性消费结束后，消费者对消费具体的细节虽不能完全描述，却因为获得了一个整体的完美体验印象而判断体验的满意度。在香港迪士尼乐园应用了汉语、英文和粤语三种语言。乐园中有一项名为《史迪奇之旅》的互动游乐项目，需要观众根据自身掌握的语言互动玩乐。如果检票时发现宾客并不掌握即将体验的项目中所用到的语言，工作人员就会尽力劝说宾客改下一场或者下次再来游玩，以免在互动过程因语言不通无法与项目中的人物顺利互动而失去游乐本身的体验效果。虽然这个环节是工作人员为保障项目体验效果而进行的劝说举动，但却是充分从宾客全面的快乐体验角度出发的服务。可见，在消费环境这一环节中，商家控制和保证体验效果和体验目的的达成是其重点，以此为核心的服务细节、客观环境设置是体验型产品的客观条件。

最后是消费结束对产品的价位评价。消费结束后，消费者会对自己的体验结果有所评价。这个环节是根据前两个环节，尤其是上一环节的体验而产生的，是消费者经过反刍回味和思考后的结果。然而，这不意味着在消费互动即将结束时不能影响评价，可以利用消费者最后留有回忆联想的时候给消费者一个完整的优质体验，避免产生人走茶凉的尴尬效果。

（二）体验产生的心理机制

在消费体验型产品时，消费者最核心的价值是在消费者对体验型产品直接接触过程中产生的。这个产生过程也就是体验产生的心理机制，是探究消费者面对产品消费时的心理现象成因的最重要的部分——体验的产生受哪些因素的影响，这些因素之间的关联是怎样的，要用什么样的方式进行组合，采取怎样的比重。当解决了以上问题，体验型产品的设计创新问题便顺势而解，内容设计创新、技术创新、营销创新都基于心理机制来找到正确策略。

1.体验与其他精神活动的异同

体验作为一种精神活动的结果，与审美、欣赏、创造等无形的人类活动有共同之处。这些活动都要求主体具备一定的认知积累和接受对象的能力，并且对象是处于一个主体可接受的文化背景和某个特定的语境下呈现的，主体在对其作用对象的感官接受之后进行了一些心理活动，在对象中获得了某种心理的升华，如艺术品欣赏的心理机制，是通过对图像的视觉活动的重新构建认知的一个再创造活动。欣赏者调动自己积累的知识、生活经验以及审美经验，在其可触及的欣赏水平上发挥自己的欣赏能力，对艺术品解构，进而有感受有所悟，分析艺术品的艺术性和价值，然后重构并内化为自我的感受，在心中留下自己的意象，整个过程如同对信息的编码和解码。体验也要经过一个编码和解码的过程，才能在体验者心中产生。但要注意，消费体验型产品时的体验与这些精神活动又不完全相同。

首先，消费产品时体验的目的性很强。其次，体验时的主动参与性比较高。人们的欣赏审美互动往往始于一个接收信息的过程，在心理上处于一个被动接受状态。而消费时的体验产生有时则在猎奇欲望驱使下，吸引体验者积极探索地参与到信息的编码中，消费体验型产品的参与度比较高。再次，体验的求异度很高，内容和内容采取的呈现形式都要有创新。艺术的欣赏审美追求在意境中达到物我相融的境界。根据艺术审美理论，意境来自人的内模仿和移情。内模仿是说主体和客体间的双向交流，主体因为客体的一些特征和形态而产生与之呼应的感情，如看到高大的建筑，人会油然而生对庄严肃穆庞然大物的崇敬感，看到涓涓细流，人会产生亲近大自然的清新感觉。移情就是主体将自己的感情投射到客观事物上，如人们会感时伤怀，伤春悲秋。最后，与意境产生方式不同，主体对体验型产品进行体验的过程是接受以活色生香的方式呈现的内容，体验型产品是为刺激体验者产生明确的某种情绪和感情的发生源。

2.体验产生的心理机制

体验的产生要经过以下心理过程：体验期望 —— 心理预设 —— 信息加工（感官刺激、心理刺激）—— 记忆重构 —— 认知产出。

（1）体验期望。在直接面对一个体验型产品以前，消费者对其认知并非一片空白。无论是听其他消费者口口相传还是被广告或推销所吸引，接受种种渠道中得到的信息综合出一个大致的体验效果期望，消费者对这种产品的价值在心里已经有一个粗略的判断，他可能从这件产品中获得他所希望的核心价值，某种独特的体验，如果体验获得最终效果符合了他们的期望，这件体验型产品可以说是物超所值的，反之亦然。

（2）心理预设。心理学研究认为心理预设是一种语言预设，这种预设会牵引人的注意力，人们面对新事物时总会依靠过去的经验和类似情况的印象来得出自己的判断和投放自己的情感。这种心理预设一方面使人容易进入一个思维定式中，另一方面却可为设计者和营销者所应用。体验型产品的消费者对要体验的产品的背景相关内容的了解，会影响体验型产品的消费活动，这些信息有些是消费者被动了解到的，有的则来自消费者本身旧有的体验，而无论这种预设是出于主动还是被动，都对消费者的情绪起到先入为主的影响和作用。例如，迪士尼乐园中的娱乐项目以及场景布置，都是根据过去获得影响力的迪士尼动画片中的故事情节设定的。游客在进入迪士尼乐园以前已经有了动画片中快乐的印象，相似的场景从卡通世界中走进现实世界变成真实的场景，就把游客带到了过去快乐的印象中，在游客未真实体验娱乐项目之前就产生了过去在相似的情境下习得的情绪。

人们在迪士尼乐园中置身于一个魔法世界的氛围中，他们的耳朵听到的是熟悉的米奇进行曲和阿拉丁神灯的主题曲，随处可见穿着魔法世界卡通服装的工作人员，他们随时为游客服务，还有设计精妙的便签指路牌，空气中飘散着米奇指挥交响乐时音乐厅里充斥的香槟香气，乐园充分调动了游客的五官，使他们对内容的感受在脑中的时间尽可能地延长。当夜幕降临，游客的眼睛会被温馨的小镇彩灯所吸引。还有一个例子就是提起电影院我们常常和爆米花联系在一起，甚至国外有一个恐怖片奖项被命名为"爆米花"奖。这是因为爆米花作为看电影休闲娱乐时习惯成自然的零食，它的味道、它的存在已经具有了标志性的意义，如果有一天观众排队买票时闻不到爆米花的香气，一定会觉得缺乏了消费的生活环境。

（3）信息加工。正如其字面意思所言，是人对面前的体验型产品所呈现出的信息进行加工的环节。这一环节包括两个递进部分。首先，人的感官对体验型产品有所感知和感觉。其次，人的思维对所感之物带来的刺激有所认知和分析。感觉是人接受事物的起点，人的官能在视觉、听觉、嗅觉、味觉、触觉等方面发挥作用。日常生活中，人在这几个方面的官能受到刺激，人产生相应的反应，通常是几种官能综合在一起共同发挥作用，人们从一个需要运用几样官能的产品上，根据以往经验，产生一种综合性的美感体验。从设计者角度来讲，设计者再精妙的设计构思都必须实现在具体可感的事物上才能被消费者所接受，这考验了设计者表达的能力。消费者接触到的体验型产品必须以实物为载体，载体的材料、重量、尺寸大小乃至可操作性，都是设计者在设计时应该以消费者的角度去衡量的标准，让这些外化的标准充分体现体验型产品的内涵。此外，人的官能运作原理十分有趣，大自然进化出的精密人体构造有着天然的规律，设计师就可以利用这些规律设计令官能产生前所未有的体验感受。例如，有一项游乐项目是让游客走过一个圆柱形隧道时（这个隧道的墙壁是不断螺旋式旋转向前，且相互链接起来的蓝色环形光带）感到天旋地转无法依靠自身力量站稳，实际上只是设计师利用了眼睛的错觉，欺骗了大脑中掌管平衡的区域。

虽然体验型产品的消费过程本身是一个消费的活动，但是人类一切创新性的活动都是思维带来的，思维使人产出了自己的体验价值。从这个角度来讲，有文化内涵值得回味的体验型产品内容往往更能让消费者获得高体验价值，这个论证可以参考艺术审美的价值。在艺术审美中，经久不衰的艺术作品不会因为年代久远而价值贬低，相反，人们越多从中体会到美感，艺术品的价值就越高。体验型产品的内容亦如此，产品的核心是文化内涵。不论实景山水歌舞剧还是室内的实验小剧场，精彩的舞台效果离不开美轮美奂的声、光、电和成像特效等高新技术的运用，引人回味无穷的部分仍是其中最能体现艺术典型的部分，如地域特色或某类人物的崇高美。这两部分的关系符合人类作为高级动物的特征，通过对感官刺激来内化为思维结果，形成认知、观念进而改变行动，进行螺旋式上升的活动。消费者在消费体验型产品时思维活动产生的结果是对体验需求的满足，这种需求体现在消费者内心对产品代表的意义的认同感高度上，体验型产品的象征意义正是消费者体验渴望的外化表现。这时消费者已经从最初投放注意力转变为投放情感和自我价值，这种体验较感官上接受的刺激要深刻得多，这种体验从外在的感觉行为转化成为人的内部行为。

（4）记忆重构。接下来的环节是对体验的回忆。在对体验型产品的消费过程中，人对自己所感所想有意识且伴随行动连续不断地发生。这些意识会变成记忆，消费者从记忆中记住了当时发生的事件以及情绪，他们会记得产品哪个部分令其印象深刻，善于思考的消费者还会总结出为什么。消费结束后，消费者的评价就由这些记忆生成了。

体验的记忆是一个记忆重构的过程。因为在新鲜有趣的体验型产品中，消费者获得的体验与以往经验中获得的感受不同。人会用过去经历中已得到验证的经验作为参照来判断这次的体验是否让他们得到了自己想要的，是否物有所值。回忆涉及新旧两种事物。所谓重构就是消费者消费体验型产品时，要在旧有习得的经验基础上接触新的信息，人需要对这些信息重新进行分析，从中发现设计者的构思和传达出的意味。设计体验型产品使之突破一贯的定式和视角是留给消费者不同以往记忆的方法，这就是设计创新。

（5）认知产生。体验的产生犹如一个心理过程的运算结果，而这个过程就是前几个环节进行加减的过程。接受过上述一系列内外刺激后，消费者终于对其所消费的产品有一个评述。这个评述从感性层面上描述可以用满意与否来表达，而从理性层面上讲，这个评述深刻影响消费者是否会有下一次的消费行为。因此，消费者对体验的认知既是一次对消费的心理机制的结果，也是另一个消费行为的原因。人在整个体验产生过程中，其情感的作用是贯穿始终的，只不过体验的认知是一个结果，是在整个机制的尾端产出的。情感不是机械运作的产物，而是产生在人和人、人和身边环境、人和自己交流的过程中。因此，为使体验型产品的消费结果与设计者的期望相差无几，设计和服务都要融入人文关怀，以人为本。

体验型产品设计创新方面，设计者需要将身份置换，从消费者的视角出发对自己设计的产品有公正的判断。在设计中要考虑影响消费者选择消费的主客观条件，如消费者个人情绪影响消费者的选择。一到节日的时候，如圣诞节、春节这些洋溢着人情味的温暖节日，商家的活动尤其频繁，就是因为在充满节日氛围的时候，人们更愿意为朋友、家人和自己的好心情买单，体验型产品当然不可错过类似特定心理状态下的推出时机，产品要适时地以符合消费者此时此地此景下的心理状态做出变化，凸显特色，切合消费者不断变化中的口味。然而，在一些反例中，商家带有强迫性消费嫌疑的销售手段，会使消费者对该产品以至整个产品所处环境产生不好的印象。例如，一些体验当地民俗特色的旅游景点，消费者还要担心当地人坐地起价宰客的行为，这些行为虽不是景点的核心产品，却和其他的产品组成景点的一部分，景点体验作为一个体验型产品，从宏观看，这些行为是短视且愚蠢的。

此外，消费者个人的时间与体验型产品消费需要耗时之间的关系也是需要考虑的。例如，在全球最小的迪士尼乐园香港迪士尼，消费者一般会耗时一到两天游玩乐园，设计者要使整个游乐园游玩的时间上留下遗憾与留下余地之间做出平衡。每一个游乐项目耗时不能太长以防太满，一些温和的、刺激较低的项目用时可能会长一些，适合年龄低的孩童和上年纪的老人，这些项目以浸泡在某种舒适和惬意的氛围中为体验的亮度；而一些以速度和情节惊险为亮点的项目用时相对短一点，吸引着年轻的人们。

对体验型产品的商家的信赖，也影响着消费者对产品的渴望程度甚至是体验中的感受。特别是一些延伸周边性质的体验型产品。《哈利·波特》在全球风靡数十年后，哈利·波特乐园和相关品牌的服装、文具一经推出就吸引了"哈粉"的追捧，乐园满足了粉丝们想回霍格沃茨学校体验一下的愿望。在乐园里，读者和影迷不断通过大脑中对《哈利·波特》中情节的闪回产生共鸣体验，仿佛自己也成为哈利的朋友和这多彩多姿魔法世界的一分子。而在哈利·波特的服装店，消费者可以买到和哈利同样的校服，英国学院派的校服充满了绅士的味道，披上黑色的斗篷，提起剧中的手提皮箱，消费者俨然是从电影里出来的魔法学徒。对品牌的追求来自对品牌的信任，对某种品牌的体验更多是对品牌带来的身份认同的体验。品牌只是对消费者心理造成影响的要素之一，其他的如地域认同、文化群体认同等，都是设计创新容纳进取需要考量的影响因素，换言之，就是找到并解决消费者的心理需求。

第四章　文化创意产品概述

第一节　文化创意产品的内涵及背景由来

如今，创意产业作为新兴产业门类蓬勃发展，基于创意产业下的文化创意产品也成为促进经济发展的重要动力。文化创意产品将会融入人们的生活，并使人们感受到新奇的创意设计与丰富的文化内涵。

一、文化

"文化"一词在中国古代早已有之，"文"的本意是指各色交错的纹理，并引申为包括语言文字在内的各种象征符号，进而具体化为文物典籍、礼乐制度。"化"则有变、改、化生、造化和化育等意。"文""化"二字共同使用最早是在战国末年儒生编辑的《易传》之中。《易·贲卦》的《象传》中写道："刚柔交错，天文也。文明以止，人文也。观乎天文，以察时变；观乎人文，以化成天下"。意思是天象是有规律可循的，人伦也是有规律可循的。《辞海》对于"文化"一词的解释是："广义的文化是人类社会历史实践过程中所创造的物质财富和精神财富的总和，狭义的文化是指社会的意识形态以及与之适应的制度和组织机构。"

"文化"一词的英文和法文都为 culture，而德文为 kultur，这些词汇都来源于拉丁文 culture。这一单词具有名词和动词两种词性，中文解释为文化、文明、修养和栽培的意思。最先对"文化"一词进行定义的是英国人类学家 E.B. 泰勒，他给文化下过两次定义。第一个定义是："文化是一个复杂的总体，包括知识、艺术、宗教、神话、法律、风俗以及其他社会现象。"第二个定义是："文化是一个复杂的总体，包括知识、信仰、艺术、道德、法律、风俗以及人类在社会里所得一切的能力与习惯。"

冯天瑜在《中华文化史》中将文化划分为四个层次，它们分别是物态文化层、制度文化层、行为文化层、心态文化层。物态文化层是指通过人类加工自然而生产制造的相关器物，它是人类物质生产活动方式和产品的总和，是真实存在的具有物质实体的文化事物，是构成文化造物的物质基础。制度文化层是指由人类在社会实践中组建的各种社会规范。行为文化层是由人类在社会实践，尤其是人际交往中约定俗成的习惯性定势。心态文化层是由社会实践和意识活动中长期孕育出来的价值观念、审美情趣、思维方式等主体因素构成的。心态文化层又可细分为社会心理和社会意识形态两个层次。文化的不同层次，在特定的结构、功能系统中融为统一整体，这个整体既是上一代文化历史的累积，具有继承性，同时又在变化的环境中不断地演变和进化，因而具有发展性、革命性。

二、文化的特性

（一）普同性

在不同的地域或国家，文化有其不同的表现形式，但在不同的文化之间也蕴含着共同的、同一的部分，它们以社会实践活动的文化形式呈现出来。文化涉及的诸多领域，如哲学、道德、文学、艺术、法律和教育等，不仅包含社会阶级的内容，还包含了普同的原则和价值观。这普同的原则使地域之间、国家之间、民族之间可以相互交流，也使文化得以交流传播并相互融合。如今，社会的进步和经济、技术的发展，促使全球经济向一体化方向发展，各个地区、国家和民族之间生活方式的差距被逐步缩小，差异的文化特征渐渐消退，普同的文化特性正在成为世界发展的趋势。

（二）多样性

自然环境、历史积淀和社会制度的不同，会塑造出不同的文化种类和文化模式，在世界范围内呈现出多样性的文化特征。每一个民族都有自己独具的特征，都是在特定的历史条件下形成的，是不可复制的，具有唯一性。每一个民族的文化都是值得尊重和保护的，它们是整个人类社会的财富，是历史留给人们的宝贵遗产。

（三）民族性

自从民族出现以来，文化便随之产生，它与民族的发展和进步有着紧密的联系。每一个民族都有自己的文化，不同的民族之间文化的特征是有差异的。各个民族的文化都是经过长时间的历史积淀，并受到不同地理环境、社会制度、宗教思想等因素的影响，最终形成具有本民族特色的文化。越是历史悠久的民族，其文化的内涵就越深厚，所呈现出的文化精神就越强烈，其民族性就越加突出、越加明显。例如，中国是一个具有五千年历史的文明古国，儒家思想是中华民族的思想结晶，中庸之道是人们为人处世的核心思想。人们注重亲情、友情，也注重社会关系的建立，尊重传统、发扬美德，具有集体主义精神和奉献精神。美国是一个重视个人自由的国家，它尊重每一个公民的合法权利。在这种开放的环境下，美国吸引了大量的科技、文化、教育等方面的人才来到美国创业，进一步推动了美国科学技术的进步以及经济的发展。美国是一个实用主义的国家，它将创新的科技投入市场并加以商品化，并且追求利润和生产效率。美国的民主思想决定它采用民主的领导方式，趋向集体的决策与参与。英国也是一个历史悠久的国家，英国文化的典型特征是经验主义、现实主义，这也使英国人更加重视经验、保持传统、着眼实际。英国绅士形象也成为代表英国的文化特征之一，英国皇室的高贵、皇权至上的传统也是这个国家历史传承的结果。

（四）继承性

人类社会不断向前发展，文化也随之延续和发展。继承性是文化的重要基础，假使缺少了继承性，文化也便就此消失。在文化的发展过程中，新的文化发展阶段在取代旧的文化的时候，都会从中吸取有利的因素，取其精华去其糟粕，这样人类创造的文化成果才能不断地延续和传承下去。

（五）发展性

文化不是一成不变的，它会随着时间的变迁、空间的推移而不断地发展变化。人类从原始社会、奴隶社会、封建社会逐渐演变成资本主义、社会主义社会甚至更高的社会阶段，也是文化由低级阶段向高级阶段发展的必然结果。文化的产生促使人类社会从原始的状态进入现代社会之中，人们被赋予知识和创造力，并努力地改变周围的环境，文化也在不断地发展。

（六）时代性

人类社会发展的每一个历史阶段，都会有属于这个阶段的典型文化类型。例如，用科学技术水平和生产力作为划分时代的标志，则会有石器时代的文化、青铜器时代的文化、铁器时代的文化、蒸汽机时代的文化、电力时代的文化和信息时代的文化。随着时代的更迭，文化类型也必然产生变化，新的类型必将取代旧的类型，这并不代表对文化继承性的否定，也不代表文化发展在某一阶段出现了断层。其实，人类社会每次进入到一个新的时代，都会吸取之前的优秀文化成果加以整合、利用，使其融入自己的体系之中，并衍生出新的文化类型，成为代表这个时代的典型特征。

三、文化创意产品

文化创意产品是指以创意理念为核心，依靠设计者的智慧、能力，凭借充满创意的方式将文化资源加以创造和提升，并将文化与产品巧妙地结合在一起，最终转化成具有商品价值和高文化附加值的产品。从文化创意产品的定义可以知道，围绕文化创意产品的核心要素是文化和创意。创意是产品所呈现在人们面前的表象特征，通过极富个性、新颖的产品造型和使用功能等吸引人们的注意；而文化则是产品所传递给人们精神层面的信息，满足人们对于精神文化的需求，提升人们的品质和文化修养。

创意是一种创新思维的能力，是一种创造产品的能力，巧妙的构思与独特的想法使产品更具原创性、造型更加新颖，同时满足人们对于功能的需求。设计者运用创意的思维和生产方式可以生产出造型美观、功能完善、满足人们个性需求的产品。创意的设计使产品更具魅力，它可以提升产品的价值，使其摆脱同类产品在市场上的价格竞争，通过创意的设计和出众的工艺品质吸引目标消费群体，并占据产品定价的主动性，为产品的品牌经营与推广打下扎实的基础。

文化是一个民族的精神体现和时代特征，它是经过长时间的历史沉淀而形成的。文化是一个复杂的总体，包括知识、信仰、艺术、道德、法律、风俗以及人类在社会里所得一切的能力与习惯。不同的民族受地理环境、社会制度、宗教思想等因素的影响，最终形成具有本民族特色的文化。越是历史悠久的民族，其文化的内涵就越深厚，所呈现出的文化精神就越强烈，其民族性就越加突出、越加明显。文化是历史留给我们最宝贵的财富，我们应该将这些优秀的文化资源加以利用，借鉴国外已有的成功经验，设计出具有中国特色的文化创意产品，才能把我们的产品推广到世界，同时将优秀的中国文化展示在世人面前，为弘扬传统文化、传承文化经典、促进经济文化交流做出贡献。

创意与文化是文化创意产品设计中最为重要的两个要素，二者有着紧密的联系，缺一不可，它们是相辅相成的关系。创意的设计赋予产品崭新的面貌，让产品个性十足、前卫时尚；而文化则赋予产品以灵魂，让产品充满文化底蕴，显示出浓厚的人文气息。传统的文化也需要借助创意的方式和现代的语言来表达文化的精髓与博大，只有将创意与文化完美地结合在一起，才能设计出真正符合市场需求的文化创意产品。

四、文化创意产品产生的背景

想要理解文化创意产品，首先要对其产生的背景——文化创意产业有所了解。所谓文化创意产业，是指以创作、创造、创新为根本手段，以文化和创意为核心概念，突出"生产性服务业"的性质，强调依靠创新人才应用文化创意提高产品附加值的行业集群。通俗地讲，文化创意产业就是将源自文化的灵感、点子、才艺等应用于创意方法，结合现代科技，设计生产出新的产品来满足消费者的需求所形成的产业集群。文化创意产业能够在当下得以迅猛发展的原因主要在于以下两点。

第一，随着欧美发达国家工业化的完成，社会物质生产极大地满足了消费者的需求，人们的需求逐渐由物质、理性、生理层面向精神、感性、心理层面转换。诚如人本主义哲学家马斯洛所言，人的需求分为生理需求、安全健康需求、情感需求以及自我实现的需求等。而文化创意产业也正是在这样的背景下不失时机地为消费者创造文化创意产品，来提供这种感性需求的满足和体验（见图 4-1）。文化创意产品正是对消费者感性需求以及精神层面需求的一种满足，是产品创意的高级阶段。

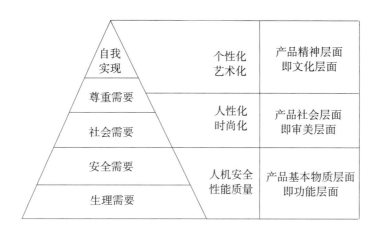

图 4-1　人的需求与产品设计落脚点之间的关系

第二，19 世纪 60 年代的反主流文化冲击带来大规模的社会运动，各式各样的亚文化、流行文化、社会思潮等风起云涌，给传统工业社会的审美、情趣、文化认知等带来了强大的冲击，社会开始重视差异与个性的解放，并鼓励发挥个人创造力。在这样的时代背景下，欧美文化创意产业迅速崛起，以适应多元文化时代的到来。每个民族、每个国家都有自己独特的文化历史，别具民族特色的文化创意产品才能引导产业集群创新，提升产业素质和市场竞争能力。大力投入本土文化创意产业的发展，才能免受其他文化创意产业浪潮的冲击。在欧美文化创意产品发展的带动之下，韩国、日本在发展文化创意产品方面也取得了巨大的成绩，形成了日、韩文化热。

在此背景之下，世界各国根据自身独特的自然物产、历史文化传统、社会文化价值等，为文化创意产业赋予了不同的内涵，从而呈现出不同的文化价值特征。

（一）英国

在英国，文化创意产业被表征为"创意产业"，突出"创意"这一核心概念，使其"保守绅士"的国家形象成功向"创意先锋"转型。

英国对创意产业的定义隐含着下面四层意思：第一，创意产业的主体是人而不是原材料或者机器，人的心智、技术、灵感是创意产业的主要资产。第二，创意产业的经济价值来自富有想象力的个人。第三，创意产业的成品并不是完全可触的实物，它也包括吸引我们使我们感动和娱乐的特定服务。第四，创意产业把知识产权与创新相结合，并带来创意产品与创意服务相结合、标新与立异相结合，使英国的文化创意产业在国际上具有标杆作用。

（二）美国

与英国沿用的"创意产业"相比，美国则采用"版权产业"。早在 1990 年，美国国际知识产权联盟（简称IIPA）已利用"版权产业"的概念来衡量这一特定产业对美国整体经济的贡献。IIPA将版权产业分为四个部分，即核心、部分、发行、版权关系。2004年，美国采用由世界知识产业组织（WIPO）界定的四种版权产业分类，即核心版权产业、交叉产业、部分版权产业、边缘支撑产业，美国的这种定义主要是对文化创意产业中的创意成果进行相关的保护，并使其能够获得相应的经济价值。

（三）北欧

丹麦、芬兰、冰岛、瑞典和挪威五国，通常被人们称之为"北欧"。在长期的发展过程中，这五个国家的文化创意产品逐渐形成比较统一的、独具魅力的风格。它们以贴近自然、传统手工艺、功能美学等文化特征成就着北欧的设计，并将其运用在与"家"相关的主题设计中，北欧传统文化特征被体现得淋漓尽致。简洁、朴实的材料所营造的温暖氛围，其实是对一种极端气候的自然反应和对自然的热爱。北欧5国地处偏远，交通不便，信息闭塞，长期以来形成自给自足的经济模式，使高超的手工艺和以强调功能为主的设计理念得以完整保留。设计师们将这种简洁、朴实的风格和独特的材料文化渗透到人们生活的方方面面，形成了一种大众都能接受的具有实用价值的"简约主义"风格。进入信息时代后，更多的新材料与新技术也驱使设计师们尝试将传统与现代进行衔接，追求更具个性特征的北欧设计。

（四）意大利

意大利的文化创意产业强调的是为生产性企业服务，特别是为传统的手工业服务，从而创造出杰出的设计作品，如家具、灯具、服装、厨房用品和餐具等。意大利的设计之所以有如此重要的影响力，一方面是由于设计师们为意大利本土以及国际市场提供了高品质、尽如人意的生活用品，另一方面是由于这些产品并不仅是为日常生活所设计，除了功能和形式，它们总是包含了比功能还要多的意义。意大利悠久的历史文化使这个民族形成了对美和造型的敏锐察觉，同时意大利的气候和自然风光激发了意大利人的创造力，他们那些漫不经心的发明都深深地根植于他们的传统之中。

（五）日本

无论20世纪的日本文化中受西方文化影响有多么深刻，许多传统的日本美学概念依然传承到了现在，且提供了一个与过去联结的纽带和一种强烈的文化沿袭感，这就使日本虽然在工业化的道路上接受甚至超过了西方，但精神世界却保持着相对的独立性，表现出一种"和魂洋才"的交杂模式。因此，日本的文化创意产业有着自身的特点，分为内容产业、休闲产业和时尚产业三类。动漫产业在日本文化创意产业中发展得最为突出，这种发展模式也体现出了日本特有的民族文化，在以内容为主的动漫产业的带动之下，动漫周边的产业也得到长足的发展，从而将日本文化创意从荧屏带到了消费者的身边并形成了产业链。

（六）韩国

韩国属于发展中国家，但它却以"资源有限，创意无限"来摆脱金融危机。韩国于1998年提出"设计韩国"后，经过多年的实施，韩国的制造业有了长足的发展，出现了许多全球知名品牌制造企业，使韩国从一个工业制造国家向创新设计国家转型。韩国在发展文化创意产业方面的成功经验特别值得我们去学习，因为我国目前也面临着从"制造大国"向"创造大国"转型的局面。

（七）中国

我国的文化创意产业还没有在全国范围内得到认同，大批城市的创意产业发展薄弱，严重影响了我国创意产业的整体发展水平。中国具有丰富的文化资源，但由于缺乏好的创意，致使很多资源未被充分利用，与发达国家还有很大的差距，需要加强对文化创意产业的研究以及推广。

第二节　文化创意产品的分类及构成要素

一、文化创意产品的分类

文化创意产品在构思、生产制造、营销消费等方面都有自身的特征和规律，并且各个国家和地区有着自身经济生活的发展和人们需求的变化。因此，各国对文化创意产品的分类并不相同，在文化创意产业链上文化创意产品大致可分为三类，即内容类文化创意产品、创意类文化创意产品和延伸类文化创意广品。

（一）内容类文化创意产品

内容类文化创意产品依据原创性、思想性、创新性的特点，包含了传统文化研究与创新、流行文化研究与创新、动画、电影、新闻出版、文艺演出等内容。这类文化创意产品作为内容产品存在，主要解决消费者需求的本质与核心内容，同时成为创意类文化产品的创意源发点。

（二）创意类文化创意产品

创意类文化创意产品的主要特征是通过创意对文化进行转移，即通过具体设计创意将内容类文化产品或直接将传统文化及当代文化移植到产品中，消费者通过产品的拥有和使用获得对文化的消费体验，从而提升传统产品的附加值。

（三）延伸类文化创意产品

延伸类文化创意产品有非兼容性和非排他性的特征。这类产品包括商务服务、会展、文化设施等，能够提供体验文化的非物质性的过程和服务。这类文化创意产品解决了消费者在满足其精神需要的过程中附带获得的利益和效用。

通过以上分析，本书所指的文化创意产品是最具设计艺术特征的文化创意产品，对于文化创意产品的理解可以分为三个层次。首先，它应该是一个产品，能够提供给市场销售，供消费者消费以及提供给消费者相关的体验。其次，该产品的形式主要包括品质、式样、特征、商标及包装等，要符合消费者的审美需求，达到感观上的愉悦。最后，该产品能够提供一种"文化"属性，能够唤起一种记忆或是象征一种文化身份，这是纯精神上的归属和认同。而在文化创意产品三个层次的内涵中最重要、最具标志性的内涵是产品的"文化"属性，也是文化创意产品区别于传统产品的本质内涵（见图4-2）。

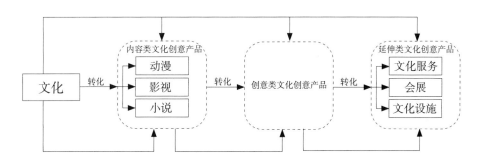

图4-2 文化创意产品的分类与关系

二、文化创意产品的价值构成

文化创意产品的价值构成系统与一般商品有着很大的差异，文化创意产品的价值并不仅由社会必要劳动时间、个别劳动时间或由购买者的需求和支付能力、价值效用等显性要素来决定，而是由隐性价值和显性价值共同决定的。

文化创意产品的显性价值与一般商品并无二致，其独特性在于体现"文化"的隐性价值，是文化创意产品价值中的核心部分。"文化"来源于特色的民族历史资源、人文底蕴和文化内容产业等，在文化创意产品的生产过程中，"文化"可以间接影响新产品的附加价值，所以文化创意产品的隐性价值也是企业的核心竞争力。传统产业从改变商品的功能来为消费者提供更高的使用价值，从而获得高利润。但是，文化创意产品是在满足消费者功能价值的基础上改变消费者的观念而获得利润，这些观念主要表现为信息价值、文化价值、体验价值等。比如，可口可乐用重金买下了哈利·波特的形象使用权，对于可口可乐的产品而言，这就被赋予了一层新的信息价值，消费者会认为魔法界的人们也要饮用可口可乐，或者说，哈利·波特也要喝可口可乐，文化创意产品的信息价值也因此形成。

同时，文化创意产品的价值也在其整个产业链中得以实现。J.K.罗琳创造了《哈利·波特》并由好莱坞将其拍成电影，就完成了内容类文化创意产品的创造，同时完成了关于"魔法文化"的内容创造。依据这一创意源，人们将其注入传统产业中，创造了基于"魔法文化"方面的玩具、糖果、服饰等创意类文化产品，进而可以根据这一故事建立相关主题公园来促进英国旅游业等延伸类文化创意产品的发展，通过这一产业链各类文化创意产品获得相关的价值。而本书主要对创意类文化产品进行相关的解读和赏析，使读者能够对文化创意经济时代的新商品形式有所理解。

三、文化创意产品的构成要素

传统产品的设计理念发展支持一种高投入、大批量的生产方式，在现代传媒和广告的鼓动之下，有计划地废止成为一种"时尚"。物质产品的生产沿着"原料—大规模生产—大众消费—报废"的轨迹，然而现代社会中的人们在享受物质带来的快感和便利的同时，也产生了对回归传统、追求文化的质朴生活的向往。文化创意产品正是为满足该种需求而产生的，因而要成为文化创意产品就必须具有文化、创意、体验、符号、审美等要素特征。

（一）文化要素

文化对于每个人来讲似乎是个很熟悉的概念，如儒家文化、玛雅文化、饮食文化、酒文化，甚至厕所文化、地铁文化等。文化似乎是一件万能的"魔衣"，任何生活琐事只要套上它就会显示出庄严的法相，但文化似乎又很陌生，我们不能像把握"苹果"这类物词一样来把握文化，因为文化在这个世界上找不到它的对应物。我们也不能罗列一些"性质"词来描述它的属性，尽管西安的兵马俑、北京的紫禁城、巴黎的卢浮宫、中国的筷子、西方的刀叉等都属于文化，但文化也不是个集合名词，如果那样，文化便成为一个人类历史所创造的一切事物的杂货铺。

在英文中，文化一词为 culture，指培育、种植的意思，暗指脱离原始状态。而在中文中，文化则是指"人文教化"，更侧重用共同的语言文字来规范群体的精神活动和物质活动，将其进行传承、传播并得到认同的过程。如上所述，文化实际上主要包括器物、制度和观念三个层面。文化创意产品正是通过器物来体现制度和观念的，文化创意产品是对现代主义设计和产品发展到极致进而形成千篇一律的国际风格的一种反对，产品的国际风格使整个世界呈现出高度的一致性，世界各地区固有的文化以及生活方式正在逐渐消失。而地域文化及人们的生活方式是经过长时间的积淀形成的特定产物，是一种"记忆"和"文脉"，开始受到各地区的高度重视，人们重新审视世界文化与地域文化的关系，更多地关注本社会、本民族的社会文化意义，并将其注入产品之中，从而在器物层面上引起对过去生活方式的一种记忆。人们将文化创意产业与传统制造业进行结合，在实用中融合文化，在传统产品的理性价值之上增加更多的感性价值，从而获得更多的附加值，如图4-3所示为文化的类型图解。

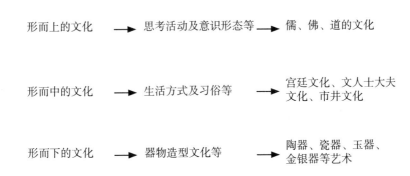

图 4-3　文化的类型图解

文化创意产品中的文化要素主要包含两个维度。其一是纵向的历史性文化延续，历史性文化即所谓的文脉，英文为 context，原意指文学中的"上下文"。在语言学中，该词被称作"语境"，就是使用语言的此情此景与前言后语，更广泛的意义引申为一事物在时间上与其他事物的关系。在设计中，刘先觉将其译作"文脉"，更多的应理解为文化上的脉络，强调文化的承启关系。文化创意产品中的文化要素能够满足人们对于过往的追忆，从而得到心灵的慰藉，这就如同当城市逐渐兴起，人们离开祖祖辈辈生活和耕耘的土地，住进单元公寓房。但是，人们没有忘记土地以及耕种的生活方式，在阳台上总会有几个花盆，费尽心思地弄来土壤，种上花草或是辣椒、黄瓜、丝瓜、小葱、大蒜等，这就是"种植文化"的残存，残留在人们的血脉之中，一有机会就会发芽。其二是横向的区域性文化传承。20世纪后半叶，很多设计研究机构及设计公司开始从社会学科中寻找信息和方法，以找到用户与产品的联系，使产品能够传承特定区域的文化，能在产品中反映出特定区域相似的社会环境、文化背景、知识体系和生活经验等。

（二）创意要素

如马克思所说："各种经济时代的区别，不在于生产什么，而在于怎么样生产，用什么劳动资料生产。劳动资料不仅是人类劳动力发展的测量器，而且是劳动借以进行的社会关系的指示器。"当下的信息社会、知识经济以及文化产业意味着人类生产方式的一次革新，人类创造财富的方式从过去依靠体力劳动逐渐向依靠脑力劳动的新劳动方式转变；同时，将文化、信息及知识视为重要的新生产资料，并把人类的创意看作经济前进的主要动力之一。文化创意产品正是在这样的背景之下孕育而生的，因而创意成为其关键性要素。

创意在英文中为 creat 和 creativity，所对应的汉语意思为原创性的、创造一种新事物或提出相关的"点子""想法"和"理念"等。就文化创意产品中的创意而言，主要是指依据文化进行创新思维的加工，设计和生产出满足消费者精神和文化需求的产品。因此，文化创意产品中的文化并不是对传统既有文化的一种照搬和简单的复制，而是通过一定经济意识对传统物质文化和精神文化进行再创造，从而适应现代人们的生活方式和审美情趣。

文化创意产品正是通过创意将文化要素融入功能与实用性中，成为可供使用和欣赏的产品。这里的创意与产品设计中的创意有所区别，它更侧重文化的创意。文化创意产品的创意不单是满足产品的实用功能，更多的是以巧妙的设计、创新、灵感将文化融入产品感性形式及其使用过程之中，使人们在紧张工作之余得以舒缓压力，增加工作和生活的乐趣。

文化创意产品中的创意并非凭空产生的，而是有其具体的来源，其主要来源有以下三个方面。

第一，来自对生活的关怀和理解。对生活的关怀和理解，包含亲身经历或个人感悟，或是对美好生活的想象，还有的是听别人叙述的故事、浏览的网页等，都会为文化创意产品的创意注入新鲜的养料。

第二，来自对社会的认知和理解。社会是由具体的个人组成的，社会也会以共同的价值观、流行风尚或者一种固定印象影响到每一个人，每一个人对于文化创意产品的选择无疑标榜了一种价值态度和社会阶层定位。因此，文化创意产品的创意必须建立在人们对价值态度和社会阶层的洞悉的基础之上。

第三，来自历史的、地域的文化。它表现为一种有关自然、地理、风土、人情的文脉，抑或是更进一步的精神层面的信仰、神话、传说等。

（三）体验要素

文化创意产品除了具有有形的价值以外，还具有无形的体验价值，它如同一幅油画一样，除了能够让观者产生视觉上的愉悦，还能获得某种体验性心理感受。这种体验性心理感受依据每个人的经历不同而有所不同，因而它具有潜在性和不确定性的特点，正是这种潜在性和不确定性增加了文化创意产品的魅力。

所谓体验，英文为 experience，意指出于好奇而体验事物，感悟人生，并留下印象。这种心理感受能使人们感受到现实中的真实，并在大脑中浮现出深刻的影像，促使人们回忆起深刻的生命瞬间，从而对未来有所感悟，具体到文化创意产品是指用户在使用产品过程中建立起来的纯主观感受，主要体现在以下四个方面。

第一，视觉冲击。视觉冲击是激发文化创意产品体验要素的首要环节，现今的设计越来越强调逻辑、科学和抽象的造型叙事表达，却忘记了通过视觉冲击来刺激大脑皮层，从而引发联想，促使相关的体验。

第二，功能自然。对于自然物而言，功能是与生俱来的，如水的功能存在于其本质的流动性和液态的天然属性，树叶的功能在于其具有叶绿素能进行光合作用。而文化创意产品的功能是一种师法自然，以人在自然界中天然的"人—物"关系为基点来展开文化的衔接和形式的生成。比如，在自然界中人有坐的需求，所对应的产品有千差万别的坐具，如凳、椅、沙发等，但无论哪一种坐具都应该考虑到人自然放松坐的状态，从而昭示出自然坐的体验。

第三，方式合理。文化创意产品的使用方式是沟通产品和使用者的纽带，方式合理主要体现在要让人们能够读懂产品的操作，要和习惯性认识形成一种文脉联系，以便勾起对往美好经历的回忆。

第四，内容切合。文化创意产品所附加的文化性内容通过叙事性的设计手法在产品的"移情"中得以实现，达到"抒情的创造和写意的表达"。同时，所附加的文化需要和产品的功能以及使用环境的文脉相切合，使体验能够得到顺利地展开和生长。

（四）符号要素

象征是人类独有的行为，主要指用具体的事物来表示某种抽象的概念或思想感情的行为，它通过使用象征符号来实现象征意义的表达。创造符号是人类与动物的重要区别之一，正如卡西尔所说："人是符号的动物。"特别是在人类进入大众传播时代以后，以报纸、杂志、广播、电视、网络等为代表的现代大众传媒，运用先进的传播技术和产业化的手段，每时每刻向人们进行大规模的信息生产和传播活动，使人们的生活环境到处都充满着象征性符号，如某人穿一身蜘蛛侠的衣服，这套服装不仅有蔽体保暖的功能，更重要的是它能表明着装者对于该电影的态度。

在现代传媒的推动之下，产品的符号意义往往比操作、性能等产品本身相关的内容更需要设计师去揣摩和挖掘，文化创意产品之所以能被冠以文化，也是因为其应用产品的造型来表达一种文化内涵，从而使该产品成为承载该种文化的符号。

人与人之间的交流是通过语言、眼神、手势等来完成的，物与人之间的沟通是通过符号产生的。人们在创造产品功能的同时，也赋予了它一定的形态。而形态可以表现出一定的性格，就如同它有了生命力。人们在使用产品的过程中，会得到各种信息，产生直观的心理感受及生理的反应。而文化创意产品正是利用各种创意方法，创造产品形态和产品的使用环境，传达出一种文化。文化创意产品的符号能够表达出以下三个方面的文化意义。

第一，对于流行审美文化的符号表达。消费者通过文化创意产品的造型特征形成感性认识，从而产生相对应的知觉和情绪。在相同地域的同一时期，人们对于美丑、稳重、轻巧、柔和、自然、圆润、趣味、高雅、简洁、新奇、女性化、高科技感、活泼感等流行审美文化有着相同的理解。消费者的这种感觉和情绪也会随着社会文化的改变而变化，如 Apple 公司的 G3、G4、G5 电脑的形态、色彩和材料质感的改变，正是抓住了这样的一种趋势。

第二，对于消费者自身文化符号认同的表达。这种自身文化符号认同的选择受到消费者自身学识、修养、品位等的影响，表现为一定的生活品位、思想水平和艺术鉴赏能力。而文化创意产品正是借助其与环境相互作用之后产生的特定含义，来满足消费者对于流行时尚、社会价值观或者某种固定印象的追求。

第三，对于历史文化、流行文化或是某种特定文化的符号表达。文化创意产品通过自身的叙事抒情表达特定的情感、文化感受、社会意义、历史文化意义，或者仪式、风俗等文化和意识形态相关的意义，文化创意产品的这些内涵通过图腾、吉祥物、标志、特定图案等组合进行表达。

（五）审美要素

"美"可能是指一种感官的愉悦或生理的满足，也可能是一种赞赏心态的流露或个人趣味的偏好。而文化创意产品的审美更侧重后者，是人们物质生活水平达到一定高度之后，人类有目的、有意识地对"真、善、美"的追求。这种追求是以"感性"为中介的，脱离了那种基于物质与利害关系的理性判断，从而真正回归到关于生活意义和生命价值的自我意识的彰显。文化创意产品的审美要素主要包含以下三个方面。

第一，形式艺术美。文化创意产品的审美离不开感性因素，由点、线、体、色彩等构成了文化创意产品的形式，这些形式构成关系的艺术性，能够与观者内心深处的节奏、韵律、比例、尺度、对称、均衡、对比、协调、变化、统一等形成一种同构关系，这种直观感受与内心情感的同构产生移情，从而与消费者的趣味、审美理想相融合。

第二，功能材料美。文化创意产品的审美离不开功能材料的合目的性，诚如罗兰·巴特评价埃菲尔铁塔的功能与材料时说道："功能美不存在于一种功能良好结果的感受之中，而存在于在产生结果之前的某一时刻被我们所领会的功能本身的表现之中，领会一部机器或一种建筑的功能美，便是使时间暂时停止和延迟使用。"文化创意产品的功能材料美是产品给人的舒适感和心理满足，这里的功能材料美就与产品的功能实用性等物质层面相区别，是一种审美价值的表现。

第三，文化生态美。文化生态美不只是表现出人与自然的和谐，更体现着生活方式以及社会生活的脉络与系统。文化创意产品的文化生态美主要植根于人们对于传统的一种向往，如工业社会给人们带来的高速、效率以及身心的疲惫，使人们希望能够实现对传统田园牧歌的回归，在审美的状态中回归人类的精神家园。

第三节　文化创意产品的创意方法及过程

在全球经济一体化、知识经济大发展的浪潮下，商品贸易竞争日益激烈，这种竞争逐渐由单纯的技术领先、价格优势等因素，转换为经济、社会、文化等综合因素的竞争。文化创意产品正是以"文化"为核心，突出对文化进行深加工并通过"创意"与现今的生活方式相结合，从而满足人们高层次的需求，达到在国际商品竞争中制胜的目的。中国具有丰富的"文化"资源，如何将这些资源转换为极具竞争力的文化创意商品，这就需要利用创意方法并经由一定的过程才能得以实现。

一、创意方法

"创意"是现今最为流行的话语之一，用来形容个体时侧重思维方式和个人能力，用来形容企业时侧重其产品和核心竞争力，用来形容一个国家时侧重文化与精神的延伸。而创造文化创意产品不能只是靠一些口号或者是设计师灵感的闪现，而是需要具体的创新方法，具体体现在以下五种。

（一）头脑风暴法

美国创造学家 A.F. 奥斯本于 1901 年最早提出该创造技法，又称脑轰法、智力激励法、激智法、奥斯本智暴法，是一种发挥群体智慧的方法。头脑风暴法必须明确而具体地列出思考的课题，同时在主持人的召集下，由数人至数十人构成一个集体，这些成员由专业范围较广泛的互补型人才组成。就文化创意产品而言，一般包含的人员有文化类人才、创意类人才、营销类人才、生产制造类人才等。例如，所委托的项目是开发一款关于三峡的文化旅游纪念品。主持人一开始仅提出"纪念"这一简单抽象的词汇，组员再进行讨论并提出意见，如"拍张照片""收藏当地的特色产品""在当地完成相关体验并留在记忆中"……然后，主持人给出主题——开发一款关于三峡的文化旅游纪念品。组员们根据上面发散出来的想法，继续得出设计概念，如"收藏当地的特色产品"的想法就可以发散出用三峡的鹅卵石通过手绘的方式，描绘三峡特有的风景；用三峡石制作三峡大坝的等比缩小模型；用三峡地域传统图案装饰具有实用功能的物品，如筷子、钱包、打火机、U 盘等。通过头脑风暴法得到的设计概念能够为具体的产品开发和造型提供相关的创意方向。

（二）联想法

联想法是一种依据相似、接近、对比等联系思维来进行创造的方法。例如，当感受到中国文化时，就会联想到诸如唐诗宋词、书法、文房四宝、神话信仰、茶道、自然地理、传统工艺等。这种方法很多时候需要依靠设计师的经验和直觉，但在文化创意产品的具体创作中，更为直接的方法是兼具相似、接近、对比联想的直角坐标组合联想法，这种方法是将两种不同的事物分别写在一个直角坐标的 X 轴和 Y 轴上，然后通过联想将其组合在一起，如果它是有意义并为人们所接受的，那么它将成为一件新产品。例如，要创意一款反映中国传统文化的文化创意产品，就可以在 X 轴上写上青花文化、茶道文化、戏曲文化、神话传统、礼仪文化等，在 Y 轴上写上饰品、灯具、电子产品、玩具、生活用品、办公用品等。如果二者已经结合或者不太可能实现结合则用灰色表示，如果可以结合且市场上还没有此类产品则用红色表示，如果可以结合但实现较难则用深蓝色表示，这样就能一目了然地看出创意的可能方向，从而促进文化创意产品的创造过程。

（三）移植法

移植法发源于工程技术领域，是指将某一领域里成功的科技原理、方法、发明成果等，应用到另一领域中去的创新技法。例如，鲁班发现带齿的茅草割破了皮肤而发明了锯子；美国发明家 W.L.贾德森所发明的应用于衣、裤、鞋、帽、裙、睡袋、公文包、文具盒、钱包、沙发垫等的拉链，目前应用于病人刀口的缝合，为需要二次手术的病人减少痛苦。

文化创意产品创意中的移植法并不是一个科技原理的移植，而是一种情趣、意象、情感等感性成分的移植。例如，设计师对可爱文化有所理解，然后应用色彩、造型及材质将这种情感或是意象转移到具体的产品上，让使用产品的消费者同样也产生这样的感觉。

（四）设问法

设问法主要针对已存在的文化创意产品提出各种问题，通过提问发现原产品创意及设计方面的不足之处，找出需要和应该改进的地方，从而开发出新的文化创意产品。设问法主要有"5W2H 法""奥斯本设问法""阿诺尔特提问法"等。在文化创意产品设计当中比较常用的是"5W2H 法"。

"5W2H 法"是从七个方面进行设问。因为七个方面的英文首字母正好是 5 个 W 和 2 个 H，故而得名，即 Why——为什么要革新？ What——革新的具体对象是什么？ Where——从哪些方面着手改进？ Who——组织什么人来承担？ When——什么时候进行？ How——怎样实施？ How much——达到什么程度？

同时，"5W2H 法"同样可以作为创新产品的设计方法，只是所思索和追问的问题有所不同，其字母的具体含义也不一样。在创新设计中其含义为：Why——为什么要进行这个设计？ Who——什么人使用？ When——什么时候使用？ Where——在什么地方使用？ What——什么产品或者服务？ How——如何使用？ How much——产品或者服务的价格。对于这 7 个问题的不断思索和回答的过程就是对于新产品概念不断形成的过程。

（五）模仿创造技法

模仿创造技法是指人们对自然界各种事物、事物发生过程、现象等进行模拟和科学类比（相似、相关性）而得到新成果的方法。所谓"模拟"，就是异类事物间某些相似的恰当比拟，是动词性的词。所谓"相似"，是指各类事物间某些共性的客观存在，是名词性的词。人的创造源于模仿，大自然是物质的世界，形状的天地，自然界的无穷信息传递给人类，启发了人的智慧和才能。而对于要体现历史、地理、传统习俗等文化内涵的文化创意产品，常采用模仿的方式来进行形体的塑造。

二、创意过程

当人们接受一个新的文化创意产品的设计项目时，首先要考虑的是文化创意产品的概念问题。通常情况下，人们将开发新产品的概念分为文化产业衍生产品、文化生活用品、传统工艺品与饰品、时尚产品等。针对不同的产品，人们将采用不同的设计策略和方法，但文化创意产品的创意过程是一致的，一般包含以下五个步骤。

（一）认识问题，明确目标

在文化创意产品设计工作中，通常会遇到这样的情况，随着设计的开展与深入，大量的信息和问题就会随之而来，这些问题让你无从下手。因此，人们必须在设计一开始，就要弄清楚创意产品存在的问题以及问题的组成和结构。

要弄清楚上述问题，必须将其放置于"人—产品—文化—环境"这一系统中，在这个系统中主要涉及人的文化与审美需求，产品如何承载文化以及承载什么样的文化。而系统中的"环境"主要包含产品系统环境以及社会人文环境，只有在这个系统之内考虑文化创意产品的设计，才能完全确定设计问题的存在形式，进而明确设计目标。

（二）设计研究，分析问题

进行设计研究、分析问题，设计市场所需要的文化创意产品，是每个设计者都清楚的流程。设计活动不是封闭的自我包含的活动，而是在市场竞争中，由设计师在综合人、市场竞争、产品机能、审美、社会文化等诸因素进行编码，然后在市场销售中由消费者进行解码的符号性活动。而对于文化的编码必须站在消费者认知的角度进行，所以要应用创意方法将文化的内涵与当代的生活方式、审美情趣、文化心态相结合。

设计的成功与否，关键在设计师的编码和消费者的解码过程是否同一，如果消费者能够在文化心态和审美趣味等方面认同产品，那么这个设计是成功的，反之则是失败的。要使设计取得成功，设计者就必须站在消费者的角度对文化创意产品的诸要素进行分析，力求在设计中将要涉及的问题分析透彻，做到心中有数。

（三）概念展开，设计构思

在设计研究和分析问题的基础上，设计师会针对存在的问题提出解决问题的各种设想，这种提出解决问题设想的过程就是设计想法产生的过程，设计师对设计进行构思的想法越多，获得好的文化创意产品的可能性也就越大。在设计过程中，设计师往往借用一定的创意方法，利用草图展开自己的设计构思。

设计师利用草图进行形象和结构的推敲，将思考的过程表达出来，以便设计师之间的交流及后续的构思再推敲和再构思。

草图更加偏重思考过程，一个形态的过渡和一个小小的结构往往都要经过一系列的构思和推敲。而这种推敲单靠抽象的思维是不够的，还要通过一系列的画面辅助思考。

草图的表达大多是片段式的，显得轻松而随意。但是，就文化创意产品设计而言，构思需要图解为三个层次，即创意概念构思、象征符号构思和感性审美构思。

1.创意概念构思

从整体的角度检视轮廓、姿势及被强调的部分，主要是看对于所理解的"文化"是否通过色彩、形体、线条等得以表现；通过用创意方法，"文化"与当下"生活方式"是否得到了很好的结合；在设计研究阶段所遇到的设计问题是不是得到良好的解决。如果对于以上问题的回答都是肯定的，那么该设计方案就对设计概念进行了很好的诠释。

2.象征符号构思

在创意概念的基础上，设计师对设计所采用的具体设计元素进行符号化的加工，站在消费者对符号解读的基础上，进行符号设计的创造并融于创意概念之中。具体而言，就是审视立体的成分与面的构造来决定物体的特征性及图样，表现出体量感，以便进行细致的构思推敲。

3.感性审美构思

这一步是对文化产品的视觉方面进行处理，应用形式美的法则和审美流行趋势对表面的精致线条、配色、质感等进行处理，精心处理产品的细部，展现设计创意的魅力，使整体达到最佳的效果。

（四）设计展示，设计评价

一个设计项目在经过了概念展开和设计构思之后就是对设计进行展示，设计展示是要将一个完整的设计呈现在大众的面前，要能够充分展示设计创意。而设计评价是指在设计过程中，对解决设计问题的方案进行比较、评定，由此确定各方案的价值，判断其优劣，筛选出最佳设计方案。设计评价的意义在于：首先，通过设计评价，能有效地保证设计的质量，充分、科学的设计评价使人们能在众多的设计方案中筛选出满足目标要求的最佳方案；其次，适当的设计评价能减少设计中的盲目性，提高设计的效率。文化创意产品设计中设计评价有三个特点。

1. 评价项目的多样性

文化创意产品设计涉及的领域极广，考虑的因素非常之多，较之一般产品设计更不简单。因此，在设计评价的项目中，必然要包含更多的内容，涉及更多的方面，特别是对于文化性、创意性、体验性、符号性、审美性等指标要重点考虑。

2. 评价判断的直觉性

文化创意产品设计评价项目中包含许多审美性精神或感性内容，所以在评价中将在较大限度上依靠直觉判断，即直觉性评价的特点较为突出。

3. 评价结果的相对性

评价中的直觉判断较多，感性和个人经验的成分较大，所以文化创意产品设计的评价结果较多地受个人主观因素的影响，特别是评价者自身的文化背景和价值取向很容易影响到评价的结果，更具相对性，这是值得重视的。

（五）模型制作，生产准备

模型的制作在形态上要求有真实产品的效果，因而产品各部分的细节要表现得非常充分，使设计师能更有效地在产品细部方面做进一步推敲与修改，有利于设计概念的进一步完善，同时为后续的数字模型的生成提供参考，以便最终投入实际的生产。当然，有些纯手工制作的文化创意产品是不需要这一步的，而是由创意定稿以后直接进行生产。

第四节　体验在文化创意产品中的引入

社会的进步和经济的发展促使人们的消费需求逐渐转变，人们希望得到个性化的产品，同时希望产品可以给人们带来愉悦、快乐的体验，这些市场的发展趋势对文化创意产品设计提出了新的要求与挑战。文化创意产品设计不能忽视市场的消费需求和发展趋势，它不是简单的产品设计工作，应该进行市场调研、消费需求分析、相关产品资料的收集等方面的工作。

目前，有许多文化创意产品设计的案例从表面上看吸引大众的关注，但实际上却没有赢得市场，其失败的原因主要是设计师过度相信自己的设计灵感和创意，却没有充分地考虑针对市场的调研工作。这种错误的设计方式直接导致许多设计出来的产品只是外观造型设计的新颖，得不到消费者的肯定。

在体验经济来临的时代背景下，体验的融入改变了产品传统的状态，使本来就普同、乏味的产品重获新生。体验是以消费者的需求为出发点，充分分析、寻找消费者的真正需求，通过体验的设计使产品与消费者产生互动，改变了产品被动的使用状态，让消费者可以在使用产品的过程中体验更多的快乐，同时得到情感层面的满足。文化创意产品设计是建立在创意的设计思维和深厚的传统文化的基础上的创新产品设计活动，在体验经济来临的背景之下，需要将体验融入文化创意产品的设计之中，让文化创意产品真正地满足现代消费者的需求，通过体验的设计赋予文化创意产品以崭新的力量，创造出新的产品价值与商业价值。

一、通过体验提升文化创意产品的互动

将体验的要素引入文化创意产品设计可以突出文化创意产品的互动，传统的产品总是在被动的环境下被人使用，这种被动的状态导致产品与使用者之间无法产生良好的互动性，许多产品由于设计定位的错误导致产品连基本的使用功能都不具备，更无互动性可言，其结果也必然被市场所淘汰。将体验引入产品设计可以使产品操作具有体验性，消费者在使用产品时可以与产品有一种互动的交流，使人们在使用产品的过程中感受到愉悦的体验。

文化创意产品不单单是普通的产品，它承载着传统的文化内涵，因而体验的设计要突出文化特征，在产品的使用中将文化性的信息通过使用的方式传递出来，让使用者感受到产品深层次的文化底蕴，在接受文化熏陶的同时进一步提升自己的文化素养。设计师根据不同的产品类型和不同的定位来设计不同的产品使用方式，同时还要与文化的主题保持一致性，这样才能设计出符合特定文化主题的文化创意产品。

二、通过体验突出文化创意产品的个性

将体验的要素引入文化创意产品设计可以突出文化创意产品的个性，个性化的产品更容易受到消费者的青睐，就好像是一个充满个性的人总能成为大家瞩目的中心。个性是一个相对抽象的阐述，文化创意产品应该怎么将个性这一概念转变为物化的特征呈现给消费者，这需要文化创意产品在为消费者提供体验的同时要围绕中心主题。这一主题可以让文化创意产品的设计始终有一条主线贯穿其中，也为体验找到了切入的方向，最终使人们可以感受到文化创意产品的个性特征。文化创意产品的主题含有产品的设计理念，经过长期在产品中的设计应用而显露出来，文化创意产品的个性也在这时呈现在消费者面前。

产品体验的主题应该与人们的需求相对应，所以对消费者的调研分析是十分重要的，如性别、年龄、收入水平、兴趣爱好等都是调研的重点问题。产品在与市场上同类产品进行竞争时，需要分析竞争产品的特点，寻找自己的主题定位，找出与竞争产

品不同的主题特征。个性不一样的产品配以一类体验的主题，突出恰当的主题是产品推向市场的重要环节，假使没有准确的主题定位，人们就无法看到产品的突出特征，也无法体会到主题的体验感，最终产品没有给消费者留下深刻的印象。

文化创意产品的造型设计是体验主题的物化表现形式，是从概念提出到产品表现特征的转化过程。它受到产品主题的影响，将消费者的需求要素融入设计之中，运用设计的手段来展现个性的产品特征和与众不同的审美感受。文化创意产品设计需要整合各种感官体验进行设计，通过给消费者带来感官的体验强化产品的主题，同时给人们留下深刻的记忆。

三、通过体验增强文化创意产品的感受

将体验的要素引入文化创意产品设计可以突出文化创意产品的使用感受，消费者在使用产品的过程中是否获得良好的体验感受是文化创意产品设计的重点之一。好的产品体验会给消费者带来愉悦的心情，其良好的产品形象也会被消费者所记忆。相反，糟糕的产品体验会给消费者带来沮丧的心情，其糟糕的产品形象也会被消费者所记忆。最终消费者会选择购买具有良好体验的产品，并建立起对品牌与产品的深刻印象。

良好的产品体验是通过对目标消费者群体研究后做出的设计，同时还要考虑产品材质的应用、颜色的选择、采用何种使用方式等问题，这些因素都会影响消费者在使用产品时的感受。当品牌和产品的良好形象竖立在消费者脑海当中，消费者会建立一种对品牌和产品的认知观念，品牌的忠诚度随之建立，这样产品就赢得了消费者的肯定，并牢固地占领市场的份额。

第五章 体验经济背景下文化创意产品的设计研究

第一节 体验经济背景下体验与文化创意产品的关系

2013 年岁末，冯小刚的贺岁片《私人定制》在观众的期待中如期上映，除了沿袭导演本人一贯幽默搞笑的风格之外，我们发现在影片中似乎又多了一种新的消费方式。在专业公司的运作下，作为社会当中的个人可以暂时改变自己的真实角色，进而体验新的社会角色和生活方式。欢笑之余，我们不难看出，在电影剧本内容创新的同时，新的消费方式和消费者对新产品、新体验的渴求也在电影中得到体现，而本身作为文化产品的"私人定制"也势必会引领和刺激新的体验消费需求。这给我们以极大的启示，那就是讨论和探究在体验经济背景下，体验与文化产品之间的相互关系，以便我们更大限度地发掘文化产品的内涵，更有效地进行文化产品生产，寻找文化产业在体验经济浪潮中发展的新契机。

一、体验与文化产品的生产与消费

体验原本作为人认识和感知外界事物的主体活动，在体验经济背景下又变成一种特殊的商品，成为生产者和消费者共同追求的对象。以符号消费和精神消费为主要消费对象的文化产品，在消费过程中更是集中地体现了体验的重要性。因此，体验与文化产品之间的关系也更为紧密，甚至融为一体。体验成为消费文化产品的主要目的和方式，同时是推动文化产品创意和生产的主动力。反之，文化产品作为一种"广告"形式也在刺激着新的体验消费需求。

（一）体验与文化产品生产的关系

自媒体人罗振宇在他的演讲《我们这一代的怕和爱》中提到，随着人类科技的不断进步，人类的器官功能逐渐被科技发明所取代，如汽车、火车等交通工具取代了我们的脚代之以行走的功能，电风扇、洗衣机等家用电器又取代了我们手的功能，而新的通信工具的发明又无一例外地延伸和放大了我们耳和眼的功能。人类身体上的所有器官几乎都可以被人类的发明物所替代，只有一种器官是无可替代的，那便是人的大脑，尤其是大脑对于新事物的好奇，对于未知事物的探索和尝试，对于极致、极限的追求，这些欲望、渴求和感觉是无论如何也替代不了的。而这些活动的核心要素和动力便是对于不同事物的体验需求，所以在科技不断进步发展的人类社会中，人类的体验需求便成为推动未来社会进步和经济发展的主动力。

文化产业是随着科技与经济的发展而兴起的。如前文所述，体验从服务中分离出来成为一种独立的经济形态，其中一个重要的原因也是由于科技的发展，新的体验增多。因此，人们发现文化产业的兴起和发展其实和体验经济的兴起具备了相同的社会经济基础和技术条件。大批量、标准化的文化产品生产和大众文化消费的兴起，是文化产业发展起来的重要标志，但反观今天的文化消费市场，似乎会发现相反的现象，那就是消费者对标准化、大批量重复复制生产物的厌倦，转而追求更加个性化、有区别于他人的文化产品。例如，近年来人们对于文化衫的由衷热爱，一个家庭、同一个宿舍的同学或是一对恋人，他们可以亲自设计属于自己的独特标识图案，进行私人量身定制，从而形成有别于他人的文化消费和属于他们自己的特殊意义。与之相似的还有其他很多形式，包括 DIY 制作、纪念品的专业定制、个人传记的写作，甚至电影拍摄的群众参与等，这些特征也正是体验经济差异性、参与性特征的表现。

对新事物的不断追求和对意义的追问，是消费者进行文化消费的主要动力。无论是追求新鲜事物还是叩问人生意义，抑或是获得精神境界的升华，这些无一例外都是通过体验的方式来实现的，对新的体验环境的营造和追求同时是文化产品生产者的目标和动力。3D 电影《阿凡达》刚一上映便引起了巨大反响，其更加接近真实的观看效果和观众从未有过的体验方式，无疑是这部电影成功的重要原因。此外，电影院的观影环境同样也是消费者考虑的主要因素，这便促使电影的制作者除不断改进剧本本身之外，也在不断提高电影的制作技术，尤其是新技术的应用。同时，电影的放映者也在不断改善放映环境，努力创造舒适特别的体验。由此便可看出，正是对体验的无限追求为以创意为灵魂的文化产品创新和生产提供了永不枯竭的动力。

（二）体验与文化产品消费的关系

1. 体验与文化产品经济价值的实现

"文化商品的使用价值之一便是提供新奇的和与众不同的感受（体验）物。"以符号消费为主要内容的文化产品是以提供"体验物"为主的，当然这也是文化产品的主要使用价值。正是由于文化产品是以提供"体验物"为主的，文化产业的发展才能够以最小的投入获得巨大的利润。这也正是为什么当下许多国家、企业大力提倡和投入文化产业行业的原因所在。与其他商品相比，消费者通过"吃"的方式消费食品，通过"穿"的方式消费服饰，通过"用"的方式消费日用品。

这些商品的共同特点便是一经消费便一去不复返，只有通过新的资源再造才能获得新物品。而文化产品最大的特点却恰恰相反，文化产品不会在消费的过程中破损，因而可以重复利用。一部电影可以供千万人无限次反复观看，一幅油画也可丰富无数人的精神世界，但一块普通的面包无论如何也不可能供千万人重复充饥。由于文化产品的消费是通过"体验"这种特殊的方式来进行的，与其他商品相比，文化产品就获得了无可比拟的优越性。

但是，因为文化产品与文化资源的可重复利用性，导致了对于文化资源的利用和文化产品创造的非垄断性。一部看似过时的老电影，经过一些简单的技术处理有可能又会重新占领市场高地，一首歌曲也可以经任意一个人之手经过不断地复制传播而获得利润。因此，文化资源和文化产品便成了非稀缺品，文化产品的创意者和生产者的利益也无法得到保障，所以制定相应知识产权保护措施，才是保护和推进文化产业这一以创意为主的特殊产业健康发展的保障。

2. 体验与文化产品符号意义的生成

以符号消费为主要内容的文化产品和其"精神性"消费的本质，决定了消费者在消费文化产品时不仅消费它的使用价值，而且还消费它的符号价值，并从中获得属于个人的情感体验以及社会认同。例如，人们在购买一本书时花费大量的金钱绝不仅是购买那些纸张。同样，游客去历史博物馆参观，也绝不仅是看博物馆的宏伟建筑，而是体会那些展台上的文物背后的文化内涵。因此，消费者除消费产品本身以外，还消费这些产品所象征和代表的意义、心情、美感、档次、情调和气氛，即对这些符号所代表的意义或内涵的消费。

人们对于符号的消费是以人的体验和理解活动为主要方式进行的。一本书中的文字、一幅画中的色彩、一首乐曲的音符经千万人阅读、赏析，其本身不会发生质的变化，消费者的个人理解赋予原本冷冰冰的符号以鲜活的生命，文化产品的符号内容也只有被千差万别的消费者深入理解，并生成"一千个读者心中有一千个哈姆雷特"的时候，它的社会价值、艺术价值、娱乐价值等才得以实现。从这个层面上来讲，体验与个人的理解才是文化产品的价值得以实现的根本途径。

3. 体验与文化产品消费的目的

文化产品根本性的社会功能是作为"意义"的传达器而存在的。而究其"意义"的本质，无非是人类对于人生意义的追寻。文化作为人的产物和标识，从产品形式和精神要求，都把"意义的追寻"作为人的存在的最基本和最核心的议题。法国人曾做过一个民意测验，结果显示89%的被访问者认为需要"某种东西"才能活下去。约翰·霍普金斯大学的社会学家对48所大学的7 948名大学生进行过统计调查，在被问及什么是你最近的目标时，16%的学生回答是"赚很多钱"，78%的学生回答其首要的目标是"寻找生命的目标和意义"。由此可见，人们对意义的追寻是普遍的，同时也是生存和生活的必需。文化产品的生产和消费正是人类追寻意义的主观努力之一。

体验作为人类认识世界和感悟生命的主观活动，在人类生命与生活中占有重要地位。我们可以看到，当涉及追问生命意义的时候，体验不再仅是人类感知外界的思维活动，还成了为追寻意义而努力探索的行为。不管是冒险家不顾生命的危险去攀岩绝壁，还是作家皓首穷经地著书立说，人类在追问生命意义的活动中也必然会产生新的体验，那些新的"体验"便是意义。从体验经济的视角来看，消费者在消费文化产品的过程中无非是想获得某种体验，读书是为了获得间接知识，即获得教育的体验，游玩迪士尼乐园是为了获得娱乐的体验，玩电子游戏是为了获得逃避现实的体验……这些体验也就构成了人类对于"意义的追寻"。因此，消费者是通过对文化产品的消费来获得新的体验，从而追寻意义的，而这也是消费者消费文化产品的目的。

二、文化产品消费刺激下的体验需求

文化产品是以"体验"这种消费方式来实现其价值的，而在消费者消费文化产品之前，以符号为主要内容的文化产品往往是不能体验的，这就造成了文化产品在营销方面的体验需求与不可体验之间的矛盾。另外，因为消费者长期沉浸在由大众传媒和自媒体所营造的拟态环境之中，他们对于现实的体验需求也自然而然地成为必然。

（一）文化产品体验性与不可体验的矛盾

消费者通过体验文化产品的符号来赋予生命意义达到实际的消费目的。但事实是，在实际的消费过程中，尤其是文化产品的营销过程中，文化产品往往是不能够通过体验营销这种方式获得消费者的青睐的。不像吃的食物消费者可以试吃，穿的衣服消费者可以试穿，一本书、一部电影、一首歌等，诸如此类的文化产品，消费者一旦尝试，便是"体验"的开始，同时意味内容的透露和经济价值的丧失。

那么，如何才能保证消费者在尽可能地享有知情权的情况下进行文化消费呢？"事实上，文化产品的体验性消费是以经验性的方式来达到的。"在这种情况下，通过其他各种途径获取的信息，便成了消费者获得"知情权"的唯一方式。于是，我们看到关于文化产业的各种各样的宣传方式，一本畅销书由名人作序，一部电影铺天盖地的广告宣传加之各种形式的影评，亲朋好友的推荐等都成为消费者经验的获得和"知情"的主要途径。

为尽可能地提高文化产品的知名度和消费需求，最大可能地获得利润，文化产品的制造者实际上也在不断地利用自己所创造出来的"名牌"。近几年兴起的电视剧翻拍热潮也是建立在这样的逻辑之上的。在消费了之前的文化产品之后，消费者获得了较为实际的信息，加之强大的市场反响和经济效益，在这样的前提下，不断地创造续集、翻拍这样的形式便成为满足大众消费心理和体验需求的主要方式。同时，这也是生产者降低风险、获取利润、扩大市场占有率的普遍做法。

（二）拟态环境下消费者的体验渴求

美国著名政论家沃尔特·李普曼在《公众舆论》中首次提出拟态环境的概念。拟态环境是指"传播媒介通过对象征性事件或信息进行选择和加工、重新加以结构化以后向人们提示的环境"。按照拟态环境的理论，人是生活在"真实环境"和由传媒、大脑所创造的"虚拟环境"之中的。在现代大众传播极为发达的条件下，人们除了生活在现实环境之中，也毫无选择地生活在经传媒选择、加工的"象征性现实"（拟态环境）之中。

拟态环境的概念，本来是针对新闻信息在传播的过程中，传播者对于信息的把控和选择现象而提出的，但在今天以传媒为核心所打造的文化产品消费的新态势下，拟态环境同时向人们昭示，消费者在很高程度上也是被置于由传媒所营造的"象征性现实"之中的。这就引发了一个现实问题，那就是消费者对体验真实环境的持续渴求。在体验经济背景下，消费者已不再满足于简单的纸张阅读和屏幕观赏，而是更渴望真实的触摸和感受。例如，《文化苦旅》引发的旅游热，在电子游戏 CS 的刺激下，真人 CS 俱乐部的组建，2013 年湖南卫视热播的《爸爸去哪儿》带动的亲子游。这些现象告诉人们，在传媒所营造的拟态环境下，消费者对于真实体验追求的热情，以及拟态环境对于新的文化产品开发所产生的巨大推力。这说明，在拟态环境刺激下的消费者体验需求，不仅使开发和生产新的文化产品成为必要，同时使文化产业能够持续不断地发展成为可能。

综上所述，在体验经济背景下，体验不仅是人类所发出的主观活动，同时成为出售的商品。对于文化产品而言，"体验"这种独特的消费方式不单是文化产品价值得以实现的主要方式，也是消费者进行文化消费的主要目的。在新的消费环境下，消费者对于"体验"的无限渴求，为文化产品的生产提供了永不枯竭的动力和无比广阔的空间。

第二节 体验经济背景下审美体验与文化创意产品的关系

一、审美体验与文化价值

在全球化的大背景下，文化创意产业的发展是适应千百万群众在物质生活逐步富裕的情况下日益增长的文化消费（精神消费）需求而产生的，这种文化消费（精神消费）正是审美经济和体验经济并存的时代产物。在审美经济时代，文化、审美的影响力已经渗透到经济生活中，产业的文化逻辑表现得越来越明显。有别于传统经济，审美经济更加突出经济活动中的审美要素，这些审美要素为传统经济行为增加了新的内容，也就是为消费者增加了新的消费理由和全新的体验。美国经济学家约瑟夫·派恩和詹姆斯·吉尔摩在《体验经济》一书中认为，体验经济将取代服务经济，人类正在进入一个体验经济时代。体验经济时代的主要特征是以服务为舞台，以产品为道具，以消费者为中心，从而创造能够使消费者参与，并且值得消费者回忆的活动，消费者参与活动当中所获得的感受，这就是"体验"。文化创意产品所带来的体验形式，正是一种具有文化内涵深度的审美体验。电影、音乐、戏剧、展览、大型演艺，甚至网游、手机应用等多种文化创意产品与服务，给人们带来了激动、喜悦、欢乐、悲痛、忧愁、哀伤、憧憬等感受体验，让人们的情感和心灵受到了一次又一次的高峰体验，从而获得丰富的审美体验。

如今，文化产业的发展已经进入高速发展之时，在文化企业不断形成大型的文化综合体之际，只有形成具有丰富文化内涵的文化创意产品核心竞争力，才能带来丰厚的经济价值。文化内涵的深度和厚度在一定程度上决定着文化创意产品的经济价值，这种文化经济完全不同于传统的经济样式，特别是当代文化产业的发展，文化创意产品已经不能通过产量来提升其价值，消费者希望购买的文化创意产品也并不是一种实物消费，而是一种效果消费。这样的文化经济模式需要消费者亲身体验与参与，其经济价值恰恰来源于消费者的身体和心灵上的完整感受而产生的审美体验。正是因为文化创意产品所带来的成功的审美体验，继而产生了快乐、意义和文化认同，从而创造了文化创意产品的使用价值，文化创意产品的交换价值才能得以提升。文化创意产品中的文化内涵，与其所带来的文化创意产品价值的升值，与产品中能否为人们带来深切的审美体验有着密切关系。审美体验为文化创意产品提供创意原动力，增加其使用价值，提升其核心竞争力，丰富其文化内涵，带来文化创意产品经济价值的升值。

二、审美体验的特性

（一）审美体验是感官与身体的融合，具有直接性与整体性

审美体验的基本特性是基于感官的。审美体验离不开人的感官，它作用于视、听、味、嗅、触五种感知能力。当代科技的迅猛发展，同时为文化创意产品带来可视、可听、可嗅、可触的多重感官审美体验。例如，5D电影就是在三维立体效果上，可使人在触觉与嗅觉上同时感受到画面信息的影像效果，通过开发3D影片、动感平台、触觉与嗅觉的技效，然后三者结合形成5D影像效果。基于感官生成的审美体验，不仅是与当代科技结合的产物，实际上也是中国古人的生活方式——饮

酒、听琴、观画、闻香、挥墨所带来的审美体验，组成了古代文人们的极富情趣的审美人生。

然而，当人们审视审美体验如何能够由感官上升至精神层面之时，体现了身体与心灵融合的整体性。这里所说的身体，并不是将感官排斥在外，身体的投入是包含了感官的感知系统在内的一种全息性的审美体验，它的整体性体现为整个审美主体包括身体与心灵向审美对象世界的全方位敞开。审美体验不单是精神性的，也不单是感官性的，而是由整个身体的投入而带来全面的感官与精神相融合的整体。

（二）审美体验超越时间与空间，具有现在性和唯一性

审美体验打破了时间与空间的局限，具有唯一性和现在性的特征。朱光潜在《文艺心理学》中写道："在观赏的一刹那中，观赏者的意识只被一个完整而单纯的意象占住，微尘对于他便是大千；他忘记时光的飞驰，刹那对于他便是终古。"在审美体验的过程中，这种刹那即永恒的心灵体验，具有现在性和唯一性。在审美世界中，是审美主体的现在的直觉超越，而产生"刹那见终古""有限寓无限"的审美体验。铃木大拙在论述日本诗人松尾芭蕉的"当我细细看，呵，一棵荠花，开在篱墙边"时说："正是它的谦卑、含蓄的美，唤起了人真诚的赞叹，这位诗人在每一片花瓣都见到了生命或存在的最深秘密……在微小的事物上发现伟大，而超乎所有数和量的尺度。"这是对时间量度的突围与超越。诗人由一朵野花、一件微小的事物，产生生命的惊悟，以此时此地的刹那妙悟获得生命的自在显现。审美体验正是由于这种对时间和空间的超越，而具有唯一性和不可复制性。人始终处于历史的过程之中，审美体验也是一种审美的过程，在这个过程中所产生的深切感受、感动和妙悟也是不可重复的，具有唯一性。也正因此，审美体验的深刻程度决定了它能够为人们所带来的唯一性的内在价值。

三、审美体验与文化创意产品的核心竞争力

从一般概念上来说，核心竞争力指的是能为消费者带来特殊利益的独有技术或内容，能够体现相应的使用价值，并且难以转移或复制，具有延展性的特征，从而使文化创意产品表现出不断持续创新的能力。当然，不同类型的文化创意产品和文化服务的核心竞争力的构成是各有侧重的。

（一）审美体验的直接性和整体性，为文化创意提供原动力

创意是文化产品的立足之本，诉诸感官与身体的直接性和整体性的审美体验，能够为产品创意提供原动力。通过审美体验带来的创意思路，是创意者以消费者为中心反向思考的过程。感官与身体的全息投入所带来的审美体验，是创意产品的核心价值。如何令感官与身体全面融合而进入审美体验状态，是创意者需要通过切身感受与

体验进行思考与设计的。例如，电影、戏剧、音乐会、实景演出等产品，给观众带来的视听感知与内心震撼；网络游戏、手机应用软件、移动互联网应用等产品，为顾客带来的感官与身体的体验状态；一段文化旅游的行程设计，为参与者带来的身心愉悦。再如，一座主题游乐园、一个文化地产开发项目，为游客和消费者的感官与身体带来的直接性的体验。在以上这些文化创意产品和服务中，审美体验都可以作为核心内容被设计与制造，从而增强文化创意产品的核心竞争力。

在此也存在一个悖论，由于审美体验的复杂性，它并不能被直接制造出来注入文化创意产品中。它需要被转化为一种与之相应的符号，一种能够引发审美体验的符号性内容。因此，设计与制造这种能引发审美体验的符号性内容，是人们需要进一步思考的问题。

事实上，在人们丰富的文化资源中，不乏具有典型性的符号元素，形成了丰富的符号资源。这些符号资源的根本价值，就在于它与生俱来的与人们的深层心理结构有着深刻的关联，反过来说也是人们的内在精神结构的特定表现。创意产品正是需要将隐藏于内在的心理构成，以重建符号的形式建立起联系，引发身体感官与心灵的审美化的体验。当然，符号的重建需要以内心深层的心理结构相吻合，否则也不能产生审美体验。消费者在对符号接触与认知的过程中，符合了脑海中原有的符号印象时，该符号必然引起消费者的共鸣，从而产生愉悦的体验。

侧重内容的文化创意产品，其构成创意作为核心竞争力的过程是双向的。一方面，文化符号的构建与消费者心理结构的对应，产生具有直接性和整体性的审美体验；另一方面，审美体验为文化符号的构建提供创意原动力。值得注意的是，在形成审美体验的过程中，有两个方面是不容忽视的。其一，文化创意产品中的文化符号与消费者深层的心理结构之间的对应。如果这两者之间无法对应或产生错位，消费者就不能获得审美体验。消费者的心理结构往往与其身份认同、文化认同、记忆、精神境界等方面有密切关系。创意者在文化符号的设计中，应该把握消费者的总体心理结构，将文化符号与心理结构相对应，这是产生审美体验的前提之一。其二，审美体验所具有的直接性和整体性也是缺一不可的。直接性指的是直接作用于身体感官系统的审美感受；整体性指的是具有将感官与精神相结合，以感官刺激产生精神的激荡，从而产生身体与心灵相融合的审美体验。因此，从感官和心灵两个层面的共同作用，审美体验才得以产生。如果文化创意产品只注重感官性、直接性，缺乏精神性、整体性的提升，那么这种浅层次的感官体验并不能构成文化创意产品的核心竞争力。兼顾了身体体验与心灵体验的审美体验，对于文化创意产品的内容设计来说具有巨大的潜力与开发空间，由此也成为产品创意强大的原动力。

（二）审美体验的现在性和唯一性产生交互式传播的效果价值

在信息时代背景下，数字化的传播渠道和平台的拓展是一种必然趋势。在这个时代，基于信息技术及其他技术手段，以可视化、网络化、智能化的表达方式对文化创意产品进行的数字化，可以带来极度丰富的信息获取方式和信息量。当信息不足时，人们所追求的是信息量；而当信息量已经达到充分饱和时，人们更热衷追求的是信息的使用效果，即对于数字化文化创意产品所带来的信息的接受效果。正是由审美体验的现在性和唯一性效果产生交互式传播的效果价值，构成了数字化文化创意产品的核心竞争力。

然而，这种接受效果不是单面的、被动的，而是一种交互式的传授关系。交互性是数字化传播有别于传统信息交流媒体的主要特点之一。传统信息交流媒体只能单向地、被动地传播信息，而多媒体技术则可以实现人对信息的主动选择和控制，通过数字化进行交互性的产品消费，包括消费者与产品之间的交互，产品和消费者之间的相互作用，形成了一种交互式体验。交互式体验传播，主要通过数字信息的虚拟性、非物质性与其所虚拟出来的视觉经验的真实存在感之间的呈现方式，以及这种方式呈现出的虚拟世界与观众之间的真实互动产生审美的体验。这种此时存在的真实感，正是审美体验的现在性；而正因为是此时存在的，使这种交互性的审美体验具有了唯一性。审美体验的现在性和唯一性的特性，在与真实感的共同作用下，产生数字化文化创意产品的效果价值。

当然，这种审美体验的现在性和唯一性建立在数字化信息技术的基础之上，这些技术都具有可复制性，具有确定的参数、既定的产品模式等，其关键在于，消费者由此可以根据创意者所设定的参数、既定的模式、成型的产品，来参与媒介互动式体验，从而引发个人在体验过程中的不可复制的、现在的、此刻的唯一性。即使面对相同的产品、相同的设置，不同参与者、消费者所产生的是独有的审美体验。

数字化传播渠道或平台的搭建不能缺乏技术。那么，在人与技术的关系中，技术是否起着比人更重要的作用呢？回答是否定的。单方面的强调技术、发展技术，就会造成马尔库塞所说的"科技使人异化"，他认为："现代化的工业设备及其高度的生产率……在满足个人的各种需要的过程中，剥夺了人的独立思想、自主性以及反对派存在的权利。"因此，文化创意产品对人的本身关注是不可缺少的。需要关注的是人对美的感受，关注到审美体验对于个人内在心灵的影响，它是个人内心的独有的体验过程。

那么，提升数字化文化创意产品的核心竞争力，实际上要依靠技术和人双方面交互而构成，尤其是不能缺乏对人文精神和人内在心灵审美体验的重视。在数字化创意产品的传播过程中，应充分认识到审美体验给消费者带来的独一无二的、不可复制的体验过程，并以此作为产品的核心竞争力，提升产品的核心价值。

四、审美体验与文化创意产品的经济价值

审美体验对于文化创意产品核心竞争力构成了重要影响，那么以审美体验为核心竞争力的文化创意产品又是如何实现其经济价值的呢？

人们现在所讲的文化创意产品，更多的是指无形的非实物性产品，而它的价值就在于版权。文化创意产品的经济效益，从根本上来说取决于版权价值。版权价值不是劳动价值，不是费用价值，而是一种效用价值。

首先，文化创意产品是一种创造性劳动，其价值不取决于创意者进行创新性的劳动时间或创意所耗费的成本，而是由其有多少使用者决定的。其次，文化创意产品的价值也并不在于它的生产数量。生产数量越大并不意味着文化创意产品的价值就越大。劳动价值论和生产费用价值论都是从供给的角度来研究商品价值的形成，而效果价值却与之相反，从需求的角度来研究商品的价值，认为效用是价值的源泉。站在消费者角度，商品价值取决于该商品能在多大限度上满足其需要。

价值实际上是一种"关系"范畴，这种"关系"必然以某种实体同人的需要的关系表现出来。经济需要总要以某种商品来满足，而商品正是为了满足人的需要才被生产出来的。那么，文化创意产品的价值正是通过它能够在多大限度上满足人的文化需求。某种文化创意产品具有价值，也正是因为它具有能够满足人的心理的、精神的、文化的需求的某种特性。只有文化创意产品和文化需求相吻合，才能使文化创意产品价值得以形成和增加。人的文化需求层次多且多变，这就使文化创意产品价值的形成和增值呈现出复杂的、不断变化的特点。

人的文化需求，从意义的角度来说，是审美需求、精神生活需求、文化认同需求等。马斯洛认为，审美的需求是"人类拥有一种较高级的需求""审美需要的满足会使人更健康，感到更幸福。显然，审美的对象和途径是因人而异的，但审美体验应是无时无处不在的"。满足人的文化需求，首先应该满足人的审美需求，文化创意产品给人们带来的审美体验满足了人们的审美需求。审美需求也是人们精神生活中不可缺少的一部分，人们日益增长的精神生活的需求也同时增长了人们的审美需求，以及对于满足审美需求的文化创意产品的需求。

对于文化认同需求的满足，与人的价值观、人生观和文化背景密切关联。人们生活在不同的环境里，形成不同的语言，产生不同的文化，但这并不意味着文化就是"先天的"。古罗马雄辩家西塞罗用"农业种植"来比喻人的精神发育。"文化"在西文里意味着培养、教养，是人在精神上进步和完善的建构过程。文化有先天的基因，但也受后天教育和培养的影响。"先天的"环境和"后天的"培育共同造就了人的文

化，但在人的文化化过程中，当"先天的"和"后天的"两方面因素发生冲突时，会出现文化认同的问题。

在全球一体化的时代，文化创意产品的世界性传播所带来的外来文化与本土文化的"争夺"，引发了一系列文化认同的危机。由于文化创意产品的特殊属性，它不同于只是一件满足人们的单一的物质需求的商品，它的内部包含了文化心理结构、审美趣味、文化价值观和文化认同。当外来的文化创意产品带着这些强大的文化价值进入到本土文化环境中，获得了极大的认可并迅速成长的时候，本土文化自身的认同感必然遭到冲击，从而形成本土文化认同的危机。因此，在进行文化产品的创意生产过程中，对于本土文化，即文化的先天性的审美追求、价值取向、文化理念等方面的关注与重视是必不可少的。它关乎文化的"先天的"属性中的记忆、习俗、心理、审美、价值观、身份认同等方面。

第三节 体验经济背景下文化创意产品的设计要素与必要性

在体验经济背景下，人们的消费需求更趋向个性化，人们希望产品不仅可以满足基本的功能需求，还希望产品可以满足人们心理和精神层面的需求。文化创意产品将文化资源加以整合、提升，并通过创意的设计方式转换成具有功能价值和高文化附加值的产品。将体验经济要素引入文化创意产品，可以使文化创意产品更好地满足消费者的需求，促进文化创意产品的发展，有效提升产品与品牌的吸引力和竞争力。

设计者对于文化创意产品的设计研究需要考虑多方面的问题，如使用者层面、产品层面、使用环境层面等，通过对使用者的需求、产品设计要素、使用环境等方面的分析研究，寻找文化创意产品设计的切入点，探索出具体的设计方法，进而总结出相关的设计原则，为文化创意产品开发提供现实依据，并为文化创意产品设计探寻新的发展方向。

一、体验经济背景下文化创意产品设计要素

在体验经济背景下，文化创意产品可以从文化要素、情感要素、功能要素、形式要素四个方面进行产品设计要素的分析。

（一）文化要素

文化与产品的关系十分紧密，如果说产品属于物质层面，那么文化则属于精神层面。产品是文化物化的表现形式，某一特定时期的文化特征需要通过物态文化层得以呈现，它是可以触及、感知的具有物质实体的文化事物，并构成了文化创造的物质基

础。同时，文化也是产品上升为精神文化的表现形式，某一特定时期的产品体现了这一时期的文化特征，二者相辅相成、相互影响，是辩证统一的关系。

文化是一个复杂的总体，包括知识、信仰、艺术、道德、法律、风俗，以及人类在社会里所得一切的能力与习惯。人们出生的地域不同、民族不同、风俗习惯不同、宗教信仰不同、受教育的程度不同等，这些都可以作为文化因素影响人们，导致人们产生不同的人生观和价值观，它会影响人们的行为方式、思维习惯、兴趣爱好等，这种影响会从精神层面逐渐扩展到物质层面。它会影响人们对于产品的欣赏角度与兴趣倾向，因而具有不同文化主题或文化内容的产品都有自己的目标消费群体，这一目标群体对特定类型的文化有着深入的了解，并且具有浓厚的兴趣，围绕这一特定文化进行产品设计会得到相应目标消费群体的青睐，更能引起其对产品的共鸣。

设计者针对特定的文化消费群体设计满足其精神文化需求的产品，是对产品进行准确定位的有效方法，避免缺乏市场针对性的产品设计，合理利用文化资源进行整合、精练、提升，设计出符合现代消费者需求的文化创意产品。

（二）情感要素

情感是指人们对于客观事物是否满足自己的需要而产生的态度体验。情感是在特定情境中产生的，它是人们对外界环境刺激产生的积极或消极的心理反应。人们在接触某种产品时，它的造型、材质、色彩等特征会在人们的头脑中形成一个总体的印象，这种印象既包含产品自身的美观度，还含有文化、象征等深层意义。人们将这些外部信息接收，通过自己的头脑把相关信息根据每个人特有的方式进行整合，最后生成一种感受，即人们所谓的情感。

科技的进步促使产品的科技化含量越来越高，但这种科技化的产品却忽视了人们对于情感的需求。生活质量的提高使人们不再满足基本的物质需求，对于情感的需求也在逐渐增长，这是人们由物质需求转向精神需求的必然过程。因此，在产品设计中的情感要素也是需要考虑的重要因素之一。

在进行文化创意产品设计时，设计者要根据特定的消费人群进行产品情感要素的分析与研究。人们的文化背景、生活习惯、人生经历、价值观念不同，对于情感的需求也会有所不同，要有针对性地将积极的情感因素融入产品设计中，在产品的造型、功能方面带给人们感官的体验，使用方式方面带给人们易用、便捷的体验。这些感受将会与人们的情感、意识、文化背景、生活习惯、人生经历、价值观念等交织在一起，使人们获得愉悦与感动，最终实现产品价值。

（三）功能要素

文化创意产品的功能要素是产品设计的基础，也是消费者在选择购买产品时考虑的重要因素（见图5-1）。在进行文化创意产品设计时，设计者要认识到功能要素的重要性，它是产品设计的核心环节之一。文化创意产品设计以创意思维和文化资源为依托，通过创意的设计来赋予产品独特、新颖的功能，从而达到吸引消费者的关注并引发其消费欲望的目的。

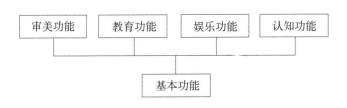

图 5-1　产品功能要素分析图

1. 审美功能

俗话说，"爱美之心人皆有之"。对于审美的需求是人们与生俱来的天性，人们将这种审美需求融入了产品的设计制造之中，使产品具备审美的功能。随着社会的发展，人们的审美水平也逐渐提高，对于审美也提出了新的需求。产品的审美功能主要通过产品的形态、色彩、材质来实现，优美的产品造型、艳丽的色彩、充满质感的材质通过视觉感官途径给人以审美的享受。具有审美功能已经成为产品吸引消费人群的重要因素，它是产品提升市场竞争力的重要手段。

2. 教育功能

文化创意产品的设计依靠的是传统文化这一宝贵的文化资源，通过创意的设计将文化资源整合与提升，生产具有商业价值和高文化附加值的产品。赋予产品教育功能的目的是希望消费者在使用产品的过程中，通过体验性的互动接受相关的文化知识与信息，以提升自身的文化修养。教育功能需要消费者更多的参与性，在积极地参与过程中可以更好地接受知识与信息。在教育体验的过程中，重点是要让消费者充分地运用自己的头脑思维能力和身体的运动能力。教育虽然是一件严肃的事情，但是这并不意味着产品所提供的教育功能体验不能成为一件令人愉快的事。

3. 娱乐功能

随着社会经济的发展，人们的消费需求也随之变化，人们不再满足于传统的消费方式，而是希望能有一种新的消费方式可以让人获得快乐和喜悦，使消费活动不再平淡、乏味。娱乐是人们经常用以寻找快乐、进行消遣的行为活动，因而文化创意产品的娱乐功能是其产品设计应具备的基本功能之一，这也是顺应消费市场的必然趋势。

娱乐功能作为文化创意产品的重要功能之一，使人们在使用产品的过程中享受产品的娱乐功能所带来的快乐体验，产品以娱乐功能为起点，通过娱乐功能吸引消费者的青睐，然后再继续将人们引入教育功能和情感功能之中，在满足人们对于娱乐需求的同时，进一步满足人们对于精神和情感方面的需求。

4.认知功能

产品的认知功能是指产品通过形态、功能、使用方式等创新设计，带给使用者一种全新的思维方式和认知感受。例如，无叶电风扇，它打破了人们传统印象中电风扇的形象，硕大的风扇叶片消失了，只留下了一个中空的圆环结构，冷风从圆环的边缘缝隙吹出。这种无叶电风扇不仅可以避免儿童被扇叶刮伤，还拥有时尚的造型和人性化的控制界面，它以创新的设计思维让人们对风扇有了全新的认识，通过产品的使用让人们获得新的体验认知。

（四）形式要素

形式要素主要包括产品的形态、色彩、材质等方面。形式是产品的物化表象，人们对于产品最直观的印象就是形式要素。不同的产品形态、色彩、材质会引起使用者不同的感官感受和心理感受，在进行文化创意产品的设计时需要对这些形式要素进行分析，寻找符合特定使用人群需求的形式要素进行应用，进而从产品的形式上带给人们愉悦的感官享受与心理满足。

1.形态

文化创意产品的形态是消费者视觉上最为直观的印象，也是产品与消费者进行沟通互动的平台。无论什么样的文化创意产品都需要有一定的物质形态作为载体，文化创意产品的造型设计决定了消费者对产品的第一印象。

人们对于信息的获取大部分是通过视觉完成的，所以通过造型设计吸引消费者的关注是十分必要的。好的造型设计不仅在视觉上给人以美的享受，而且在精神与情感层面也可以给人以愉悦的体验。在进行产品的造型设计时要考虑产品所针对的目标消费群体，如儿童喜欢圆润、可爱并具有夸张性的造型设计；青年人喜欢时尚、科技、动感的造型设计；中年人喜欢成熟、稳重、大气的造型设计；而老年人则喜欢典雅、庄重的造型设计。设计者根据产品特定的消费人群，选取这一群体对于形体的偏好，采取有针对性的造型设计，才能吸引消费着的关注进而获得认可。

2.色彩

色彩是产品设计中重要的组成部分，人们在商场里购物时会先被产品的色彩设计所吸引，然后才注意到产品的造型、功能等方面。色彩能够呈现出各种不同的视觉效果，带给人们不同的视觉体验，还会影响人们对于审美的认知并直接影响人们的心理活动，因而色彩设计的好与坏对于产品设计的成功与否十分关键。

色彩设计中冷暖色调对比、调和等方式的运用，不仅会对人们的视觉产生刺激与吸引，还会在心理层面带给人不同的感受。例如，暖色调给人以温暖、活跃的感觉，而冷色调则会给人以冷酷、安静的感觉。色相的不同也会带给人们以不同的感受，如红色给人以激情、火热的感觉；蓝色给人以宁静、安逸的感觉；粉色给人以梦幻、可爱的感觉；紫色给人以高贵、优雅的感觉；黑色给人以庄重、肃穆的感觉等。

产品在进行色彩设计时需要考虑产品的目标消费人群和产品定位，要根据特定消费人群的需要和产品的主题定位来进行色彩设计。不同的消费人群对于色彩的偏好是不同的，儿童喜欢颜色鲜艳、对比强烈的色彩，如红、绿、黄、橙、紫等；中年人喜欢颜色高雅、色调较为协调的色彩，如黑、紫、蓝、灰等。另外，根据产品的主题定位，色彩设计的不同也会呈现不一样的效果，如蓝色、灰色给人以科技与专业的感觉；红色、黄色给人以活力与激情的感觉；黑色、紫色给人以尊贵与高雅的感觉等。只有将消费者的需求、产品的市场定位等问题进行充分研究与分析，才能寻找到色彩设计的最佳方式，通过色彩设计带给消费者愉悦的感官体验，并满足消费者的心理需求，最终实现人们对于产品的情感交流与共鸣。

3. 材质

材质设计也是文化创意产品设计中十分重要的环节，当消费者面对产品时会通过视觉、触觉，甚至是嗅觉等感官来感受产品，产品应用不同材质的设计会给人们带来不一样的感受，这种感受由感官层次开始，而后进入心理活动的层面，进而带给人们情感的体验。随着生活水平的提升，人们对于产品材质的要求也越来越多元化、个性化，普通的材质与简单的搭配已经不能吸引消费者的关注，也无法带给人们更深层次的体验。

好的产品设计往往需要材质进行渲染与烘托，促使人们引发联想和体味，让人们心领神会而产生情感的共鸣。产品材质可以分为自然材质和人造材质，自然材质如石材、木材、竹材等；而塑料、钢材、铝材、橡胶等都是通过工业加工而成的人造材质。不同的材质蕴含着不同的物理属性，同时蕴含着不同的情感属性，如木材给人以朴实、自然之感，运用在产品上会给人以温馨的情感体验；拉丝金属材质给人以工业、科技之感，将它运用在产品上会给人以现代、前卫的情感体验；亚光塑料给人以低调、稳重之感，将它运用在产品上会给人以和谐、质朴的情感体验。产品借助材质所具有的自然属性与情感属性等方面的特征，通过合理的材质搭配，为人们营造出不同的体验感受，进而增强产品在市场上的竞争能力。

二、体验经济理念融入文化创意产品的必要性

体验经济理念融入文化创意产品的必要性，主要从体验经济理念与文化创意产品的关系、体验经济的融入有助于文化创意产品综合能力的提升、体验经济的融入有助于文化创意产品综合效益的提升这三个方面进行阐述。

（一）体验经济理念与文化创意产品的关系

文化创意产品属于文化创意产业范畴，它是一个新兴的产业门类。文化创意产业作为新兴的具有重要战略意义的产业，它以科技为依托，以文化资源和创意资源为核心，并得到政府的引导和政策的扶持，促使文化创意产业成为拉动经济增长的重要动力。体验经济是人类社会从农业经济、工业经济、服务业经济转型到体验经济的第四个发展阶段，体验经济理念的核心是将体验从服务中分离出来作为经济提供物。一边是文化创意产品所归属的新兴产业，另一边是经济形态转变为体验经济的时代背景，在新兴产业崛起与经济形态转变的情况下，这两者必然会相互影响、相互促进、相互结合。文化创意产业必将成为未来经济发展的重要支柱，这是毫无疑问的，而体验经济时代也是经济发展的必然趋势。因此，在体验经济的影响下，文化创意产品应该借鉴体验经济以提供有效的体验价值为服务中心的理念，进行产品的设计与市场推广，在这种模式下文化创意产品将会拥有全新的发展平台。

（二）体验经济的融入有助于文化创意产品综合能力的提升

体验经济的融入有助于文化创意产品综合能力的提升，具体体现在两个方面：一是体验经济的融入有助于文化创意产品吸引力的提升，二是体验经济的融入有助于文化创意产品竞争力的提升。

1.体验经济的融入有助于文化创意产品吸引力的提升

文化创意产品在国内市场种类众多，但许多产品的设计都极为相近，有的甚至直接抄袭别的品牌的畅销产品，有些产品既没有功能性也不具有美观性，更不会给消费者带来难忘而独特的体验。究其原因，主要是在设计之初就没有考虑到消费者的需求，企图通过照搬、抄袭的方式实现经济价值的最大化，结果却以失败收场。但是，若将体验要素融入文化创意产品则会大大提升产品的吸引力，体验设计需要设计者深入地研究消费者的心理需求，通过对产品外观、色彩、材质、使用方式等方面的设计来满足消费者的心理需求，给消费者留下美好的回忆。文化创意产品需要围绕特定的主题展开设计，并融入体验设计，在各种感官体验的刺激下，让人们体会到新奇与快乐，这样的产品必然会吸引消费者的目光并赢得市场的肯定。

2.体验经济的融入有助于文化创意产品竞争力的提升

目前，文化创意产品市场竞争较为激烈，在琳琅满目的产品中怎样才能脱颖而出呢？在体验经济的时代背景下，只有满足人们体验需求的产品才可能受到消费者的关注和认可。因此，将体验融入文化创意产品的设计中是市场发展的一种趋势，也是增加产品竞争力的重要手段。当其他品牌的产品还在以产品的造型和功能为营销重点的时候，以体验为价值核心的文化创意产品将重新定义产品的内涵，通过赋予产品独特的体验性，不仅使产品满足消费者日益增长的个性化需求，还使产品具有互动性与情感性。产品的个性化需求是消费市场发展的必然趋势，产品具有的互动性和情感性可以增进消费者与产品之间的交流，拉近消费者与产品的距离，这类产品将以领先市场的定位获得市场的份额，实现体验价值商业的最大化。

（三）体验经济的融入有助于文化创意产品综合效益的提升

体验经济的融入有助于文化创意产品综合效益的提升，其中综合效益主要分为经济效益、社会效益和文化效益。

1.体验经济的融入有助于文化创意产品经济效益的提升

体验经济对文化创意产品经济效益的提升显而易见，这一作用体现在体验经济可以为文化创意产品带来更多的价值体验，以便增加产品的综合价值，实现产品经济效益的提升。随着经济的发展和生活质量的提高，人们的消费需求已经发生了转变，现在消费者购买产品不仅是为了获得产品的使用功能，还希望得到一种个性化的、愉悦的体验，满足人们对于情感和精神层次的需求，人们愿意为这种体验支付费用，这是市场的发展趋势。因此，产品要顺应市场的发展，满足消费者相关需求，提供含有体验价值的产品或服务，在满足消费者需求的同时实现经济效益的提升。

2.体验经济的融入有助于文化创意产品社会效益的提升

体验按类型可分为4种，它们分别是娱乐的体验、教育的体验、逃避现实的体验及审美的体验。文化创意产品可以将这些体验类型融入产品之中，为人们带来多种体验感受。通过购买和使用文化创意产品，消费者从中了解产品的文化内涵、增长见闻、提高文化修养、增强对民族文化的传承和保护意识。将体验融入文化创意产品并面向市场推广，既可以满足消费者的需求，提升产品的经济效益，又可以增加人们对区域文化的认知，实现社会效益的提升。

3.体验经济的融入有助于文化创意产品文化效益的提升

消费者在购买文化创意产品时，通过产品的物质属性、功能感受等方面可以体会到文化的气息，体验的引入会增加产品的体验感受，让人们从感官体验上升到精神层次的高度，可以更加深刻地感受到文化的魅力，满足人们的精神需求和情感需求。不同的产品体现出不同的文化特征和文化内涵，人们可以通过产品了解和学习相关的文化知识，提升自身的文化修养，这也有助于传统文化的传承与发扬，提高消费市场的文化氛围，在获得经济效益的同时实现了文化效益的提升。

第四节　体验经济背景下文化创意产品的设计原则与方法

体验经济的来临改变了社会经济的现有形态，在这种背景下人们的消费需求开始发生转变，人们对个性化和精神层面的需求开始增长。与此同时，创意产业开始崛起，它依靠文化和创意为核心，通过创新的方式将文化内容与创意思维转换成具有商业价值的产品或服务，并迅速成为经济发展的重要支柱。基于创意产业下的文化创意产品成为企业与消费者关注的重点，体验经济要素的引入将会为文化创意产品开拓出更为广阔的发展空间。

一、体验经济背景下文化创意产品的设计原则

（一）目的性原则

目的性原则是指在进行产品设计时，要围绕一定的主题中心，通过对文化资源的整合与提升，寻找到文化创意产品设计的主题方向。产品的主题特征是吸引消费者的关键因素，恰当的主题设计会将消费者引入特定的情境当中，让消费者感受到主题文化的魅力，并在精神层面产生共鸣。

产品主题的选取要有针对性，根据消费人群的不同选择适当的主题。如今，消费者越来越趋于个性化，对于具有个性特征的文化内容兴趣浓厚，针对儿童消费群体可以选择动漫文化为主题，从鲜活的动漫人物与故事中寻找产品设计的主题方向；针对年轻消费群体可以选择流行文化为主题，从音乐、影视等方面寻找具有吸引力的主题内容；针对中老年消费群体则可以选择传统文化为主题，从戏剧、戏曲、国画等方面提取产品设计的主题内容。

（二）互动性原则

互动性原则是指在进行产品设计时，要将互动体验的设计理念融入其中，让消费者在使用产品的过程中与产品有一种互动的交流，并且在使用产品的过程中感受到愉悦的体验。

将互动体验设计引入文化创意产品设计可以增强文化创意产品的互动性。传统的产品总是在被动的环境下供人们使用，这种被动的状态导致产品与使用者之间无法产生良好的互动性，许多产品由于设计定位的错误导致产品连基本的使用功能都不具备，更无互动性可言，其结果也必然是被市场所淘汰。现代社会竞争压力越来越大，人们之间的沟通越来越欠缺，所以产品设计应该关注这一问题。产品不再是人们使用的简单工具，它可以通过互动的设计增加产品的参与性，使沟通变得自然，让人们在互动中感受参与的快乐。

（三）情感性原则

经济的发展与科技的进步使人们的生活有了翻天覆地的变化，物质的充裕使生活质量也得到提高。在这种条件下，人们对于产品的需求就不只停留在满足基本使用功能的层面，而是希望产品还能够满足人们对于心理层面的需求。基于这种需求的考

量，在进行产品设计时除了让产品具备基本的使用功能外，还应该将情感因素融入产品设计中，能够让产品与使用者之间产生情感的交流。

根据马斯洛需求层次理论的研究可知，当人们在满足基本的生理需求与安全需求时，人们的需求层次就会进入到对于情感和归属的需求层次上来，希望得到来自亲情、友情抑或是爱人的关心与照顾。在这种需求背景的影响下，情感因素也成为产品设计中重要的组成部分，它包括产品自身物质属性所蕴含的情感因素、使用方式的不同隐含的情感因素以及使用者的心理活动和情感反应，通过整合以上因素寻找到产品与人们心理和精神层面相互交流的最佳方式，给予人们情感的体验，使产品更具有人文气息。

二、体验经济背景下文化创意产品的设计方法

感官层涉及产品的形式；行为层涉及产品的功能、使用方式；精神层涉及文化、情感以及审美。感官层、行为层、精神层是依次递进的关系，产品最先在感官的层面与使用者发生联系，而后通过行为的层面与使用者产生行为的互动，最后以感官层面与行为层面为基础，使产品与使用者产生情感的沟通，实现精神层面的体验与心理需求的满足（见图5-2）。

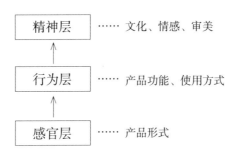

精神层　……　文化、情感、审美

行为层　……　产品功能、使用方式

感官层　……　产品形式

图5-2　文化创意产品设计层次划分

文化创意产品的设计首先从感官层开始对产品形式进行设计，包括产品的造型设计、色彩设计、材质设计等，通过不同设计方法的应用实现产品感官层面的体验；其次进入行为层，对产品的功能、使用方式等进行设计，通过不同设计方法的应用实现产品行为层面的体验；最后进入精神层，以感官层和行为层为基础，通过不同设计方法的应用赋予产品文化性、情感性和审美性。

（一）感官体验法

感官体验是指通过对产品的色彩、形态、材质等方面进行设计，使产品呈现出绚丽的色彩、个性的造型、精良的质感、优美的声音、迷人的味道等，通过感官渠道来

建立与人们之间的交流与互动，为使用者带来视觉、触觉、听觉、嗅觉、味觉等多方面的感官刺激与愉悦的体验，并在心理与精神层面得到慰藉与满足。

色彩是产品外观形态中最为明显的特征，人们通过视觉最先捕捉到产品，同时产品的色彩也会第一时间给予人们视觉的感官刺激，通过对产品色彩科学的应用可以带给人们不同的视觉体验，如红色给人以激情、火热的感觉；蓝色给人沉静、忧郁的感觉；紫色给人高雅、尊贵的感觉等。形态是产品的造型特征，人们通过视觉、触觉可以感知产品的形态，不同的产品形态带给人们不同的视觉、触觉的感官体验。例如，圆润的造型在视觉上给人以亲和的感觉，在触觉上给人以光滑的感觉；几何的造型在视觉上给人以工业的感觉，在触觉上给人以坚硬的感觉等。材质是产品成型的物质基础，它具有多重物质属性，产品材质的形态、色泽、表面工艺处理、味道等会带给人们视觉、触觉、味觉、嗅觉等多种感官的体验。例如，哑光塑料在视觉上给人耐用、安全的感觉，在触觉上给人温和、舒适的感觉，在嗅觉上给人以工业化的感觉。

综合应用是将产品的色彩、形态、材质等进行整合设计，使产品给予人们全方位的感官体验。这种综合的设计应用，促使人们的视觉、触觉、听觉、嗅觉、味觉等感官可以相互沟通，彼此之间没有界限的划分，进而实现通感的体验。通感的体验可以使一种感官刺激激发出另一种或多种感觉，就好像人们可以"看"到声音或"嗅"到色彩。通感体验将产品带来的感官体验不断地扩展与强化，这种错位的体验感受突出了产品的趣味性，同时增加了人们与产品的交互体验。产品在带给人们感官愉悦体验的同时，这种由感官刺激引起的体验会实现内心的满足感，从而满足人们的情感需求。

感官体验法是通过某种调查方法，让被调查者报告出他们对于产品某一方面具体感官的体验感受。感官体验法通常包括有调查问卷、访谈等不同的调查设计方法。通过这些方法可以从不同的角度获取用户的信息数据。感官体验法一般应用在产品设计与开发的前期阶段，是寻找消费者对产品感官体验的喜好与倾向的一种方法。感官体验法经过分析与总结后可以从结果中获取消费者在某个阶段的量化信息。

感官体验法具有有效性和真实性，此方法的应用可以获取比较真实的信息数据，同时这一过程比较节省时间、人力和经费，通过感官体验法所获得的信息数据可以作为用户研究的参考和依据。感官体验法强调的是将视觉、听觉、触觉、味觉、嗅觉等感官相互融合、贯通，实现多觉叠加的通感体验，直至到达身形互通的最高层次。感官体验法既可以获取当前用户群体的具体信息，还可以发现用户群体的潜在需求与个性化需求，为文化创意产品寻找新的设计方向、开拓新的市场领域提供可能。

（二）文化关联法

世间万物相互之间都存在着一定的关联性，有些是显性的关系，有些则是隐性的关系。设计者在进行产品设计时需要寻找到这种事物间关联的因素，将其运用到产品设计中，达到富有创意的设计效果。文化关联法是将文化的形式、内容与产品进行关联，通过应用联系、提炼、整合等多种设计方式，使产品具有文化形式与文化内容，让人们对产品产生文化的认同感，并在使用产品的过程中产生情感的共鸣，感受到产品带给人们的文化体验。

在明确创意文化主题的条件下，对相关的文化内容进行调研与分析，从中归纳出与设计相关的具体文化内容与文化形式，并将这些相关的文化内容特征与文化形式特征进行分类归纳总结，文化大致分为三个层次，分别是文化物态层（见表5-1）、文化行为层（见表5-2）、文化精神层（见表5-3），然后以文化关联图表的形式表现出来，这有利于设计者进行直观的分析与研究。

表5-1 文化关联表（文化物态层）

文化类型	名　称	文化形式提取
传统器物	传统家具	席、床榻、椅凳、一统碑椅、桌案、箱柜、屏风、架具
	传统茶具	茶杯、茶壶、茶碗、茶盏、茶碟、茶盘
	传统香炉	置香炉、柄香炉、钩香炉、象炉
	传统雕塑	陶雕、木雕、骨雕、象牙雕、玉雕、石雕
	传统国画	人物、山水、花鸟
	传统书法	大篆、小篆、隶书、草书、楷书、行书
	传统服饰	前秦服饰、秦汉代服饰、魏晋南北朝服饰、宋代服饰、辽及元代服饰、明代服饰、清代服饰、民国服饰
	传统建筑	宫殿、坛庙、城墙、寺观、佛塔、牌坊、桥梁、民居、园林

表5-2 文化关联表（文化行为层）

文化类型	名　称	文化内容提取	文化形式提取
传统风俗	春节	辞旧迎新、祈求丰年、祭奠神佛、祭奠祖先	放鞭炮、贴春联、吃饺子、挂灯笼、发红包、贴窗花
	元宵节	正月十五逢满月，象征团圆美满	吃汤圆、猜灯谜、赏花灯、舞狮子、踩高跷
	清明节	祭奠祖先	扫墓、踏青、植树

文化类型	名　　称	文化内容提取	文化形式提取
传统风俗	端午节	纪念屈原、全民健身、防疫祛病、避瘟驱毒、祈求健康	吃粽子、赛龙舟、饮雄黄酒、挂菖蒲、佩艾叶、香囊、蒿草、薰苍术、白芷
	七夕节	妇女们穿针乞巧、祈祷福禄寿活动、礼拜七姐	乞巧活动（穿针引线验巧、做小物品赛巧、摆上瓜果乞巧）
	中秋节	希望一家团圆、合家欢乐	吃月饼、玩花灯、赏月、舞火龙
	重阳节	老人节、希望老人健康长寿	登高、吃重阳糕、赏菊、饮菊花酒、佩茱萸
	腊八节	欢庆丰收、祭祖敬神、逐疫	喝腊八粥、做腊八蒜

表5-3　文化关联表（文化精神层）

文化类型	名　　称	文化内容提取	文化形式提取
传统哲学思想	儒家思想	仁爱、谦逊、中庸之道	《诗经》《乐经》《尚书》《周易》《礼仪》《春秋》
	道家思想	天道无为、道法自然	《老子》《庄子》
	佛教思想	佛性本有、见性成佛	《金刚般若波罗蜜经》《妙法莲华经》
	法家思想	以法治国	《商君书》《韩非子》
	墨家思想	兼爱（人人平等相爱）、非攻（反对侵略战争）	《墨子》
	名家思想	去尊（人与人之间平等）、偃兵（反对用暴力统一天下）	《公孙龙子》《宋子》
	杂家思想	采儒墨之善，撮名法之要（集合众说、兼收并蓄）	《吕氏春秋》《淮南子》《尸子》

1. 文化形式关联法

文化形式包括实质层面与虚化层面。文化形式的实质层面是指人造的器物，人造器物的发展过程体现了文化演化的过程，人造器物是构成文化造物的物质基础。在进行文化创意产品设计时，可以从产品形态的角度切入，通过对传统器物形态、色彩、材质方面的借鉴、引用与重构等方法，设计出具有文化形式特征的文化创意产品。例如，编钟是中国古代传统的打击乐器，由青铜铸成，根据音调的高低被依次排列并悬挂于巨大的钟架之上，编钟的形象早已深入人心，它是中华文化的瑰宝。我们可以将编钟的形态引入文化创意产品的设计中，通过对编钟造型的提炼、整合，提取出编钟典型的形态特征，并将这一形态特征用于调味瓶的设计，使调味瓶的形态具备典型的文化特征，当人们使用调味瓶时会引发关于文化的联想，增添调味瓶的文化趣味。

　　文化形式的虚化层面是指人们的行为，这种行为是人们在社会实践与人际交往中约定俗成的习惯性定势。人们的行为习惯与行为方式呈现出文化的特征，如茶道是人们饮茶、品茶的传统行为方式，包含沏茶、赏茶、闻茶、饮茶等行为，在进行文化创意产品设计时，可以将这一传统行为引入，通过对传统行为进行继承、发展与演绎等，构建新的产品使用行为，使产品的使用行为具有文化的特征，当人们在使用产品时会引发针对文化的联想与体验。文化形式关联法的应用过程分为以下三步。

　　（1）文化形式的提取

　　应用文化形式关联法需要对相关的文化形式进行提取，提取时可以从文化关联表中进行选取，在明确文化创意产品设计主题的条件下，根据需要在不同的文化层次、文化类型中寻找相关要素。

　　（2）从图表中选取相关要素

　　将文化形式进行特征提炼，使具有明显特征的产品形式或使用行为保留下来，并以图表记录的形式显示出具体的信息，然后从文化形式图表中选取与产品设计相关联的要素。图表中归纳的形式要素，如形态、色彩、材质和使用行为等，在选取形式要素时可以选择其中某一要素，也可以选择多种要素，具体情况应该根据实际的设计需要来进行选择。

　　（3）对文化形式要素进行优化重构

　　在图表中选取形式要素后，将提取出来的具有明显特征的形式要素与设计的主题和定位相结合，对产品形式或使用行为展开做进一步的优化，并依据需要进行不同程度的分解与重构，使产品形式或使用行为具有典型性、代表性的同时还兼具创新性，这有利于文化形式以崭新的面貌继续发展与延续。

　　2. 文化内容关联法

　　文化内容是指传统文化的精神内容层面，传统文化的内容十分丰富，每一种特定的文化内容都体现出不同的文化精神。例如，儒家思想提倡仁爱、谦逊；道家思想提倡天道无为、道法自然；禅宗思想提倡佛性本有、见性成佛等。这些都是传统文化的精神体现，设计师可以在这些文化内容中寻找适合的素材，通过延习、再现、整合等方法将其引入产品设计中，使产品具有特定的文化精神。文化内容关联法的应用过程分为以下四步。

（1）文化内容的提取

根据产品设计的目的与主题，选择与主题相关的文化内容进行关联，设计者需要在传统文化精神内涵中寻找设计的灵感，通过文化关联表对文化精神内容进行提取，得到需要的典型文化特征。

文化内容涉及传统文化的很多领域，在进行文化内容的选取时需要了解相关文化内容属于哪一类传统文化的范畴，然后再进行文化内容的选取，这样才具有研究的准确性和针对性。

（2）从图表中选取相关文化内容

设计者通过图表可以直观地了解具体文化内容中所提取出的文化内容要素，在选取文化内容要素时需要与主题相符合，选取一种或多种文化内容要素，将其文化内容要素作为文化内容关联的主要对象。

（3）将选取的文化内容要素进行关键词转换

在选取与主题相符合的文化内容后，需要对具体文化内容的含义进行深入地提炼，设计者通过应用头脑风暴法获得具体文化内容含义的关键词，在众多关键词中选取一个或几个词汇，使其可以准确地体现出该文化内容的含义。

（4）将选取的关键词转换成造型语言

从关键词列表中选出一个或多个关键词，该关键词要具有代表文化内容的典型特征，然后围绕关键词再进行一次头脑风暴法，这一次的头脑风暴法主要以寻找体现产品语言的关键词为主要内容，在获得众多体现造型语言的关键词后，将这些关键词应用在具体的产品造型、色彩以及材质的设计中。

文化关联法的应用使产品具有文化的形式与文化的内容，通过设计的方式使产品具有物态文化的特征。人们对物态文化的解读会与精神层面产生关联，进而将产品上升到精神层面并体现文化的精神。产品所具有的实用功能是它物质层面的基础功能，当产品经过人们长期使用后，它的形态开始具有特定文化的象征性与代表性，这时产品便具有了精神层面的含义。这种特定的文化内涵以视觉符号的形式继续延续，重新回到物质的层面成为新产品借鉴与引用的对象。具有典型符号特征的产品形态会引发人们对特定文化的联想，并产生情感的共鸣，当产品形态特征又一次实现精神层面的象征后，它将会成为代表更广泛、更具深刻意义的符号特征并应用到新的产品中，这一过程将会不停地循环与发展（见图5-3）。

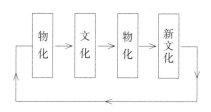

图 5-3　产品从物化层到文化层的转换

3.差异体验法

差异体验法是指在产品设计中运用非传统、非常规的设计思路与方式，使产品具有较高的创新性，为使用者提供与众不同的体验效果。应用差异体验法的目的是针对不同的使用群体进行不同的差异体验设计，通过差异化方法的应用实现产品的创新设计，在形式、功能、情感、文化方面带给人们多方位的体验感受。

差异体验法可以从不同角度对体验进行研究，本节主要以功能差异体验为研究的切入点。功能差异体验法是指通过产品所具有的独特功能带给人们差异化的体验感受。例如，马克杯是盛水的容器，这是它的基本功能，可以给马克杯的图案应用新的工艺处理，当热水倒入杯中时，杯体温度升高，水杯的图案因受热呈现出来，在杯体温度降低时图案又会消失，这一设计使马克杯具备了新的审美功能。功能的差异会形成一种全新的体验，这样可以拉开与同类其他产品的差距，突出功能差异化体验的特点。

功能差异体验法主要运用观察法、访谈法、问卷调查法对目标用户群体进行相关体验信息的收集，然后通过分析法对收集的体验信息进行归纳，进而总结出目标用户对于产品差异化的需求，最后针对目标用户的差异化需求实施具体的设计。功能差异体验法基本分为以下四个阶段。

（1）选定目标用户与设计主题

设计者选定用户群体并根据用户需求确立产品设计的主题。用户群体按年龄层次可以分为儿童、少年、青年、中年、老年，按性别可以分为男性用户群体和女性用户群体，还有按学历、工作、收入等类型进行目标用户的人群划分，因而用户定位需要同具体的实际情况相结合，从而准确地对用户群体进行划分。

（2）选定测试方法获取目标用户需求

设计者对目标用户群体采用李克特量表形式获取用户的功能差异化需求。李克特量表是由美国社会心理学家李克特发明的，该量表由一组陈述组成，每一陈述有"非常需要""需要""不一定""不需要""非常不需要"5种回答，分别记为1分、2分、3分、4分、5分，每个被调查用户对某项功能需求态度的分数之和就代表该项目所体现的用户需求度，每一个功能选项的总分可说明用户的态度强弱或用户在这一量表上的不同状态。量表的具体调查内容包括产品的使用功能、审美功能、娱乐功能、教育功能、认知功能 5 个方面的具体需求。用户根据量表给出的产品范畴再结合自身需求，对产品的不同功能选项进行评分。量表面对的是目标用户群体，进行量表测试的人数一般为 30 ～ 50 人，具体测试的人员数量可以根据具体的项目要求进行增加。

（3）进行信息的整理

设计者对用户填写的量表信息进行整理，将用户对不同功能选项的评分数据进行统计。统计的具体方法是将不同用户对相同功能选项的评分进行分数求和，然后将每项功能选项的总分进行由高到低的排列，得分最高的选项说明它是用户目前最需要的功能，得分最低的选项说明它是用户目前最不需要的功能。但是，得分相对较低的功能选项有可能成为未来用户的潜在功能需求，因而可以对信息统计的最终结果进行更深层次的分析与研究，进一步挖掘潜在的用户需求，这样可以提前预测市场，把握市场机遇。

（4）将功能需求体验融入产品设计

设计者在功能选项统计排名图表中挑选出得分相对较高的一项或几项，针对这些功能进行具体的功能延伸，满足用户对于产品功能的需求，实现产品相对于市场其他产品在功能上的差异，给予目标用户愉悦的功能体验。

第六章 体验经济背景下文化创意产品的设计实践

第一节 基于体验视角的文化旅游产品设计

一、文化旅游发展现状分析

我国文化旅游经过多年的发展，已取得令人瞩目的成绩。产品不仅种类繁多，而且特色鲜明，包括休闲型、奇异型、修学型、理想型、发展型文化旅游产品。这些产品正日益成为我国极具竞争力的核心旅游产品，对国内外旅游市场产生了巨大的吸引力，带来了可观的经济收益。然而，在发展的过程中，仍存在一些制约文化旅游持续发展的普遍性问题。

（一）产品形态单一，深度开发不足

目前，我国多数文化旅游产品形态单一，主要以观光游览为主。重点文化旅游产品，如文物古迹、古代建筑、宗教文化景观等的解说系统落后，展示方法单一、原始，游客对观赏对象文化内涵的体验主要依赖导游员的讲解以及解说牌的文字说明，高技术含量的展示手段匮乏，而且多数文化旅游产品处于静态展示层次，便于游客体验的项目较少，游览过程中的互动性差，游客要么游过就忘，要么记忆平淡，无法获得独特、难以忘怀的体验。此外，文化产品展示功能以外的文化传播功能、休闲调试功能等都没有充分发挥出来，游客难以获得应有的文化认知，也难以获得基于深度体验的人生意义生成。

（二）产品体验主题不鲜明，创新意识淡薄

这种状况普遍存在于各类文化旅游产品中，其中文化主题公园领域表现得尤为突出。据不完全统计，目前全国共有 3 000 多个主题公园，除去少数如深圳的"锦绣中华""欢乐谷"等经营比较成功以外，70 % 的主题公园都处于亏损状态。学者对这种现象进行了深入的研究，认为缺少充满魅力的主题，对游客体验需求的关注意识淡漠是此种现象产生的重要原因。良好的主题是体验的基础，能带给游客愉悦的审美和世俗体验。我国多数文化类主题公园往往是盲目模仿，没有自己独特的主题，而且本已平庸化的主题下面还设置了很多与主题缺少关联性的景点或情境，冲淡了主题，游客难以获得集中的旅游体验。此外，我国多数文化主题公园缺少常变常新的经营思路，设施陈旧落后，更新速度缓慢，无法满足游客不断变化的新需求，极大地降低了游客的重游率，限制了文化旅游的持续发展。

（三）提升体验价值的文化旅游纪念品匮乏

纪念品是一种使体验社会化的工具，人们通过它把体验的一部分与他人分享，"我去过那里，我做过那个"，旅游的质量因而得到提升。随着旅游业的迅猛发展，我国少数文化旅游景区、旅游目的地确实已经拥有了内含当地文化特色和风俗民情的旅游纪念品，有些甚至形成系列精品，在游客的旅游消费中占有重要比例。然而，到目前为止，我国多数文化旅游景区的纪念品千篇一律，地方特色匮乏，体现景点特色的纪念品更少，玉石手镯、仿古制品、中国结以及各种小挂件充斥着文化景区的纪念品市场。有人形容这类文化旅游纪念品是羞于赠送、无法收藏、不忍丢弃的"鸡肋"，难以唤醒人们的美好记忆以及对生命意义的独特体验。失去特色的纪念品如何纪念旅游经历，值得学界和业界深思。

二、文化旅游产品体验化设计构想

结合我国文化旅游发展中旅游产品体验性差这一问题，本书依据体验化设计的基础理论，提出文化旅游产品的设计原则和设计步骤。

（一）设计原则

第一，多元化原则。体验不仅是参与，它具有多种类型，包括娱乐、教育、逃避、审美及移情，不同类型的体验带给人们完全不同的感受和价值。旅游者类型不同，其旅游体验需求也具有极大的差异性。青年旅游者对以身体参与为基础的娱乐性强、挑战性大的旅游项目要求更强烈，老年旅游者则可能对文物古迹、博物馆、名人故居等以精神参与为主的知识性强、审美意义大的旅游项目更青睐有加。因此，旅游景区必须坚持以游客为本的理念，依据体验的多元化以及旅游需求的多元化原则，设计类型多样、差异性强的体验产品，避免乃至杜绝毫无特色、千篇一律的产品或服务，为游客提供最优、最畅的文化旅游体验。

第二，整体规划原则。体验经济时代的文化旅游体验化设计强调将旅游者的体验融入产品的设计中，它以旅游者的参与为前提，以体验为核心，以旅游者获得美好、难忘的经历和记忆为最终目标。文化旅游产品的吸引力并不绝对取决于旅游资源的级别和特色性，如果能为旅游者提供一个整体性的体验氛围和体验环境，让游客获得充分、全方位的旅游体验，将极大地提高旅游者的旅游质量。因此，要对文化旅游产品的吸引要素和服务要素进行整体性的体验规划。吸引要素即文化旅游资源，是开展文化旅游的基础；服务要素是一个范围广泛的体系，包括交通、购物、饮食、住宿等旅游过程中的各个环节和各个细节。服务要素虽然是辅助设施，也会影响游客的兴奋度，如果不纳入规划设计体系中，将会极大地降低旅游者的旅游兴致，影响旅游者获得高潮体验。

第三，不断创新原则。在体验经济时代，文化旅游产品若想取得并保存持久的吸引力，就必须坚持不断创新的原则。只有创新才有特色，有特色才能保持旅游产品的新鲜感和唯一性，令游客沉浸于迷人的体验世界，获得游客的认可，提升旅游产品的魅力和竞争力，最终实现旅游地长期的经济收益和持续的发展机会。

（二）设计步骤

第一，提炼合适的体验主题。主题是体验的基础，合适的主题能给游客留下深刻的印象，产生持久记忆，这是游客获得体验极为关键的一步。人们前往异域文化环境旅游，主要目的是调适紧张疲惫的身心，感受差异化的风土人情，追溯远古的文化历程，实现自己的文化诉求。而符合旅游地地脉、史脉与文脉，突出地方特色与资源特色，适合市场需求的主题必能提供一次完美的体验机会，带给游客现实生活中匮乏的文化体验，并使这次行程成为游客文化人生中的重要一站，有利于游客文化人格的形成与塑造。

第二，营造完整的体验氛围。游客的文化之旅是否值得记忆，仅依靠主题远远不够。文化旅游者置身于文化旅游目的地、文化旅游景观等非常态的生活和活动场所，与特定的人们如其他旅游者、文化旅游接待服务人员、目的地居民等接触和交流，他们渴望获得的是一种完整的旅游体验过程，即游客对文化产品的体验需求是完整的，包含了空间、时间和事物的有机组合。因此，文化旅游企业要整合资源，结合主题，营造完整的体验氛围，保证游客在适当的时空环境中做适当的事，让游客的体验由感受的浅层次流向享受的高层次。

第三，设计高参与性的体验项目。体验项目设计是文化旅游产品体验化设计环节中的核心，直接影响到我国文化旅游产品的持续发展。首先，项目要能给游客提供多样性的文化体验。文化介入或文化参与是文化体验的基础，若非此，文化旅游活动就停留在一般意义上的文化观光层次。因此，文化旅游企业要利用现有资源，将旅游项目打造成多幕的舞台剧，其中服务人员是演员，文化景观和旅游设施是道具，游客既是观众又是演员，服务提供过程是表演，游客在角色转换的过程中获得了多元文化体验，完成了独特的文化之旅。其次，文化旅游企业既要大力提高静态文化项目的体验值，增加其动态性，还要增加活动性文化旅游项目的开发与创新，增强旅游过程中的互动性，使游客不仅身临其境，还要身心沉醉于其中，获得感受、享受与回味，提升旅游项目的吸引力和重游率，增加文化旅游产品的刚性收入。

第四，加强纪念品的体验规划。纪念品的选择与购买是文化旅游体验的重要环节，直接制约着游客的旅游质量。对纪念品的体验规划从两个方面着手：其一，提高纪念品的地方特色，使其成为地方自然地理因素、地方社会文化、地方历史概貌的物质载体。其二，要强调纪念品销售人员的文化风貌、文化素质，规划纪念品销售场所的文化氛围、文化主题。文化旅游企业要将纪念品销售场所建成主题鲜明的文化长廊，对销售人员进行业务培训及礼仪指导，对包括观赏、选择、购买以及伴随购买行为的每一个细节进行体验性规划。一次旅游活动总有终结之时，但物化的纪念品却可以永恒保存，游客看到纪念品就会想起整个游览经历，想起一段往事，一些故事，其中与服务人员的感性交流等"活"的旅游环节因为具有生动、具象的特征，更能激活游客的心理空间，唤醒人们的美好记忆以及对生命价值的独特感悟。

第二节　基于感官体验的家居生活创意产品设计

近年来，经济快速发展，人们生活水平快速提高，对生活品质的要求越来越高，对产品精神价值的追求越来越多，随之带动了与人们日常生活关系最为密切的家居生活类创意产品的快速发展，并形成了一种特有的设计风潮。与此同时，现在的产品设计领域中，体验扮演了一个重要的角色，它是人们在特定的时间、地点和环境条件下所产生的一种情绪或者情感上的感受，是人们情绪、体力、智力、经验，甚至精神达到某一种特定水平时意识层面的一种感觉。如何把顾客的注意力引导到产品上面和使其在各个感官上有一定的反馈，尤其像家居生活类的创意产品更多是依赖顾客对其的认同度，设计师需要检索顾客对于产品感受的反应，并将这些信息有效地融入自己的设计工作中。

一、感官体验在家居生活类创意产品中的重要性

从家居生活类创意产品的概念出发，可以发现其"二维性"，即产品性和创新性。这类产品依赖于顾客对其创意的认同度，与顾客的个人体验密切相关。伯德·施密特将不同的体验形式称之为战略体验模块，以此来形成体验式营销的构架。战略体验模块分为两类：一种是消费者在其心理和生理上独自的体验，即个人体验，如感官、情感、思考；另一种是必须有相关群体的互动才会产生的体验，即共享体验，如行动、关联。

就创意产品的特性而言，更多依赖的是消费者对其文化创意内涵以及设计品位的认同。这种认同是有主观性的，与消费者本身的文化背景、生活环境和生活方式密不可分，所以在设计中会更加强调与个人体验相关的要素，其中又以感官体验为核心，它是个人体验中与产品接触后最直接的呈现形式，来源于人体感官带来的体验信息，诉诸视觉、听觉、触觉、味觉、嗅觉的五感体验。人对于产品的感官体验主要是通过人对产品的外部特征的认知而形成的，如形态、色彩、材质、工艺等因素，通过看、听、触、嗅、尝的不同动作给用户带来不同感受。换言之，人通过五种感觉器官对产品的外部特征进行认知，从而形成人对产品完整的感官体验，只有准确抓住顾客的感官反应，深层次地挖掘和反推，才能使这类产品在琳琅满目的市场上脱颖而出。

二、基于感官体验的设计方法

从感官体验角度出发，现有的家居生活类创意产品主要还是以对产品基本属性的表层设计为主，缺乏从主题和文化出发的更深层的设计。这种简单方法与传统家居产品相比并无特殊之处，已远远不能满足现有消费者对于产品的精神层面的需求，这就要求设计师必须围绕创意产品的特性进行针对性设计。

作为以独特创意和文化内涵为主要诉求的特殊产品类别，在遵循一般产品的设计原则下，家居生活类创意产品的开发最重要的是其主题性的体现。只有具有明确的主题性，家居生活类创意产品才能具有真正的生命力，这也是各种不同产品差异化的前提，所有形态、色彩以及材质的运用都是为了围绕其"主题性"而存在的。家居生活类创意产品的设计元素在于准确地表达文化创意产品的文化主题，在其整体开发过程中，基于抽象的文化创意，重点在于如何将抽象的概念具象地表现出其主题性。

主题性原则是创意产品设计的重要原则，而主题化设计又作为体验设计中的一个主要手法，这就使感官体验的各方面需要紧密围绕家居生活类创意产品的主题进行设计。现有的设计主要依据两种方法：①同一"元素"在不同产品上的运用；②不同"元素"在同一产品上的运用。这里说到的"元素"可以是作为视觉形象的直接运用，可以是材质、色彩等产品属性的体现，也可以是文化意境或生活方式的意向传达。

三、感官体验在家居生活类创意产品上的设计应用

家居生活类创意产品的范畴较广，涉及的产品类别也很丰富，所以按照其使用属性的不同，将家居生活类创意产品大致分为装饰用品、生活用品和家具。此类产品的特质使这类产品需要兼具装饰品的艺术性和产品的实用性，某种程度上，它的文化属性大大超越了其使用属性。

同时，家居生活类创意产品也是现代人们彰显自己生活品位的一种途径。换句话

说，消费者在购买创意类生活用品时，首先关注的是产品本身传达的创意以及文化内涵，而后才是产品的易用性。这类产品的设计主题多为特定文化内涵或是某种生活方式，"主题"是对设计品位和文化内涵的一种阐释，人们对于这类产品中"主题"的理解是间接、含蓄的，重点在于如何通过感官设计将抽象的主题转化成为易读易解的创意产品，让消费者对文化内涵产生全新的理解。

在感官体验中，基于产品设计的基本要素和消费者的体验反馈，从视觉和触觉出发依旧是值得研究的设计方法。此外，借鉴感官体验其他设计领域的应用方法，将五种感官整合应用在同一产品上也在创意产品领域不断尝试。

（一）以视觉造型为主的设计应用

色彩作为最先作用于人的视觉感受的接触点，不同色彩具有不同意向和情绪的表达，其感觉是最为强烈和直接的，印象也是最深刻的，它能刺激人们引起购买欲望。色彩处理得好，会事半功倍；处理得不好，则会破坏了整个产品的视觉感受。阿莱西是将生产基本实用主义产品转化为以家庭创造革新的、多彩的、巧妙的、实用的产品中的佼佼者（见图 6-1），其色彩鲜明的厨房用品已经成为家居生活类创意产品中独特的标志。以前，人们进入厨房完全以烹饪为目的，但是现在，尤其是年轻族群会把烹饪作为一种生活情趣，厨具也体现了自己的生活品位。对于创意类的厨房用品来说，其功能一般都比较固定，表现形式也是为了追随其功能而设计的，这就要求设计师在创意类厨房用品的主题选择和表达上形成独特的风格，需要关注他们的喜好和当下的流行趋势，以符合目标人群求新求变求异的心理特征。而色彩在视觉中是更优于造型元素的一种直观的表现方式，也更容易对消费者造成强烈的感官体验，将颜色运用与造型、使用方式、生活情趣进行结合，各要素之间相辅相成，才能最终将颜色的优势发挥到极致。

图 6-1 阿莱西创意厨具

这种以视觉要素为变量，其他设计要素为因变量的设计方法，适用于能够通过视觉直接呈现、易于理解的，并且能够让消费者与之共鸣的较为浅层次的设计主题。在这种主题下，产品大多以系列的方式出现来丰富主题文化的厚重感。

（二）以触觉感受为主的设计应用

以触觉感受为主的家居生活类创意产品以家具为代表，其在当代人的生活中起着不可或缺的作用，并成为设计界的热门领域。现代家具在满足其基本功能属性的前提下，对于家具的探究应该更多关注与产品本身想表达出的主题相契合。对于创意家具来说，功能实用性是设计前提，产品主题性是独特卖点。

以中国台湾文化创意品牌"Yii"为例（见图6-2），它以人文及自然之间的和谐关系为出发点，目的在于透过当代设计转化传统台湾工艺，为之注入新观点及新生命，将精致的工艺作品带进日常生活。围绕这一核心主题，不断地从传统材料和工艺可能性上探究与创新设计，将竹艺、木雕、漆器、细银、陶瓷等材料与传统手工艺相结合，品牌下的家具设计主要都以材质和肌理的处理来体现其尊重环境与大自然的决心。聚焦材料本身，充分利用其物理属性和化学属性，如形态、颜色、肌理、韧性、硬度等相关要素与家具进行结合，使消费者在触碰的瞬间感受到产品的故事和声音。

图6-2　"Yii"家具

以触觉为主要出发点的设计方法更适用于比较深层次的、无法完全以视觉特征所体现出的、偏向注重实用性的产品类别，在家居生活类创意产品中则以家具最为适合。家具多以单件形式出现，需要经历长时间的使用与感受才能真正感觉到其设计主题，材料肌理的触感在此间恰恰成为人与产品交流的媒介，是为满足人们渴求与自然相融合的心理而产生的体验设计的一种表现，用户能够在使用过程中不断产生新鲜感。

（三）以通感手法整合多感官的设计应用

无论是文化内涵的表达，还是本身的形、色、质等要素的选取，甚至是产品所处环境的营造都必须围绕其主题性而展开,当无法利用单一感官来进行阐述时,就要求设计师整合多种感官体验统一运用,从而在产品的内涵到外延上使消费者形成完整的体验感受。

由日本 Nendo 公司设计的极简香瓶,瓶颈上系了一根丝带,丝带的一头被封闭在了香瓶中,另一头则扎成了蝴蝶结,通过这条丝带来传送香味。蝴蝶结不仅体现着人们追求真、善、美的良好愿望,同时起到了装饰作用,更重要的一点它还是香气的扩散者。"闻其香则思其形,品其味则感其质",嗅觉给人带来的印象在记忆中保存的时间是最久的,味觉是最难以融入体验设计的一种感官语言。作为家居装饰品,这一香瓶选择了最简练的造型语言,以一种最简单的物理方式将味嗅觉整合,利用通感的手法刺激人的不同感官,形成多层次的感官体验。

通感的手法将多种设计要素做整合,给消费者一个丰富层次的感官体验,适用于难以以一种手法精确表达的或是比较抽象的、对于文化或者生活方式这类深层次挖掘的主题。设计师必须对时下的生活方式敏锐感知,关注不同感官与产品的接触点,潜移默化地影响消费者的使用行为,综合运用多种感官,普通的日常行为也能产生新的感官体验。

家居生活类创意产品的最大特点在于完全是以人为中心的,它给人们带来的文化价值远大于它的经济价值。人们对于家居生活类创意产品的情感来自其作为文化、情感符号的主题象征意义,超越了一般家居产品所关注的功能性,重视其通过使用者的感知、使用和理解,以产生深层的感官体验。

在家居生活类创意产品设计中,虽然大多以视觉和触觉为主要手法,有时会受到其产品功能和材料特殊性的限制,但从感官体验的角度入手,围绕产品的主题性找寻人与产品之间独特的接触点依旧是值得不断挖掘的。在食品广告设计和包装设计中,通感、连觉等手法也逐渐在家居生活类创意产品设计中得到丰富运用。

设计者通过设计触发用户的感官体验,从视觉、触觉、听觉、嗅觉和味觉入手,获得情感响应,在文化价值层面得到共鸣,而这种设计背后所蕴含的"思考"比所呈现的"表象"更为深刻。基于感官体验的家居生活类创意产品设计,不设定感官体验运用的种类和形式,关注当下生活方式,准确捕捉产品想传达的主题,从而选择最适合的感官体验表达,思考如何通过设计方法将它们本身所代表的意义、社会文化价值和给人们带来全新体验才是设计师首要关注的。

以下分享几个创意家居方案。

(1)想要挂住窗帘,真的不用去买电钻也不用打洞,一个普通的挂钩就轻松搞定(见图6-3)。

图 6-3

（2）你一定有很多不再想带又舍不得扔的项链，用它们来绑窗帘吧，分分钟让你的家显出迷人的波希米亚气质（见图 6-4）。

图 6-4

（3）一些彩色胶条就能让你的衣架更美，分类也更清晰（见图 6-5）。

图 6-5

（4）用空的旧书壳儿挡住乱七八糟的东西，增加使用面积又提升档次（见图6-6）。

图 6-6

第三节　基于体验视角的智慧家庭系统产品设计

家是生活的港湾、快乐的本源、情感寄存的庇护所。而今，科学技术已将传统意义上的家变得更为多姿多彩。智慧家庭系统产品设计是以住宅为基点，以研究人居环境所需的建筑、网络通信、信息家电、设备自动化等集系统服务、管理为一体，以工业产品展呈出的智能、高效、舒适、安全、环保、互动等需求愿望，反映社会发展时期人们的生活水平和生活形态的设计新趋势。对于智慧型家庭产品，近几年国内外都进行了大量研究与实践，其发展势头迅猛，已成为世界所关注的研究项目。

在产品开发过程中，用户已更多关注产品将来做什么、能实现和完成哪些范围内的叠加服务。由此，用户体验研究快速融入产品设计的整个设计生产流程中，占据了产品创新的核心位置，更成为产品完美服务于用户的研究方法与手段。智慧家庭系统产品是消费主义文化的最直接体现，是解决未来需求的大胆创新，更是建立在用户未来愿景基础上的各种体验探析。本节借智慧家庭系统产品设计前端中，如何进行用户研究、功能定义及交互框架设计等来解析用户体验设计要素在产品创新设计中的核心价值。

一、智慧家庭开启智慧"新生活"

智慧家庭（Smart Home）融物联网、自动化、计算机和网络通信技术于一体，也被称为智能家庭、智慧住宅。智慧家庭系统产品存在的意义在于它们具备能动的逻辑程序，可以被人"随心所欲地控制"，可以更高效完美地帮人们处理生活问题。如今，许多国家已投入大量资金在积极研发，如韩国已将数字家庭网络纳入了国家战略规划。中国也大力推进"三网"融合，增强各类技术的研发与对接，中国移动广东公司力推"智慧家庭"计划，海尔、创维、长虹等家电企业也纷纷斥巨资大力研发智慧家庭系统产品，并以电视产品作为智慧家庭的控制管理终端，展开了新一轮的家电产品设计、生产大战。

智慧家庭系统产品设计是以未来家庭生活情景研究为基础，以目标消费人群生活潜在需求为原点，基于"情景研究"和"潜在需求"来定义未来智慧家庭系统产品的概念，追求人在家庭环境中与各产品间和谐自然的交互方式，以及体验产品时产生的愉悦感受等。用户体验设计是产品设计整个流程中针对产品使用人群的心理、生理，产品与自身情感的相容性、契合性以及社会性等方面的设计、体验研究。智慧家庭项目的研究背景与内容是从用户使用和居住的层面出发，是安全、轻松、快捷、愉悦、舒适、健康以及有良好视觉触觉感受的空间，是新的建筑形态、技术运用、材料引入、产品形式和生活状态的集合体，可实现持续发展和经济增长，实现与社会对接，其研究的出发点和过程探讨展现了用户体验设计要素的核心。

二、用户体验设计要素提供范围广泛的产品和服务

用户体验并不是指一件产品本身是如何工作的，而是指"产品如何与外界发生联系并发挥作用"，也就是如何"接触"和"使用"的。它包含五个层面、十个要素，即战略层（用户需求、产品目标要素）、范围层（功能规格、内容需求要素）、结构层（交互设计、信息架构要素）、框架层（信息设计、界面设计、导航设计要素）、表现层（感知体验要素），它们共同构成来解决功能型的平台类产品和信息型的媒介类产品应用环境中的综合问题。

用户体验设计是一个系统设计工程，解决的是用户从最初认知产品到了解、使用、放弃整个过程中应用环境的问题发现与问题解决，所涉及的层面和内容相当广泛，需要战略高度、市场裁度、信息集合与分析、科技引导与技术支撑、人类行为心理评判与情感注入、美学考量与表现等，它起到纽带和桥梁的作用，将人与产品有机、合理、共情地联系起来，实现产品物理层面的、精神层面的功能满足，解决了产品物理功能之外有关服务、协调、延续等的需求。

三、智慧家庭系统产品的用户体验设计解析

科学技术的飞速发展改变了人与产品间的交互关系，即由过去的单向交互转换为双向交互。在这个产品供大于求的时期，消费者面临许多的选择机会，到底什么样的产品才能"锁定用户"？用户会从什么角度对产品进行选择？购买产品会从哪些细节考量？这些问题早已成为企业面对"用户选择谁"时迫切需要研究与解决的问题。

创建吸引人的、高效的用户体验方法称为"以用户为中心的设计"。在智慧家庭项目研究前端，着重解决的是"智慧家庭符合哪类人群需要，其行为特征及情趣爱好等有什么不一样的交互形式"。为此，在研究中依据 Jesse James Garrett 的"用户体验要素"具体进行了用户需求、功能定义与框架设计、交互设计等的研究与测试，以体现出"用户体验要素"在项目前端研究中的不可忽略性和替代性。

（一）智慧家庭系统产品设计的产品目标与用户需求研究

用户体验设计的成功，首先要明确表达企业战略，告知产品目标和用户需求。用户需求分析即用户研究，它是产品整个设计流程中最核心所在，其主要目的是定义设计的目标和限制，逐步理解受众，了解他们的行为。在项目计划确立后，对于如何进行合理的时间安排、有序的内容设置、正确的方法选用等流程将成为用户研究结论是否有用的关键所在。

针对产品目标，首先需要定义"谁是我们的用户"，采取定性和定量相结合的研究方式，对不同身份人物的深度访谈，收集用户的行为、日常生活习惯、与产品交互时的适时表现、对未来生活方式和生活形态特征的愿景等，利用 SPSS 软件统计调研问卷并制作数据图表，洞察分析并挖掘出"智慧生活"的现实和潜在需求，并确立基于核心理念的智慧家庭的目标人群。

明确了用户是谁后，智慧家庭项目创建了两个有代表性的人物角色，并通过情境故事描述、动画版表达体现人物角色的生活、工作场景，行为特征等。至此，智慧家庭的用户研究内容基本结束。

（二）智慧家庭系统产品设计的功能定义研究

明晰产品目标和用户需求后，项目中需要进一步研究的是给目标用户群提供具体的内容需求和产品功能定义，这一层面被 Jesse James Garrett 称为范围层。它需要进一步确立目标用户的需求，详细人物角色档案，构建具有相似功能内容的相关企业的档案，理出符合企业目标的功能定义和框架。

（三）交互框架及界面设计

交互设计关注于描述"可能的用户行为"，同时定义"系统如何配合与响应"这些用户行为，给用户确定将要呈现的要素的"模式"和"顺序"是交互设计强调的重

点。在智慧家庭项目中，"交互"的意思是电视作为控制管理系统的终端产品，怎样才能让用户通过电视屏幕顺利地与手机、电脑进行三屏互动；怎样控制家庭环境中的灯光、安全系统；与网络等技术怎样适时共融，互相作用产生影响和感应等。具体设计时，首先需要将前期研究的用户工作方式、行为习惯和思考形式、审美情趣等加入交互框架结构与界面设计中。智慧家庭系统产品设计的功能导航涉及面广，因而项目组重点导入"智联灯光""照片处理"功能进行交互框架及视觉界面设计。

用户体验设计要素包含的知识内容相当广泛，从某种意义来说，它已逐渐成为工业设计研究过程中不可缺少的方法与手段。智慧家庭系统产品设计中的用户体验设计仅仅是研究的开始，在项目深入执行中，用户体验设计的五个层面十个要素将贯穿整个流程。

在以"创新"行为来改变和提振全球经济的今天，"创新"理念已成为工业设计服务社会的重要利器，而创新的关键需要企业、社会用心关注消费者即产品用户本身的需求。而今，以人群细分为特征的消费主义文化也正改变着需求本体，所以利用用户体验设计要素对产品实施以用户为中心的设计，将是工业设计服务社会的核心内容。

第四节　基于体验视角的实体书店设计

2015 年，英国《卫报》评选出世界 12 家最美实体书店，位于中国南京的先锋书店榜上有名，12 家最美书店从内部的展示设计到装潢装饰风格都是一道风景。在实体书店发展普遍低迷的今天，最美书店的评选使大众突然意识到书店不仅需要"内涵美"，书店的"外在美"对于现代都市人的文化生活也很重要。

一、由单一化图书销售向多元化文创销售的转变

售卖与阅读相关的文化产品逐渐成为全球实体书店的一大特色，充满创意的 T 恤衫、笔记本、彩色铅笔、陶瓷制品、帆布袋等文化创意产品逐渐出现在众多书店卖场中，书店与咖啡馆、餐饮业的混搭式营销，使单一的图书营销业取得了良好的口碑与经济效益。以 2011 年在全国书店业寒潮中逆流而上的广州方所书店为例，与其说它是书店，还不如将其定位为美学生活体验馆更为合适。将近 1 800 m² 的空间内，人文、艺术、设计类的美学生活产品占到了 60 %，还有自主设计的品牌服饰。方所策划总顾问、台湾诚品书店创始人廖美立认为，现代实体书店已经不再单纯是书店，而是文化平台，一种未来都市人的生活形态。这种扩大经营范围的混搭复合式营销模式，革新了传统书店业单一化的经营理念，逐渐成为众多实体书店争相模仿和复制的对象。南京先锋

书店也意识到跨界经营模式的可观效益，目前已自主研发了包含艺术相框、手工玻璃、木刻版画在内的 2 000 余种创意产品，创意产品销售占书店总销售额的 40 %。在实体书店普遍不景气的今天，这些书店成功转型的范例具有极大的借鉴意义。

二、实体书店内多元化的服务体验

图书是有形的，但消费者在购买图书中所体验到的服务是无形且难忘的。服务与消费者之间的互动刺激了消费者的购买欲，加强了消费者对书店品牌的认知，这一过程也拓展了图书本身的价值。消费者往往享受的不单纯是图书本身，而是一种具有商品属性的体验。与实体书店相比，"便利"与"低价"的网络书店显然在体验和服务方面不占优势。在后书店时代，图书在书店中可能仅占一部分，到书店约会、品尝咖啡、读书、购买有意思的纪念品、参加社会文化活动或将成为都市人的一种时尚。由此可见，众多实体书店备受青睐的原因，并不是因为单纯的卖书，而是休闲化的服务功能。无论是大型连锁综合式书店卖场，还是小型的特色主题书店，都着力于为消费者提供更好的体验服务。温馨典雅的灯光氛围，清晰明确的导视系统，人性化的空间布局，全天候的营业时间，消费者的感观通过视、听、用等多种方式被充分刺激和调动，使其形成了深刻的记忆与良好的体验，从而促进了书籍的营销，实现了品牌效应的增值，带来了广泛的文化经济效益。

如果需要为读者提供更好的服务体验，那么提升书店的装潢品位与空间展示设计便起到了至关重要的作用。灯光、咖啡、书香与音乐的综合氛围体验，使消费者的情感因素得到激发，买书的过程便成为一种深刻而值得回忆的体验和经历。那些被赋予了新形象的书店，秉承以人为中心的设计理念，将读者的阅读及消费体验重新定义和设计，触发了消费过程中的兴趣与情感，不仅提升了空间设计的人文美学意蕴，也引领了现代人的全新生活方式，使散发着墨香的书与提供优质阅读体验的实体书店找到了区别于网络书店不可替代的价值。

三、文化创意产业视角下的实体书店体验设计

纵观全球书店业面对生存困境的转型，不难发现传统的书籍营销业正在经营模式、空间环境、产品结构上进行积极探索，逐步寻找一条向文化创意产业转型与过渡的多元化、复合化的书店营销之路。伴随着以顾客为中心的体验式营销理念的植入，实体书店经营者逐渐意识到，书店的整体装潢设计乃至局部微小的装饰细节，都能给书店的整体阅读体验带来良好提升。书籍的设计美感与书店人性化的展陈设计相得益彰，更能够获得顾客青睐。实体书店的顾客体验设计主要体现在以下四个方面。

（一）人性化的书架设计与图书展陈

体验式营销理念下的书架与图书展陈设计越来越呈现出人性化特点。为了适应顾客的观察习惯，图书的陈列设计已经将人体工程学纳入考虑范畴，许多书架的侧立面都采用倾斜30°角的设计。同时，考虑到大部分人的平均身高，通常将书架1.7m以下的空间设计为主要展示区域，而1.7m以上的空间则被设计为存储藏书的区域。书架下方也不再是冰冷的大理石和瓷砖，而是替换为可供人盘坐的木地板。在书店的儿童专区或以儿童书籍为特色的书店，书架的高度与弧度无尖角的设计以及软装饰的设计，皆是针对儿童身高特点与安全因素所做的考虑。近年来，书籍设计水平的整体提高也间接影响到书架的设计形态，以往并列书脊式的图书陈列方式只能让人看到书脊，而不能完全欣赏到封面，因而平台式书架的普及就为书籍的外在美提供了更好地展现空间。

书架与图书展陈设计越来越反映书店的主题特征。在大型连锁书店的儿童专区或以儿童绘本为特色的主题书店，为了彰显书店主题，吸引儿童和家长读者，模拟卡通动物、植物、房子的异型书架设计逐渐普遍，书架色彩及材质的运用也更多地考虑到儿童和家长的视觉心理。有的主题书店为了突出书籍本身，往往使用明度较低、对比较弱的色彩，淡化书架自身的存在感。在书架材质的选择上，原木、铁艺、硬质塑料等不同材质分别能传达自然感、复古感、现代感等不同的视觉心理感受。装潢设计师对设计材料的把握也开始更多地考虑到书架和书店的主题特征与情调氛围的融合度，在图书展陈方式的发展与探索中，新型材料的出现与运用正在创新普及。

（二）多样化的空间布局与功能分区

当创立于1987年的英国连锁书店奥塔卡将供人休息的沙发和展示区融入书店的装潢设计后，很快就引来其他众多书店的争相效仿，顾客均表示十分乐于在沙发上享受书店温馨休闲的阅读时光。的确，为了满足现代人多样化的生活需求，书店的空间功能也逐渐呈现出多样化的特点，除了设置专门展陈图书的区域，书店还设置供人休息的咖啡区、文化创意商品展示区、亲子活动区等与阅读服务相关的周边区域。这些新兴空间的布局并非与图书展示区有秩序分明的隔断，而是与图书展示区融为一体。

为了促进体验式营销服务，书店经营者开始在个别书种的展陈区域开辟开放式的体验空间。比如，在经营厨艺类图书的周围专门开辟出一处公共厨房，并定期聘请知名厨师前来展示与教授厨艺。前来买书的读者不仅可以与这些美食家进行交流互动，也可适当花费来品尝其烹饪的菜品。这种关联产品售卖的模式促进了总销售额的增长，增加了读者买书过程中的趣味性。再比如，许多书店在空间布局设计中巧妙地融入摄影展览、电影放映、新书发布等文化活动职能，书店的空间功能逐渐呈现出多样化的特征。另外，在众多实体书店的空间设计上，阅读体验区开始明显呈现出扩大化的趋势，台湾诚品书店的空间设计就在原本可以用来展示图书的区域内融入了更多的公共阅读座椅，以及诸如手工坊、公共厨房等趣味性空间，为读者提供更好的体验式服务。

（三）一体化的品牌形象与氛围营造

品牌形象设计就是借助视觉传达设计手段，利用标志、字体、标准色、广告口号、材料质感等设计元素来增强信息传播效果，增加品牌感染力，塑造排他性的品牌形象。越鲜明的品牌形象设计越能加深消费者的记忆，为书店市场宣传起到关键作用。比如，南京的先锋连锁书店有统一的平面标志、立体金属标志、店面颜色设计、环艺装饰设计等一套完整的品牌形象设计。虽然不同分店会根据自身环境在装修结构上略做调整，但其统一的标志与色彩使顾客一目了然。树立品牌形象最大的好处是，一处分店成功，就是所有分店的成功；一款产品或服务的成功，就是所有产品或服务的成功。

注重提升自己品牌形象与识别度的考量，正在向文化创意产业过渡的实体书店中形成一股全球风潮。着力向文化创意品牌过渡的方所书店、先锋书店等民营书店也开始在自营商品上打上品牌标志，借以突出品牌形象。诚品书店经营的成功也与其整体的品牌形象设计密不可分，醒目的标志、温暖的灯光、优雅的室内景观陈设与琳琅满目的书籍，共同营造出了和谐有序的空间之美，使书店散发着浓厚的人文氛围。

向文化创意产业转型的实体书店越来越注重通过照明灯光、家具陈设、环艺景观等的整体视觉设计来营造书店的环境氛围。品牌形象与环境氛围的和谐统一决定了书店的艺术品位，也给消费者带来最为直观的视觉心理感受。不同主题特色的书店，环境氛围的设计也呈现出不同的风格特点。当消费者走进书店的一瞬间便能在视觉、听觉，甚至嗅觉的刺激下融入实际文化空间，这是网络书店所无法替代的。灯光色彩、家具陈设、环艺景观与建筑本体对书店整体的氛围营造起到了至关重要的作用，被评为全球最美书店之一的荷兰天堂书店就是借助灯光、环艺、建筑特点来营造书店整体氛围的经典范例。它的前身是一座历史悠久的多米尼加教堂，设计师有意将现代元素与哥特式建筑风格相结合，既保持了教堂庄严肃穆的氛围，也与"天堂书店"的主题不谋而合，在整体氛围营造上充分彰显出古典与现代相融合的设计气息。天光透过绿色的教堂玻璃窗散射下来，室内高耸的尖拱形内壁上便泛出宝石般神秘的绿色，在天光照射不足的下方空间，设计师采用酪黄色暖光灯进行补光照明，使墙壁和阅读区呈现出暖色，这种上冷下暖强烈对比的环境氛围为顾客营造出一种神秘遐想、宛如步入天堂圣殿一般的感觉。

（四）个性化的主题风格设计与符号化的地域特征

面对大型连锁书店卖场的竞争压力，许多小型独立书店不得不寻找自身的特色与个性来吸引读者。世界上的主题书店涵盖文化艺术书店、旅游书店、宗教书店、少儿书店、白领书店、小说书店等。各式各样的图书主题显示了书店经营者的社会政治立场，也包含了书店主独特的文化兴趣与审美取向。

位于英格兰西部斯塔福德郡的漂流书屋是一家风格独特的船坞主题书店，书屋是停泊在巴顿海滨的一艘小船，船舱内堆放了琳琅满目的书籍。读者在船舱内阅读的同时，也能感受到小船随波摇曳的感觉，这样的体验使整个书店别有一番风情。在国内，结合不同经营特色的书店设计也呈现出个性化的精神风貌。深圳的尚书吧就是一家富有个性的书店，书店内既有明清红木家具，又有西式吧台沙发，设计风格融传统与现代、东方与西方为一体，读者既可以在"红楼梦"般的帷帐中喝茶怀古，也能在欧式的大沙发上品味红酒与雪茄，这些视觉元素的交相辉映使书店的阅读体验多了几分别样情怀。在北京也有各色的主题书店，如主营女性图书的雨枫书馆、因地处北大而主营学术图书的万圣书园、主营艺术设计类图书的三里屯时尚廊等。

大型复合式连锁书店也开始在书店装潢设计风格上寻求地域性的文化特色。例如，主营书法字画、名人传记、文化图书的雁翅楼24小时书店位于北京地安门，紧邻后海、南锣鼓巷等众多文化地标古建筑的聚集地。在宽大的台基、柱础、斗拱、红漆木门、匾额等中式建筑元素的映衬下，书店自然也就成为符号化的地标建筑，在夜晚的路灯照射下显得格外醒目。而中国台湾的诚品书店则是秉持"连锁不复制"的理念，强调书店设计考虑周边消费群体与文化风格的联系。诚品书店西门店因地处台北电影的发源地西门町，主营书目以电影题材为主，设计风格偏向现代主义；台大店学生群体居多，空间设计上避免使用华丽的装潢，而注重传达亲和感以增强人与空间的融洽度。

实体书店是城市精神的向度，犹如静静守望的树荫，抚平着都市间的嘈杂与浮躁。一个城市若失去了那些有品位有风格的书店，也将逐渐丧失自己的文化内涵从而走向乏味。纽约的高谈书集、旧金山的城市之光书店、巴黎的莎士比亚书店，这些历史悠久、充满人文情调的书店在很多人看来已成为城市人文精神内涵的缩影，是塑造城市文化生活必不可少的一部分。越来越多的书店经营者逐渐意识到为书店注入灵魂与内涵的重要性，如诚品书店倡导的"善，爱，美，终身学习"的人文美学精神，先锋书店的"大地上的异乡者"，三联书店的"读书·生活·新知"。在漫长的历史传承过程中，实体书店潜移默化地给人们灌输着文化信号，引导着一种生活方式和文化精神，实体书店正逐渐演化为城市的精神符号与文化地标。

优秀的书店装潢设计是传统书店实现品牌增值的重要软实力。如果能实现商品定位、文化交流、休闲娱乐与环境审美的和谐统一，实体书店就会迸发出各类经营要素协同整合的能量，创造出精彩的业绩。总体来说，在体验经济来临的今天，实体书店等文化类建筑空间在新时代背景下进行的整体视觉重塑，反映了体验化设计的价值与意义。书店装潢美学的提升使读者得到了更好的阅读与购买体验，这一趋势反映了书店整体营销策略的转变。体验经济影响下的实体书店设计，秉承以顾客为中心的服务宗旨，强调阅读体验，追求整体设计的和谐统一，逐渐完成了从图书卖场向文化体验店的转变。

下面是几组书店设计效果图（见图 6-7 至图 6-9）。

图 6-7　　　　　　　　　　　　　　　图 6-8

图 6-9

第五节　基于体验视角的端游产品设计

一、研究端游产品用户体验设计策略的意义

用户体验设计策略即能够提升用户对产品体验感受、增进产品和用户之间感情的方法，其主体为企业战略层，而用户为企业推出产品，其目标就是创造优质的和令用户难忘的体验，不仅要满足以人为本的设计需求，还要加入更多的互动交流。而最终结果是让用户能够更好地发挥其社会作用，让主体创造相应的效益。

在体验经济时代，产品能否超越其本身的功能而给用户带来更多种类的体验变得越来越重要。产品的游戏化和娱乐性被看作人类本性的回归，游戏无论在任何时间段，都是人类社会发展不可或缺的部分。随着信息技术服务化的延伸，产品也从物质向非物质方向发展，客户端游戏产品正是为了满足用户娱乐需求和休闲欲望而创建的用于经营的虚拟载体。非物质性的存在要求其通过与用户的交流互动来影响用户，因而用户体验成为吸引用户的重要砝码。用户体验设计在端游产品中的发展极具悠久性、迅速性和前缘性，端游产品作为当前市场上的佼佼者，不但拥有上千亿元的年营业额，还拥有着庞大的用户群体，其中的许多设计策略是非常值得深入研究和借鉴的。

二、提升端游产品用户体验的设计策略

（一）个性化与自我实现策略

人与人之间的个性不尽相同，对个性化的需求是人们求新求异天性的表现。人们越来越希望建立自己的特殊性并得到认可，提供个性化的产品和服务可有效地满足用户的需求，同时体现了"以人为中心"的设计理念，给用户带来强烈的自我满足感和优越感，而这也恰恰是用户体验的核心内容。个性化定制的设计方式能够激起大脑的反应并在短时间内取得用户的关注，玩家按照自己的个性打造心爱的英雄，增加自己游戏体验的同时还能影响其他玩家。当人类在满足基本需求之后，会追求更高层次的体验需求，自我实现则是最高层次的需求，自我实现也是人们对个性化追求的升级。用户不再满足于接受现有的产品，而是更加希望能按自己的需求和理念与企业共同开发产品，得到心理上的期待与共鸣以及自我价值的实现，从而得到更大的心理成就感和归属感。

（二）多方位感官刺激策略

体验的形成过程是通过大脑对感官接收信息的综合处理所产生的，对感官的刺激程度直接影响用户体验的质量。客户端游戏产品没有形态上的真实载体，其虚拟存在

更加依赖视觉和听觉来和用户交流。视觉是感官接受信息的最重要部分，通过设计来创造视觉体验，是体验设计的基本要求。

视觉上可通过色彩和画面形态的视觉要素来为用户体验服务，色彩具有装饰和象征的作用，色彩设计的优劣直接影响到端游产品的质量和用户第一印象。在色彩设计中，局部采用冷暖色、对比色与互补色形成强烈的视觉对比与刺激，同时整体又通过运用合理的明暗搭配和色彩的调和来达到视觉的均衡和画面的层次感。在画面形态设计上，遵循视觉审美的规律，采用具有设计美感的比例和尺寸，如黄金分割比例，通过点、线、面的交替变化与重复性使用以及动画效果的合理利用，让整个画面形态充满节奏感和韵律感，带来丰富视觉冲击力的同时防止产生视觉疲劳。

听觉上主要通过音调的高低和声音内容设计来刺激用户的听觉系统，满足用户的需求，在进行操作时会有不同的语音说明来指导用户，通过音调的高低起伏变化来进行危险信号等信息的提示，并且游戏内的人物也都有不同的声音和台词设计，这些都能够很好地与用户产生交互并拉近距离，让用户在游戏的过程中一直沉浸于视听盛宴之中，在满足玩家娱乐需求的同时保持持久吸引力。

（三）便捷易用策略

好的产品应让人易学、会用，一款端游能否让玩家快速认识并喜欢，很高程度取决于其上手难度。简单的人性化操作提升了游戏的易用性，自然就很容易增加新的用户。在界面和导航结构上的设计更加简洁和明确，对技能操作键进行统一设定，玩家也可以根据各自的习惯设置快捷键，降低操作难度。在道具商店界面，以物品的属性进行分类排列，减轻了玩家的记忆负荷。无用信息的堆砌不但不符合视觉规律，反而会对有用信息的接收产生巨大影响。因此，在技能和属性状态等关键信息的设计上，在颜色、大小和位置方面进行针对性地规划设计以提高其辨识度。这些都是将玩家的操作体验放在第一位，帮助游戏玩家更加轻松地去体验游戏带来的乐趣。

（四）关注特殊用户策略

关注特殊群体的设计是人性化设计的重要体现，如何让特殊人群能够享受和常人一样的体验也是设计工作者面临的重要任务和挑战。特殊人群由于存在视觉、听觉以及肢体上的障碍，其心理上对产品的体验需求会更加强烈。因此，端游产品在色彩、画面、音效设计和按键设置上投入更多的思考。LOL中游戏的默认正常模式中，己方和敌方血条分别是红色和绿色的，患有红绿色盲的玩家在游戏时就不能够迅速分清敌我，从而导致了玩家不愉快的体验。开启色盲模式后，己方血条变为黄色，这样色盲患者能够及时分辨缩短反应时间，使游戏过程更加畅快。

（五）更新与保留用户策略

按阶段性迅速推出试验产品让市场反应来验证其合理性，及时优化产品并让其在用户反馈中成熟，是互联网产品遵循的准则。客户端游戏产品会不间断推出更新并且开放测试服务器进行新功能测试和寻找游戏漏洞，这样设计团队可以更加有针对性地改进游戏，最大限度跟进玩家。用户体验的本质就是通过产品和服务来与用户形成互动，并通过这种互动激发用户的内心感应。因此，客户端游戏产品在获得大量用户的同时不忘记如何留住这些用户，会在特定时间推出限量型游戏模式和内容，官方也会向广大玩家征集创意性的想法，举办电竞赛事以及打造丰富的周边产品，与用户真正的互动起来。

三、对传统产品设计的启示

当前互联网的高速发展使传统产品面临着巨大的挑战，对客户端游戏产品用户体验设计策略的研究，对传统产品设计也具有重要启示意义。

（1）应提供更多机会让用户参与到产品设计过程之中，开展多种渠道收集用户个性化的创意、创新思路，这是产品创新设计获得成功的关键。同时，产品在个性化设计方面的思考需要打破一般规律，才能与同类产品有所区分，从而创立自身的独特个性，吸引消费者的视线。

（2）现阶段科技发展迅速，许多新材料、新技术不断出现，要求传统产品设计不能再局限于造型色彩的单一层面上，在注重易用性的同时，充分运用新技术和新材料的特点，在视觉、听觉、触觉和味觉等多方位感官刺激上多做文章，才能增强用户的体验和使用兴趣。

（3）传统产品设计虽然在便捷、易用方面也很重视，但必须对便捷、易用性设计层面进行更加细化研究，充分将其细节和人文关怀体现出来，才能更加接近用户的需求。

（4）传统产品设计在用户调研方法上应当更加丰富多样化，充分了解各个用户群体需求，尤其要关注特殊群体。对需求的研究既全面又要有针对性，才能转化为有意义的设计。

（5）传统产品的开发流程和产品投放应更加高效，通过市场反应来检验优化产品，以降低产品开发成本。后期还要对产品使用情况和用户反馈信息及时追踪接收和整理研究，与用户保持频繁的信息交流。同时，需要更多地考虑产品的可扩展性和可持续性，通过多元化的发展来吸引用户，注重品牌理念的传承，这样才能保留已有用户，推动产品向更高层次发展。

总之，产品是用来服务用户的，用户的选择体现了产品设计的优劣，利用用户体验设计策略对产品实施创新设计将是工业设计服务社会的重要方向。拥有出色的用户体验可以使企业在竞争中处于优势，良好的用户体验才会让人记忆深刻，才会形成用户对企业品牌形象的持续关注和信赖。设计师应该重视产品体验的创造，加强对产品体验的创新，掌握体验设计的相关规律，以用户体验作为产品设计的出发点和创新点，这是时代发展的必然要求，也是未来产品设计的发展趋势和重中之重。

第六节　基于体验视角的陶瓷产品设计

一直以来，陶瓷产品在日常生活中扮演着重要角色，它们在冷漠地完成由设计师的理性所赋予的"实用"任务的同时，却往往忽略了使用者的心理情感，而人们一直期待精美的陶瓷能够触动自己的心灵，带来心理的体验。因此，将以用户体验为中心的设计思路融入陶瓷产品设计具有重大意义。强调用户体验就是从人的感知、体验的角度研究使用者的深层需求、行为习惯、思想情感，以此来指导陶瓷产品的设计，生产出消费者有用、好用、愿意用的陶瓷产品。

一、用户情感体验的陶瓷产品设计

用户体验和使用者的情感是密不可分的。在心理学中，情感是人对一定事物或一定的现象形成的情绪态度，而体验则被解释为个人在亲身经历的基础上，通过情感评价，对事物关系进行价值判断的心理活动。在用户体验的过程中，情感是体验建立的评价标准，有什么样的情感，就会形成什么样的体验。而在日常生活中，人们以自己的情感来描述对某一产品的体验，如愉悦的体验、温馨的体验等。因此，用户体验在很高程度上可以理解为使用者对产品的情感评价。

用户体验下的陶瓷产品设计要注重使用者情感过程的体验和感受。在物质日益丰富的今天，陶瓷产品设计关注的重点不应仅停留在使用功能的优化之上，而应该兼顾满足人们更高层次的需要，将情感渗透到人类设计造物的活动中。陶瓷产品的设计应更加注重人的精神需要，这种需要能引起更适意的主观体验，使人产生更大的幸福感和精神生活的丰富感。而就目前陶瓷产品设计的现状来看，大多数陶瓷产品设计都是基于功能性的设计，仅在传统造型上应用各式纹样进行装饰，以增加产品美感，加深消费者对产品的印象，促进销量，如日用陶瓷餐具造型规矩，在实用性上极大地满足了人们的需求。而这种只注重实用功能的陶瓷设计，仅以满足人的生理和生存需要为目的，并不能满足物质丰裕时代人们的精神需求。设计师固然要注重实用功能，但应该更加注重陶瓷产品在形态上、使用方式上的创新，通过这样的创新，使产品能够引起使用者的情感共鸣。虽然纹样有其不可替代的装饰作用，能够唤起使用者的审美心理并激发一定的情感认同，但是装饰纹样并不能作为陶瓷产品设计情感体验的主要手段。许多日用陶瓷产品设计长期徘徊在"功能造型"加"各式图样"的设计定式中，这些功能单调加花哨装饰的产品造成了使用者逐渐对身边熟悉的日用陶瓷产品的审美淡化与情感体验的缺失。

陶瓷产品的情感体验应从使用者的情感出发，探索充满情趣的新形式、新功能和新装饰，以达到对使用者情感和体验的充分唤起。人的情感是一个模糊、难以量化的概念，但它却是陶瓷产品设计师必须注重的因素。情感诉求作为现代产品设计中深层次的追求，设计师应该为此做出巨大的努力，把情感需求融入日用陶瓷产品设计中。设计师要深入研究各种特定人群的情感需要，从用户的情感需求出发进行设计，让产品唤醒人们的情感，激发市场潜力。

二、用户行为体验的陶瓷产品设计

行为体验是基于人的日常生活习惯及生活经验而形成的。斯金纳指出："心理活动并不能产生行为，相反，它们都是环境刺激引起的行为样本。"合格的产品设计师应对不同用户的使用行为进行调查研究。传统的陶瓷生产方式给使用者附加较为传统的使用方式，一切合目的的使用行为都被预设在工匠精工细作、保证实用功能的程式化的陶瓷产品中，并辅之以各式各样的装饰图案，在功能、形态、使用方式、使用环境上极少有创新。

人的行为千姿百态，设计师以使用者行为体验为中心进行陶瓷产品设计，除了考虑功能设定外，还要具备更多的创新意识，从人们的日常生活中点点滴滴的使用习惯和行为方式入手，创造出新的使用方式，给人们对陶瓷产品的使用过程创造多种新的可能，使人们对产品产生满意评价。在唐纳德·诺曼提出人的本能的、行为的和反思的三种行为层次中，行为水平和反思水平是我们设计思考的重点。一般来说，体验行为越具互动性，使用者就越是乐于参与到行为互动中，越能创造难以忘怀的行为体验经历，便可以给体验者留下长久的印象。

三、用户思维体验的陶瓷产品设计

用户思维体验有很广泛的含义，它是指用户在使用一件产品时，由产品的形式、功能或使用方式等引发的思维过程。它可以是对产品造型的联想，也可以是由产品使用体验引发的对旧时回忆等，它注重的是信息、文化以及产品的语意、效用等在使用者思维中的解释和再现。

思维是人脑活动的内在形式，主要由后天环境影响所致。思维方式也是一种认识过程，作为存在方式内化结果的思维方式既包含认知结构，又包含价值结构（如认知过程包含价值取向等）。正因如此，思维方式具有受个人性格、气质和经历等影响的特点。此外，思维水平的用户体验还与文化背景、风俗习惯、个人经历等诸多主观和客观的因素有关。

一款陶瓷产品的设计，在使用者眼里是什么样子，或许只有使用者自己知道。人们会以自己习惯的方式来消费和使用陶瓷产品，以自己的情绪、心境和性格来诠释它是什么、像什么、怎么样，并通过这种方式来评价。

思维用户体验往往能够给使用者留下极其深刻的印象，激发强烈的购买欲望，如某些怀旧风格的产品设计，特别能引起有着相同时代经历的消费者的共鸣。某种怀旧的心理情节，可以作为陶瓷产品设计的切入点，使陶瓷产品与人产生沟通与交流，使用者假借产品设计的理念，享受物质带来的特定思维体验，如由德国 Kanera 公司推出的瓷脸盆，几何型线条打破传统同心对称式的造型，设计理念讲求"诗韵"，让人体验水所包含的诗意之美，把使用者带回到了山林间小溪流水的美好情境，把人美好的情感诉求拉回到曾经的记忆之中，并由单纯的感官体验上升到以行为体验为基础的思维体验。

将用户体验的设计观念融入陶瓷产品设计，将会给日用陶瓷产品的发展带来新的契机。从认知层面上研究人的思维、习惯、心理情感是体验设计的重要法则。"人"应是设计师需要研究的主体，也是创造的主体。

优秀陶瓷作品赏析（见图 6-10 至图 6-15）。

图 6-10

图 6-11

图 6-12

图 6-13

图 6-14

图 6-15

第七章　文化创意产品设计的趋势探索

第一节　我国新时期文化创意产业的政策考量

一、我国文化创意产业政策回顾

纵观我国文化创意产业发展演化的四个历史阶段，对应着我国文化创意产业政策以对文化创意产业"合法性"事后追认为标志的两个阶段。第一个阶段，产业政策几乎没有，所出台的有些政策也仅是对原有文化制度的修补与维护，而对新兴文化商品和文化市场的态度是观望、思考与管制。第二阶段，产业政策特点则是对文化创意产业"合法性"予以事后追认，开始引导产业发展、整合市场资源与战略层面支持。于是，我国文化创意产业政策的实践形成了从不自觉到自觉、从被动到主动、从个别到系统的发展过程。

（一）产业合法性确认以前的产业政策

产业合法性确认以前的产业政策，主要是指 1978 年至 2000 年，文化创意产业在得到国家合法性身份以前的"自发生成"与"官方认可"两个发展时期的产业政策。在此期间，由于文化还被赋予"产业"地位，广义的文化创意产业实际上也没有出现，只是面对经济体制与发展带来的居民收入的提高和物质产品的富足，原有计划体制下的文化生产已经远不能满足人民群众的文化需求的崛起与变化，在原有体制最薄弱的地方，文化市场开始自发生成、不断壮大，这些行业包括大众娱乐业、广告业、文化硬件制造业，既然没有产业化，也就没有所谓的"产业政策"。但是，针对原有体制内外的新变化，国家相应地做出反应，一些应对性政策不时出台。这一时期出台的政策按时间顺序主要分为三大块：一是主要解决原有体制内修补与维护的新问题；二是因为被牵入改革浪潮，文化体制做出的调整；三是应对体制外文化市场出现的新情况，政策体现出来的是应对性特征。

首先，原有体制经过我国特殊历史发展阶段，发挥出巨大历史作用，在当时具有一定的合理性。但是，在改革开放新的历史阶段，原有体制历史阶段的弊端开始呈现，僵化的文化生产机制和刻板的纵向结构管理方式与居民的文化需求之间的矛盾日益凸显，原有体制开始捉襟见肘，于是国家开始尝试出台政策对原有体制进行修补，试图继续维护原有体制的运行。国家出台"以文补文、多业助文"等改革措施，作为解决官方文化体制内文化单位出现经济困境的权宜之计。

其次，市场经济的体制改革逐渐深入发展，文化体制不可避免地被牵连入内，被迫做出调整。在改革的历史潮流下，国家开始对部分文化单位实行"独立核算、自负盈亏、照章纳税、财政不予补贴"的政策，逐步放手让其发展当时文化市场所急需的文化产品与服务。

最后，面对计划体制外出现的新的市场力量，国家陆续出台了政策进行管制与引导。市场经济体制改革给文化市场与产业的发展带来示范效应，叠加上官方文化体制内文化单位出现的经济困境带来的供给短缺，契合于居民文化需求的强劲拉动效应，文化创意产业开始如雨后春笋般地、自发地、自觉地生成与发展起来。面对这样的新情况，政策反映相对迟缓与冷静，远远落后于产业发展实际，陆续出台的政策都是体现出观望、思考与管制的特征。1988 年，文化和旅游部、国家工商总局联合发布《关于加强文化市场管理工作的通知》，文件正式提出"文化市场"的概念，这标志着我国"文化市场"的地位正式得到承认。在 1991 年国务院批转的《文化部关于文化事业若干经济政策意见的报告》中，正式提出了"文化经济"概念。1996 年，国务院出台了《关于进一步完善文化经济政策的若干规定》，为进一步完善文化经济政策、拓宽文化事业资金投入渠道、推动建立适应社会主义市场经济要求的筹资机制和多渠道投入机制发挥了重要作用。1998 年，国务院机构改革，大幅度削减机构人员编制，但文化和旅游部却增设了文化产业司，主要负责拟定文化产业发展规划和相关政策、法规，这标志着发展文化产业得到了中央政府的高度关注。1999 年 1 月，"全国文化产业发展研讨会"在大连召开，这标志学术界开始广泛讨论文化产业问题。2000 年 10 月，中国共产党第十五届五中全会通过的《中共中央关于制定国民经济和社会发展第十个五年计划的建议》，提出了"文化产业"和"文化产业政策"概念，并要求完善文化产业政策，加强文化市场建设和管理，推动有关文化产业发展的同时，文化创意产业的"合法性"身份得到了事后追认，具有十分重要的意义。2000 年 12 月，国务院出台了《关于支持文化事业发展若干经济政策的通知》，政府开始利用财政、税收和金融等政策调控手段，规范与引导文化产业发展。与此同时，《著作权法》《广播电视管理条例》《电影管理条例》《出版管理条例》《音像制品管理条例》《印刷管理条例》等文件相继出台，为政府依法管理文化市场提供了法规支撑，也为文化产业的规范发展提供了保障。

（二）产业合法性确认以来的产业政策

产业合法性确认以来的产业政策，主要是指 2001 年以来，文化创意产业在得到国家合法性身份以后的"产业整合"与"战略支持"两个发展时期的产业政策。自产业取得合法性身份以后，产业政策就被大量而广泛地应用到文化创意产业发展中，我国政府密集出台政策，强力整合产业资源，调整现有产业格局，构建国家战略支持，打造合格市场主体，规范市场体系，进一步解放和发展文化生产力，参与国际文化竞争。

1. 在整合产业资源、培育合格市场主体方面

特别是党的十六大以来，在"要深化国有文化单位改革，健全现代文化市场体系，创新文化管理体制"要求下，一方面，原有体制下的文化单位纷纷转企改制，打造现代企业制度和完善法人治理结构市场主体。另一方面，鼓励和引导民间资本进入文化领域，调动社会各方面积极性，整合各种资源，激发文化投资热潮。2003 年 12 月，国务院办公厅发布《关于印发文化体制改革试点中支持文化产业发展和经营性文化事业单位转制为企业的两个规定的通知》，这个文件为文化产业改革试点的配套文件，基本囊括了后来的文化体制改革重要方面。2005 年 12 月 23 日，中共中央、国务院正式颁布《关于深化文化体制改革的若干意见》，首次提出："允许转企业文化单位吸收部分社会资本进行股份制改革"，并且明确划分了文化事业和文化产业的范围和界限，这也是我国政府对文化体制改革做出的一项重大决策。2005 年，国务院发布《关于非公有资本进入文化产业的若干决定》，提出要引导和规范非公有资本进入文化产业，逐步形成以公有制为主体、多种所有制经济共同发展的文化产业格局。文化和旅游部、国家新闻出版广电总局、新闻出版总署、国家发展改革委、商务部等部门联合发布《关于文化领域引进外资的若干意见》，强调要严格按照我国加入世贸组织的承诺，规范文化领域引进外资，提高利用外资的质量和水平。这些政策的出台，使经营性文化单位通过文化体制改革逐步转制为规范的市场主体，也极大地促成了其他所有制的文化企业成为文化市场重要力量，为文化创意产业的发展奠定了坚实的微观基础。

2. 在重点培育扶持、鼓励新兴产业发展方面

在文化创意产业成长初期，政府政策扶持是产业成长的重要推动力量，我国在这一时期也专门制定了一些扶持政策，特别是新兴业态的发展方面更是有针对性地重点培育。2003 年，《文化部关于支持和促进文化产业发展的若干意见》中提出，要用高新技术提升文化产业竞争力，培植开发新兴文化产业。2005 年，文化和旅游部与信息产业部联合下发《关于网络游戏发展和管理的若干意见》，首次公布我国政府的网络游戏政策，提出要积极支持网络游戏健康发展。2006 年，《国家"十一五"时期文

化发展规划纲要》提出了要推动文化业态更新。2006 年，国务院批复了文化和旅游部《关于建立扶持动漫产业发展部际联席会制度的请示》，旨在加强政府对动漫产业发展工作的领导，推动动漫产业发展；同年，国务院办公厅转发了财政部等部门《关于推动我国动漫产业发展的若干意见》，对动漫产业发展提出了具体支持措施。2007年，国务院办公厅下发了《关于加快发展服务业若干政策措施的实施意见》。2009 年，国务院办公厅《关于搞活流通扩大消费的意见》，把文化娱乐、体育、健身、休闲旅游等文化消费作为新的消费热点加以积极培育，提出要及时发展。此外，我国在知识产权领域已制定 4 部专门法律，颁布 19 部行政法规，涵盖专利、商标、版权等各个领域，并且全面履行与贸易有关的知识产权协定等多边条约义务，形成了与国际通行规则相协调。比较完备的知识产权法律法规体系有效地激发和保护了文化创造力，促进了文化创意产业发展，相关部委在财政、税收、建设费管理、技术创新、金融、保险、土地等方面的政策也给予文化产业很大的支持。

3. 在引领产业发展、构建国家战略支持方面

2003 年，文化和旅游部在《关于支持和促进文化产业发展的若干意见》中提出"走出去"战略。2006 年，国务院办公厅转发了文化和旅游部等 8 部门的《关于鼓励和支持文化产品和服务出口若干政策》。2006 年，中央办公厅、国务院办公厅印发了《国家"十一五"时期文化发展规划纲要》，确定了未来 5 年重点发展的产业门类，提出要培育外向型骨干文化企业，实施"走出去"重大工程项目的政策，重点扶持具有中国民族特色的文化产品和服务的出口，扩大我国文化的覆盖面和国际影响力。2009 年 7 月，国务院常务会议审议通过了我国第一部文化产业专项规划——《文化产业振兴规划》，这标志着文化产业已经上升为国家的战略性产业。《文化产业振兴规划》提出，在当前要着重发展重点文化产业、实施重大项目带动战略、培育骨干文化企业、加快文化产业园区和基地建设、扩大文化消费、建设现代文化市场体系、发展新兴文化业态和扩大对外文化贸易等 8 个方面的重点任务，这意味着大力发展文化创意产业已经成为引领我国新一轮经济增长的强大引擎和助推社会转型以及国家经济结构调整的新动力。这些政策的出台，从加快经济发展方式转变的全局和国家发展战略的高度，来理解和把握文化创意产业发展。

二、我国文化创意产业政策反思

文化创意产业的实践发展证明，改革开放以来特别是党的十六大以来，我国制定的一系列产业政策极大地推动了文化体制改革，很好地引导了文化市场的发展壮大，优化了文化产业结构和所有制结构，促进了中华文化"走出去"，解放和发展了文化生产力，构建了新型的文化生产关系与产业制度，为我国经济发展发挥了重要的历史

作用。目前，我国文化创意产业正处在"转型"和"发展"双重变奏的经济大背景下，自身发展也同样面临着成长期粗放式发展之后结构性调整的内涵式发展的转变，这些变化无不反映到政策层面的调整。因此，我们不能只看到过去产业政策的成绩与成果，还要对其进行反思，进而总结经验与发现问题，为下一轮的文化创意产业持续快速发展与我国经济发展方式加速转变制定更加有效的政策支撑。

（一）我国文化创意产业政策经验总结

我国改革开放以来，文化创意产业在政策的有力推动下，发展速度加快，规模不断壮大，取得良好的实践效果与政策经验。综观这一系列文化创意产业政策的制定和实施，经验归纳起来主要有以下五点。

1. 既要坚持积极引导，又要鼓励加快发展

快速发展是目的，正确方向是保障。推动文化创意产业发展的政策，必须将快速发展与方向正确两方面结合起来，既要为文化创意产业营造良好市场环境，提供产业要素支撑，加快产业发展，又要重视产业方向的引导，监督文化产品内容健康向上，管制文化市场规范运行，引导产业有序且持续的发展。

2. 既要遵守经济规则，又要遵循文化规律

文化创意产业作为现代文化发展的重要生命形态和存在方式，既是市场经济条件下发展繁荣社会主义文化的重要载体，也是构成国家经济发展的重要组成部分。因此，大力发展文化创意产业既要遵循经济发展规律，推动文化创意产业演变发展，还得把握文化发展规律，推进社会主义文化大发展大繁荣，实现文化经济社会协调发展与共同繁荣。

3. 既要追求经济效益，又要确保社会效益

文化产品包含的文化内容、知识与信息既具有更新知识、教育娱乐和引领社会意识的属性，也有通过市场交换获取经济利益、实现再生产的商品属性。文化创意产业的产品特殊性，决定了其既产生经济效益，也产生社会效益。因此，产业政策必须将这两者融汇其中，引导文化企业认真研究文化市场，提供那些真正有益于人民健康文化需求的产品与服务，实现社会效益的同时，占有文化市场，增强竞争实力，实现经济利益最大化。

4. 既要国有资本主导，又要调动社会参与

以公有制为主体、多种所有制经济共同发展是我国社会主义初级阶段的基本经济制度。文化创意产业的发展也必须坚持这一基本经济制度。因此，产业政策一方面要打造一批有实力、有竞争力、有影响力的国有或国有控股的企业集团，形成国有资本在产业中占据主导的格局，又要积极引导与帮助社会各方力量参与文化创意产业的发展，创造公平的市场环境，形成国有资本与社会资本相互竞争、互为补充的产业发展局面。

5.既要整体统筹兼顾，又要具体分类指导

文化创意产业发展不仅是居民文化需求的呼唤，还是文化体制改革的指向，更是应对国际文化经济竞争的应对，涉及经济社会发展的多个层面。产业政策必须坚持统筹兼顾，既考虑基础又要兼顾上层建筑，既要促进国内实践发展又要应对国际竞争。具体细化来看，我国地区差异大，资源禀赋与经济基础不平衡，文化创意产业包含范围广，内部行业差异大，这就要求产业政策必须坚持分类指导，具体问题具体分析，既要因地制宜，又要分步推进，还要针对细化，实现有效支撑。

（二）我国文化创意产业政策问题发现

文化创意产业是新兴产业，我国又处于市场经济体制改革进一步深化时期，出台产业政策必然有其先天的局限性与后天的不完善性。对于这些问题的发现和梳理，成为对我国文化创意产业政策反思的重要组成部分，也为新的政策思路构建提供启迪，归纳起来，主要有以下五点。

1.文化创意产业政策的体制性障碍

产业政策是一定体制与制度的产物，是其内在性质与特点的外在要求。在我国现阶段，文化创意产业政策缺乏相应的体制性平台，文化创意产业正是由市场经济改革带来的市场机制而孕育而生的，其解放了文化生产力，促进了文化市场的繁荣。文化体制改革由经济体制改革而来，一直落后的经济体制改革的步伐，不能满足目前文化创意产业发展现实所需求的产业政策。因此，产业管理上党政二元结构管理模式的路径依赖，政府文化发展观念陈旧，政府与文化企事业单位的权、责、利关系错综复杂的内在交织，造成文化创意产业政策的体制性障碍和结构性矛盾。文化创意产业的产业政策供给仍然缺乏科学的体制性平台和基础。

2.文化创意产业政策的针对性不足

文化创意产业既有其他产业相同的共性，也有自身特有的特殊性（如产业功能多样性、产业本质创新性、产业运行复杂性等），忽视这些产业特性，导致政策的针对性不足。特别是由于缺乏对文化创意产业创新发展的本质特征与实践意义特点的把握，致使产业缺乏相应的具体配套政策，如金融支持政策、知识产权保护政策、知识产权交易与流通政策、风险规避政策、鼓励创新政策、创新氛围营造政策、创意人才支撑政策等。产业政策针对性不足，消解了文化创意产业创新发展的内在动力。

3.文化创意产业政策的实效性较差

文化创意产业政策的实效性是指依据本地区相关资源禀赋与产业发展实际，契合产业发展阶段，适时推出产业政策。我国地域辽阔，地区经济发展差距大，文化创意产业发展也相应地体现出同样特点。因此，各地区应该根据经济情况、全国产业格局分布，确定产业分工定位与制定产业发展政策。但是，在实践产业发展过程中，各地方政府出现一哄而上、盲目跟风的运动式和赶潮式发展文化创意产业，匆忙出台大量的刺激政策，不注重产业政策的实际效果，形成文化创意产业园区"空壳化"与"地产化"，产业政策没有落到实处，产业发展沦为形式主义。

4. 文化创意产业政策的稳定性不够

产业政策的稳定性是产业长期健康发展的保障，是产业政策决策正确性的体现。我国文化创意产业政策陆续出台，极大地促进了产业发展。但是，在这些政策中有相当部门缺乏稳定性和持久性，让人感觉朝令夕改、无所适从。我国文化创意产业政策稳定性不够的原因，既有文化创意产业本身发展迅速变化与自身特性逐渐显化的原因，也有政策制定主体的内在主观认识混乱的问题。产业政策在一定历史时期保持必要的稳定性，是目前产业政策优化与创新的重要方面。

5. 文化创意产业政策的整体性不强

文化创意产业是新兴战略性产业，具有多维扩展的产业发展趋势，包含着分属多个部门管理的由十几个行业组成的产业群，它的发展需要较高的整体协调性和统一性。一方面，多年来我国对于文化相关行业采取的是"六龙治水"式的"条块分割"管理模式，由于"政出多门"，时常出现政策"盲区"或政策重合，政策绩效难以整体显现。另一方面，政策制定主体多元化，导致政策指向出现"自扫门前雪"的现象，文化创意产业内部的丰富内涵与产业外部的关联结构无法得到政策整体协调与支持。文化创意与技术创新在经济体系内部协同扩散发展，无法得到政策整体合力的助力推动。政策整体性不强，严重制约着文化创意产业的跨越式发展。

第二节　国际文化创意产业发展演化趋势与经验启示

一、文化创意产业发展演化趋势

现在发展态势是未来发展趋势的依据。未来发展趋势是现在发展态势的延续，是以发展动力演化为基础的。在经济与文化一体化和全球化发展背景下，世界各国纷纷将文化创意产业提升到国家发展战略的高度，依据本地产业基础与特色，进行制度创新与战略推动，加大科技创新对产业的支撑，做大做强本国产业，并积极推进其国际化发展。可以预见，全球文化创意产业将在运营上进一步集约化、在空间形态上进一步集聚化、在地区发展上进一步差异化、在产业影响上进一步全面化、在发展背景上进一步全球化。

（一）组织运营集约化

集约化的"集"就是指将所拥有的经济资源集中起来，给予统筹协调配置；集约化的"约"是指经济要素在投入、组合、加工与使用时以提高效率与效益为价值标准，达到最优的利用目的。当今世界文化创意产业的发展正逐步展现出集约化趋势，一方面体现在全球化范围内整合文化资源、产业重组与兼并，另一方面体现在产业内部科技创新、新组织模式与新商业模式的采用。在经济与文化全球化的背景下，世界各国都进行体制与政策创新，提高产业集中度的同时培育大型跨国企业集团，利用资源整合、产品出口、资本的扩展、品牌的推广以及管理模式的输出等国际化发展模式，突破打入国外市场过程中所遇到的国家保护主义等各种障碍。大型跨国文化企业全球扩展，不断打破行业、地区与国界之间的分工界限，进行产业价值链条上分工与协作上的国际化调整，目前已经形成一大批超级文化集团。以传媒界为例，美国在线时代华纳公司、迪士尼公司、贝塔斯曼公司、维亚康姆公司、新闻集团、索尼公司等，它们都是通过组织运营集约化实现了产业价值链的整合与提升，分解优化、横向延长、纵向增厚、首尾链接、网状扩散，最终形成资金、资源、技术、人才、信息、市场整合优化，实行高度的集约化经营，当然也实现了高额的回报率。这些超级文化集团凭借在国际文化市场上的垄断地位，对人们的文化产品消费以及娱乐与信息的获得方式产生深远的影响，控制着世界上绝大多数的文化创意产业市场份额，在全球文化市场中具有举足轻重的地位。

（二）空间形态集聚化

集群是指产业中相互关联的、在地理位置上相对集中的若干企业和机构的集合，这种集群发展模式不仅带来规模效应、竞合效应、创新扩散效应，还会形成地域性品牌，这给集群中的企业带来经济外部性优势。文化创意产业拥有创新发展的内在确定性内涵同时，又拥有多维度多层次的富于包容力、开放性和可扩展性的综合概念，这就内在地决定了其产业发展具有空间形态集聚化。首先，它涉及的范围非常广，门类繁杂，彼此互补协作、专业分工的产业形成生态链，产业发展的融合性让产业从简单集聚发展为产业集群，产生规模效应和品牌效应。其次，文化创意产业不仅是个人和单个企业的行为，需要文化企业、非营利机构、个体艺术家集聚和互动，形成独特的集群发展环境。最后，文化创意产业发展的创新内涵以及彼此合作竞争促进创新因素放大，增强产业发展内涵动力。

由发达国家和地区的经验可知，集群化发展趋势非常明显，各个主要城市都形成了自己的文化创意产业集聚区。世界主要城市文化创意产业集聚区主要有三大块，即北美创意产业圈、西欧创意产业圈与东亚创意产业圈。以北美创意产业圈的纽约为例，纽约是美国第一大城市，也是世界第二大城市，是美国与世界的政治、经济和文化中心，是联合国总部所在地，还是世界 500 强公司数量最多的城市，其高度发达的政治经济社会基础，为文化产业发展带来天然的便利。同时，纽约还是移民城市，一度移民数量占到全市人口的一半以上，移民带来多元文化融合与碰撞、高社会容忍度和多元化的生活方式，这是文化产业最适宜的生态环境。纽约还有个别名"大苹果"，寓意大家都想咬一口之意，因而它吸引了大量全球创意人才前来工作。据初步统计，纽约创意人才大约 30 多万人，相关创意组织 50 万个，在全美遥遥领先，创意产业集聚效应明显。纽约拥有大量文化设施，如自由女神像、洛克菲勒中心、利斯岛移民博物馆、自然历史博物馆、中央公园、百老汇、纽约大都会博物馆、纽约现代艺术博物馆、纽约时报广场、艺术馆大道、卡内基音乐厅和纽约历史社会博物馆等，这为文化创意人才和游客提供无数创作灵感和人文体验。比尔·盖茨说："创意具有裂变效应，一盎司创意能够带来无以数计的商业利益、商业奇迹。"这在纽约这座城市更是得到充分的体现。目前，纽约创意产业产值已经超过金融业，是名副其实的支柱性产业，极大地促进了纽约文化经济繁荣发展。

（三）地区发展差异化

差异化战略是美国管理大师迈克尔·波特提出的三大基本竞争战略之一，是指为使产品、服务、企业形象等与竞争对手有明显的区别，创造被全行业和顾客都视为独特的产品和服务，以获得竞争优势而采取的战略。文化创意产业作为一个区域性概念在各地有着不同的内容和范畴，但这个概念的本质内涵是确定的，即是一种政策框架，用来反映、反思、总结和回应过去以来文化经济发展状况，明确指出产业未来核心价值依托，明确产业竞争优势基点和强化产业发展的"战略环节"定位。这样的产业本质内涵就决定了产业发展的地区差异化。

在实践发展上，从对发达国家和地区创意产业的分析可以看出，世界上各个国家或地区根据本地经济发展水平与文化资源结构，沿着制度机制演变路径，结合本地产业基础与本地消费需求特征，发展出具有较强的地域特色、地方魅力与城市风采的差异化的文化创意产业，形成鲜明的"根植"地方的品牌效应，打造生命力强劲的产业布局。例如，伦敦的歌剧、巴黎的时装、意大利的家具等，地方差异明显、声誉效应显著、竞争优势强劲，都被深深打上了地域符号。这些慢慢随着文化创意产业演化发展而积累起来的地域符号，是当地文化创意产业获得以产业为特征的垄断租金的来源之一，也是基于波特差异化基本竞争战略中获得的竞争优势。

（四）发展背景全球化

全球化"就是流动的现代性，包括物质产品、人口、标志、符号和信息的跨时空的流动，使人类社会成为一个即时互功的社会"。在市场经济和科技进步的双轮驱动下，使要素获取、产品与服务营销和消费、信息互动交流都在世界范围内进行，不同经济主体卷入全球产业分工体系之中，它们相互渗透、相互依存的程度不断加强，世界成为一个统一的发展整体。文化创意产业是全球化和文化经济一体化的集中反映，它既是经济全球化的体现和组成部分，又是文化全球化的载体和手段，综合地反映着经济全球化和文化全球化的互动关系。反过来，这种经济全球化和文化全球化的互动关系又扩大了文化创意产业经营规模，拓展了它的发展空间，不断地实现了国际化发展势态。全球化背景下，文化创意产业获得跨越式发展。

文化创意产业作为一种创新型综合性产业，在产业集聚化发展的基础上更加集约化与差异化。文化创意产业集约化正是借助大型跨国文化企业进行全球扩展，不断打破行业、地区与国界之间的分工界限，形成跨国界的强势文化产业集团。曾经大获成功的影片《泰坦尼克号》实际上是由 7 个国家的 30 多家公司协作完成的，其中的特技制作包给了由 16 家多国中小技术公司协助的 Digital Do-main 公司，音乐制作包给了索尼公司，多方优势资源的综合使该片获得了极大的商业成功。

文化创意产业差异化也是基于全球范围内比较而言的。在全球化的背景下，各国、各地区积极进行制度改革和机制创新，不失时机地制定文化发展战略，竞相采用当代高新科技手段和文化成果，力求在更高层次的文化侵占实力竞争中取得先手，并千方百计保护本国民族文化产业和利益。世界各国的文化创意产业以其各自独特的产业价值取向、行业领域和发展方式迅速发展，呈现特色鲜明的产业格局。特别是美国凭借其文化创意产业的霸主地位，将本国的意识形态、价值观念向其他国家渗透，引起欧洲国家率先提出将文化创意产业作为一种国家应对战略。其后，其他国家纷纷将文化发展战略升格为一种国家发展战略。文化作为一种相对于经济硬实力的软实力，被提高到未来世界的竞争核心地位，文化创意产业成为综合国力的支撑点，其发展不可避免地被置于全球化的背景之下。

二、对我国文化创意产业发展的经验启示

与发达国家相比，中国作为一个发展中国家，文化创意产业仍处于综合竞争力相对较弱和高速成长阶段，在产业要素支持、管理组织构建、政策制度保障、市场运作能力与创新发展动力等方面存在的差距是相当明显的。怎样加快文化创意产业发展步伐，赶上发达国家发展潮流与节奏，就成为我国发展文化创意产业急需解决的问题。特别是在经济与文化的全球化发展环境下，各国纷纷将文化置于发展政策的中心，在国家战略层面推动文化创意产业，利用最新科技革命成果支撑文化创意产业跨越式发展，取得全球文化贸易领域里的优势地位，以期在取得经济利益的同时，扩展文化输出的范围，实现经济发展方式转变，这对于我国来说，就不再仅是产业繁荣与经济发展的范畴，还是维护本国文化安全的现实需要。因此，对国际经济发展典型国家的文

化创意产业进行分析、梳理、研究与思考，得出有益经验总结与启示思考，就成为我国大力发展文化创意产业的必要前提。

作为一个新兴产业，文化创意产业是什么样的一种产业？在理论研究上的性质与特点是什么？在实践发展上表现的形态与态势又是怎样？从产业比较来说，文化创意产业在国家经济中的地位与作用是怎么样的？与其他产业有何不同？从产业发展来说，如何发展文化创意产业？发达国家政府与市场在文化创意产业发展中是如何搭配作用的？文化创意产业发展的关键要素是什么？文化创意产业的发展模式有哪几种？文化创意产业与经济发展方式转变有什么样的互动关系？这些都是在考察了全球经济发展与文化创意产业发展之后需要回答的问题，也是对国内文化创意产业发展的经验启示。

其实，归纳起来就是关于文化创意产业"是什么""为什么"和"怎么样"的三个基本问题。这三个问题是有着内在逻辑联系的，它们不可分割，紧密结合。只有理解了文化创意产业的"是什么"，才能奠定国内文化创意产业的发展前提，才可以展开对其发展的理论研究与发展实践，制定产业支撑政策与保护制度才有了依据。知道了"为什么"发展文化创意产业，国内文化创意产业的发展才可以顺应世界经济形态变迁，融入全球产业发展趋势之中。只有搞清楚"怎么样"发展文化创意产业，才可能将文化创意产业国际普遍性的抽象理论与国内特殊的具体的实践结合起来，紧紧把握住文化创意产业创新发展的实践内涵，在我国这样一个地区差异大、经济社会发展不平衡、文化资源分布不均衡的大国，得出具有可行性的文化创意产业顶层设计。

（一）什么是文化创意产业

各国研究机构、政府以及学者都从自己国家发展战略、自身优势、研究目的和研究兴趣，提出各种各样的界定范畴和发展理念，如文化产业、创意产业、版权产业和内容产业等，这些概念是含义多重、彼此相似的术语，其所描述的是"文化与经济互为激荡的空间"，其中的相关研究暧昧颇多，歧义不断。而且，每一个国家都有自己的文化创意行业重点发展的细分行业，如英国以音乐、电影、舞蹈、歌剧、互动休闲软件等细分行业为发展重点；美国以电影行业为首的娱乐产业称霸全球；日本通过动漫产业的输出将本国文化传入世界各地；韩国的网络游戏目前在世界上居领先地位等。

文化创意产业是什么？世界各国具体实践发展中的差异性、理论界研究纷争下的多样性，给文化创意产业镜像蒙上了一层阴影。这种现象一方面反映出文化创意产业作为一种新兴产业处于方兴未艾阶段，其产业特性、经济效应和社会影响都未完全呈现。各种相关概念暂时还没有通过严格研究而确定基本被接受的适度底线。这个底线应该建立在积极的理性研究基础上，不同于服务商业发展利益的说辞。因此，现在对其内涵和外延下一个准确的界定是件困难的事情。另外，各国突出发展的重点细分行业反映了文化创意产业本质是一个具有创新发展的内在确定性内涵的同时，又拥有多维度、多层次的富于包容力、开放性和可扩展性的综合概念。文化创意产业是各国基于反映、反思、总结和回应过去文化经济发展状况而使用的一种政策框架。文化创意产业这样的本质内涵，对于我国发展文化创意产业，理解其产业内涵与范围界定、确定产业未来核心价值依托、明确产业竞争优势基点与选取产业发展的"战略环节"定位提供了实践发展样本和理论分析参考。

（二）为什么发展文化创意产业

文化创意产业是在全球经济发展实践中蓬勃兴起的，由于文化创意产业演化发展中表现出的强劲发展势头，以及其特殊、优良和多维的经济特性，逐步在国民经济发展过程中呈现出系统、互动和重构的多层面的复杂关系，越来越多的国家、研究机构和经济学家都将目光投向它。为什么发展文化创意产业？回顾世界各国文化创意产业发展史，尽管它们发展动机、模式和重点都不尽相同。但是，纵观文化创意产业兴起与发展的时代背景就可发现，它是在经济"文化化"和文化"经济化"双向推动的经济与文化一体化逻辑下演化出现的，是近几十年来发达国家经济社会发展转型的产物。从这个意义上看，它既和精神生产与文化经济相联系，又和国家经济转型政策创新相关。就其发展背景分析，每一种新的术语的出现当然有其自身所参照的经济形态、社会背景和现实背景，如文化经济、知识经济、网络经济、创新经济以及体验经济等；就其发展现状分析，文化创意产业的发展，不仅以其各自独特的产业价值取向、领域和方式迅速发展，呈现出巨大的发展潜力，有的已经成为国民经济的重要支柱产业，超出了它原始的内涵和行业的范畴，演化成了重构经济结构、转变经济增长方式和经济发展形态的特殊力量形态，已成为国家核心竞争力的博弈体系中的构造性元素，深刻影响着世界各国文化力量、文化战略、文化政策的抉择和演化，使文化及其产业全球化成为一个国家、一个民族的重大战略问题；就其发展趋势分析，在经济与文化的全球化互动发展趋势下，各国各民族积极进行制度变革和创新，不失时机地制定文化发展战略，竞相采用当代高新科技手段和文化成果，力求在更高层次的文化侵占实力竞争中取得先手，并千方百计保护本国民族文化产业和利益。文化创意产业集约化、集聚化、差异化、全球化的发展趋势愈加明显。可见，文化创意产业这些发展的历史必然、发展背景、作用与功能以及发展趋势，对于我国为什么发展文化创意产业提供了理论回答和实践对比。

（三）怎么样发展文化创意产业

在全球文化创意产业实践发展中，以其各自独特的产业价值取向、领域和方式迅速发展，呈现出多样化、多维度、多层次的发展特点。文化创意产业在不同的国家里又呈现出不同发展理念、模式、重点以及管理方式和发展政策，这给我国这样一个地区差异大、经济社会发展不平衡、文化资源分布不均衡的大国，得出具有可行性的文化创意产业顶层设计带来困境。

怎么样发展文化创意产业？对于这个问题，不仅从全球文化创意产业的发展进行整体分析，探析兴起动力、理清发展历程、剖析产业格局和讨论总体特点，还从各个发展文化创意产业典型国家个体上对他们的成功发展进行分析，得出他们的成功发展不无指向政府的高度重视，依据自身经济社会特点确定的发展思路，基于国家整体发展而出台的引导政策，根据细分行业特点的针对性发展机制设计，综合应用市场、技术、行政、法律、商业等多种手段的调控措施。最后，将研究重点聚集在各国产业发展不同态势背后的深层次因素分析，基于国际比较分析的视角对全球文化创意产业发展背景、发展理念、发展模式、发展重点、发展管理与发展政策进行比较分析。这些研究为我国结合本国实际，在转变发展理念、选择发展模式、探寻发展路径、制定发展政策计划与构建制度保障等方面，奠定了扎实的理论指导，提供了丰富的实践模仿案例。

第三节　体验经济背景下设计的发展趋势

随着社会的发展，人们所追求和期待的物质生活用品将不再是机械的、毫无生气的冷冰冰的产品，人们将对自身本性不断审视和完善，设计将向着具有人性化的感性设计迈进，通过感官、情感、心理等方面来激发愉悦人的精神，强调人的内在体验和参与，追求更具人性化和情感化的设计，这将是体验经济背景下设计的发展趋势，符合时代赋予设计的主题。

一、从有形设计向无形设计转变

设计本是指一种周密的设想、计划，是为了适合人们的需要而设的固定的、有形的、美好的产品。在工业化时代，设计是在设计某一产品时有明确的目标，有严密的计划、步骤，在产品生产出来之前就知道它的形态特征，因而设计的是预先知道和可能存在的有形东西。

在体验经济社会，设计高度关注物与人之间可能产生的各种关联，尽力捕捉和把握物的情感激发的可能性和可行性，追求一种"无法确定的抒情价值"和"能引起诗意反映的无形设计"，让人参与其中，体验其中，成为人情感寄托之所。

设计的重心已经从有形物的创造中转移出来，向无形虚体要素（见图7-1）转变，这里所谓的虚体要素就是人文关怀、生理体验、心理感受。人们更多的是把产品看成一种文化和认识的过程，从而赋予新的意义，从有形设计向无形设计转变，将是 21 世纪设计发展的总趋势。一场主题为"感觉高于物质——有限物质时代下的非物质设计"（Mind over Matter—Immaterial Design in Age of Material Limits）的国际工业设计学术会议上，学术界知名学者明确提出："未来的设计将会从物质设计向非物质设计转变，将会从有形设计向无形设计转变。"

图 7-1　虚体构成要素

二、从物质设计向非物质设计转变

20 世纪 90 年代，随着电脑的普及、网络的建立与扩张，一个所谓的"信息社会"悄然而至，信息是非物质的，信息社会实际上就是所谓的"非物质社会"。信息社会是一个基于提供服务和非物质化产品的社会，对于设计而言，非物质设计就是社会后工业化或者说是信息化的结果。

物质设计是社会工业化的结果，工业化建立起来的社会是一个基于物质产品生产与制造的社会，物的数和量都是社会进步的标志。在工业社会中，设计是为了满足人类的物质欲望和消费活动，产品的物质层面表达了人们生活方式和生活内容的基本方面，而产品的艺术性和精神性只是附着在产品的物质层面上。

"非物质"不是物质，但它是基于物质层面的，只不过脱离了物质层面的精神性产品。非物质设计是相对于物质设计而言的，到了非物质设计，设计的重心已经不再是有形的物质产品，而是越来越多地转移到一种抽象的关系上，极力将诗意、情感之类的非物质因素物化在物质的产品当中，构成一种人与产品的交流、对话关系。设计师通过产品与使用者进行交流，使用者可以从产品身上体会到设计师的情感，在使用产品的过程中体会到和产品之间的情感，产品不再只是冷冰冰的、千篇一律的机器制造物，而是拥有了自己的生命和性格。产品的使用层面不仅涉及了功能的可靠、好用，重要的是使用方式的体验化、娱乐化、情感化，手机从翻盖到滑盖再到旋转盖，其功能类似，但使用方式的变化实际上是设计者创造了新的使用情境，增加了用户使用时的乐趣。

从物质设计到非物质设计，反映了设计价值和社会存在的一种变迁，即从功能主义的满足需求到商业主义的刺激需求，进而到非物质主义的人性化需求。

三、"形式"非物质化和"功能"超级化转变

在传统的工业设计中，功能与形式是相辅相成、相互制约的，形式服从功能还是功能服从形式也一直是设计理论界争论的话题。以往，无论对任何产品而言，功能只有在物质形式中才能得以实现，但在后工业时代，产品的表面形式已经和它的功能相分离。也就是说，外在的形式已经不只是为了表现功能，产品本身也在成为一种"超功能"，这种功能的超级化包含了心理和情感因素，纽约市的 Cooper-Hewitt 国家设计博物馆馆长助理 Susan Yelavich 认为，"功能现在包含了心理和情感"。设计从理性功能的满足进一步上升到对人情感功能的关怀，如在日本的京都市，大的十字路口设有专门为盲人设计的交通指示，通过用不同的声音来表示红绿灯。设计作为一种桥梁，将传达更多的情感。

形式本身也变成了一种看不见、摸不着的非物质的东西，没有形状、色彩、线条、质地等标志物将它标示出来，最终的产品再也不像传统产品那样，是一个摆在我们面前可以任我们去解释的东西，而是成为一种"形式"的非物质化和"功能"的超级化。例如，E-mail 邮箱，其物质的形态已经消失，我们只是看到一种信息传递功能，看不到为信息传递功能服务的形式，形式自身变成了非物质的东西。正如马克·第亚尼所说："以电脑为中心的生活开辟了一条新的地平线，人类社会正处在由高度发达物质社会向非物质社会过渡，形式的非物质化、功能的超级化逐渐使设计脱离物质层面，向纯精神东西的非物质层面靠近。"

在后工业社会，社会生产、经济、文化的各个层面都发生了重大变化，这种变化反映了从一个基于制造和生产的物质产品社会向一个基于服务的经济性社会（以非物质产品为主）的转变，这种转变不仅扩大了设计的范围，使设计的功能和社会的作用大大增强，而且导致设计本质的变化，即从一个讲究良好形式和功能转向形式的非物质化和功能的超级化，为消费者带来某种超越形式和功能的、积极的、美好的生活感受和体验，这将是 21 世纪设计发展的总趋势。

四、从理性设计向感性设计转变

在工业经济时代，人们的物质需求不够完善，物质技术条件不够发达，其更多追求的是产品的大规模、标准化的生产和消费，因而设计出来的产品都是"理性""冷漠"的，缺乏"感性"的温暖，这是由于当时的社会经济技术条件所决定的，产品只是冷冰冰的机器制造物，没有生命和性格。

当人类社会发展到体验经济时代，社会、技术和经济得到了空前的发展，人们的物质需求得到了极大满足，吃饭、穿衣不再是为了满足温饱及穿暖，更多的是为了享

受文化和追求时尚，追求一种生活体验和情感满足，满足消费者内心的高层次需求。使用者对设计产品已从理性需求转向了感性诉求，人们需要的是更能刺激感官的产品，追求刺激以及尝试新鲜体验。

设计的目的在于交流，从理性层面上升到精神和情感层面，也就是感性层面，更容易打动消费者，引发心理美好感受。在信息无处不在的今天，为了引起消费者的兴趣，就必须打动其内心情感，从理性设计上升到感性设计，使消费者获得心理上的认同，产生深层情感体验，体现设计对消费者更多的是一种人文关怀。因此，人们更多地渴望得到设计师设计的追求自我、表现个性，并可以参与其中、乐于其中的感性产品。

五、从产品设计向服务设计转变

现代社会中，在物质的"量"已经完全满足了人们的需求时，寻找一种新的满足人们的设计方式显得尤为重要，工业社会的物质文明向后工业社会的非物质文明转变，在一定程度上将导致设计从产品设计向服务设计转变。

服务作为一种设计，是以后工业时代、体验经济背景下人的需要为基础，从人的根本利益出发，服务于人类，离开了热爱人、尊重人的目标，设计便会偏离正确的发展方向。服务是过程、方式、手段，亦是目的，服务的主要层面是从精神上调节人的生活，让处于快节奏的现代生活中的人们最终能够切实地享受生活，享受设计为人们带来的快乐。

参考文献

[1] 王强 . 体验经济时代的消费需求及营销战略 [J]. 中国商论 , 2016(33):9–10.

[2] 赵珂 , 赵阳 . 体验经济时代的消费需求及营销战略研究 [J]. 农家参谋 , 2017(12):81–86.

[3] 孙筱雯 . 浅谈体验经济时代下的消费需求和营销策略 [J]. 商 , 2016(21):127.

[4] 郝凝辉 . 文创产品设计理论研究和实践探讨 [J]. 工业设计 , 2016(9):73, 76.

[5] 解培红 . 文化旅游产品体验性设计模式研究 [J]. 中国商论 , 2014(7):132–133.

[6] 冯旭 . 产品设计中的用户体验策略研究 [J]. 中国包装工业 , 2015(14):36–38.

[7] 孙晓宇 . 浅谈体验经济的优势及我国体验经济的现状 [J]. 时代经贸 , 2013(12):185–185.

[8] 皮永生 . 文化创意产品解读与欣赏 [M]. 重庆：西南师范大学出版社 , 2014.

[9] 吴远 . 体验经济下的用户体验现状研究 [J]. 科技与创新 , 2015(7):30.

[10] 周振 . 基于体验经济的人文旅游产品设计与创新 [J]. 山东行政学院学报 , 2016(4):92–95.

[11] 翟阳 . 体验经济时代下产品设计策略研究 [D]. 秦皇岛：燕山大学 , 2011.

[12] 艾进 . 体验经济下的广告管理 [M]. 重庆：西南财经大学出版社 , 2015.

[13] 吕长征 . 基于用户体验的产品创新设计因素分析 [J]. 科技通报 , 2015(1):150–154.

[14] 张艳河 . 基于用户体验的产品创意设计方法 [J]. 设计艺术研究 , 2015(5):70–73.

[15] 马雅娟 . 基于情感体验的产品设计研究 [D]. 济南：山东大学 , 2011.

[16] 金海 , 李煜 . 产品专题设计 [M]. 北京：中国轻工业出版社 , 2016.

[17] 王博 , 李佳 . 体验经济背景下体验与文化产品的相互关系 [J]. 曲靖师范学院学报 , 2015, 34(2):56–60.

[18] 周年国 . 以体验为先导：体验经济时代设计的新思维 [J]. 艺术与设计（理论版）, 2007(8):24–26.

[19] 刘彦 , 刘俊哲 , 王倩 . 信息交互设计提升文化创意产品的市场竞争力实践研究 [J]. 艺术科技 , 2016, 29(10):3–4.

[20] 白仁飞 . 产品设计：创意与方法 [M]. 北京：国防工业出版社 , 2016.

[21] 佟冠一 . 体验经济背景下的创意文化产品设计研究 [D]. 秦皇岛：燕山大学 , 2013.

[22] 余静贵 . 基于体验经济条件下的产品设计研究 [D]. 南昌：南昌大学 , 2007.

[23] 汤斯维 . 基于用户体验的动漫衍生产品设计 [D]. 杭州 : 浙江工业大学 , 2013.

[24] 李晶 . 体验经济语境下的体验设计研究 [D]. 大连 : 大连工业大学 , 2009.

[25] 饶倩倩 , 许开强 , 李敏 . "体验"视角下文创产品的设计与开发研究 [J]. 设计 , 2016(9):30–31.

[26] 蔡晓璐 . 论体验经济时代中审美体验与文化产品的关系 [J]. 福建论坛 (人文社会科学版), 2014(4):58–62.

[27] 杜夏 . 以体验价值为导向的产品创新设计 [D]. 武汉 : 华中科技大学 , 2011.

[28] 陈向明 , 张舸 . 浅谈体验经济背景下的产品体验设计 [J]. 北华大学学报 (社会科学版), 2011, 12(3):52–54.

[29] 覃京燕 , 刘新 , 张盈盈 . 可持续设计与文化创意产业发展的关系研究 [J]. 现代传播— 中国传媒大学学报 , 2011, 50(5):165–166.

[30] 童杰 . 多感官体验视角下传统手工艺文创产品设计开发 [D]. 上海 : 华东理工大学 , 2016.

[31] 乔祎祺 . 体验产品设计的创新策略 [D]. 南京 : 南京艺术学院 , 2015.

[32] 逯新辉 . 体验经济下的设计管理流程研究 : 以传统文化产品为例 [D]. 重庆 : 重庆大学 , 2012.

[33] 刘冠军 . 我国转型期文化创意产业与经济发展互动机理研究 [D]. 成都 : 西南财经大学 , 2013.

[34] 侯智勇 , 田杰 , 吴思运 , 等 . 体验经济时代下的创意美食体验主题设计思考 [J]. 粮食流通技术 , 2017(4):76–77.

[35] 高静静 . 浅谈文化创意产品的设计创新 [J]. 中国包装工业 , 2015(17):65–65.

[36] 郭继朋 . 基于用户体验的产品交互设计研究 [D]. 天津 : 天津理工大学 , 2013.

[37] 高洁 . 基于情感体验的创新家居产品设计 [D]. 天津 : 天津科技大学 , 2016.

[38] 李晨 . 基于消费心理的产品体验设计研究与应用 [D]. 西安 : 陕西科技大学 , 2013.

[39] 刘丽华 . 基于体验视角的文化旅游产品设计与开发研究 [J]. 沈阳师范大学学报 (社会科学版), 2007, 31(2):121–123.

[40] 陈培瑶 . 当代多元化的文化创意产品设计综述研究 [J]. 湖南包装 , 2017(2):65–68.

[41] 毛晓蕾 , 鲍懿喜 . 感官体验在家居生活类创意产品中的设计应用 [J]. 设计 , 2014(11):51–53.

[42] 贾晓梦 . 中国饮食文化的体验设计探析 [J]. 艺术与设计（理论版）, 2009(6):36–38.

[43] 范周 . 转型 & 融合 : 文化创意设计发展的新趋势 [J]. 人文天下 , 2016(1):25–27.

[44] 白璐 . 创意设计促进文化产业与实体经济融合研究 [J]. 经济研究导刊 , 2017(5):164–165.

[45] 赵颖, 王宁. 从图书卖场向文化体验店转变: 文化创意产业视角下的实体书店体验设计刍议 [J]. 中国出版, 2016(16):41–44.

[46] 陈梦川, 胡伟峰. 基于情境体验的游戏产品交互设计研究 [J]. 包装工程, 2017(2):166–169.

[47] 王爱红, 赵玉婷. 用户体验下的陶瓷产品设计 [J]. 文艺研究, 2010(8):156–157.

[48] 史华星, 董黎君. 基于我国端游产品的用户体验设计策略研究 [J]. 图学学报, 2016, 37(4):519–523.

[49] 张玉萍. 用户体验设计要素在智慧家庭系统产品设计中的应用探析 [J]. 装饰, 2013(4):141–142.

[50] 宿家瑞. 浅析创意文化体验式消费趋势探索 [J]. 经贸实践, 2016(3):34.

[51] 刘佳文. 新时代下产品体验设计的发展趋势: 追求自然的用户体验 [J]. 现代装饰（理论）, 2013(10):70.